北京市哲学社会科学规划办公室
北　京　市　教　育　委　员　会　资助出版

北京旅游发展研究报告 2020

北京旅游发展研究基地　编

北京·旅游教育出版社

责任编辑：刘彦会

图书在版编目（CIP）数据

北京旅游发展研究报告. 2020 / 北京旅游发展研究基地编. -- 北京 : 旅游教育出版社，2020.11

ISBN 978-7-5637-4184-7

Ⅰ. ①北… Ⅱ. ①北… Ⅲ. ①旅游业发展－研究报告－北京－2020 Ⅳ. ①F592.71

中国版本图书馆CIP数据核字(2020)第232850号

北京旅游发展研究报告2020

北京旅游发展研究基地　编

出版单位	旅游教育出版社
地　　址	北京市朝阳区定福庄南里1号
邮　　编	100024
发行电话	（010）65778403　65728372　65767462（传真）
本社网址	www.tepcb.com
E - mail	tepfx@163.com
排版单位	北京旅教文化传播有限公司
印刷单位	北京玺诚印务有限公司
经销单位	新华书店
开　　本	710毫米×1000毫米　1/16
印　　张	16.25
字　　数	224千字
版　　次	2020年11月第1版
印　　次	2020年11月第1次印刷
定　　价	69.00元

（图书如有装订差错请与发行部联系）

《北京旅游发展研究报告2020》编委会

总　序

北京旅游发展研究基地是北京市首批省部级哲学社会科学研究基地，成立于2004年。北京第二外国语学院作为主要建设单位，通过四方共建协议与北京市哲学社会科学规划办公室、北京市教育委员会、北京市旅游发展委员会共同建设基地。基地的建设宗旨如下：以北京第二外国语学院北京市重点学科——旅游管理为基础，依托本校旅游科学学院、商学院、中国旅游人才发展研究院、旅游教育出版社，联合校外北京市旅游发展委员会、首都旅游集团、北京高校旅游研究机构等单位，整合旅游及相关研究优势资源，紧紧围绕首都及全国旅游业发展过程中有待研究解决的重大理论和现实问题展开研究工作，推动我国及北京旅游研究领域的拓展、研究方法的创新和研究水平的提高，有效拉升北京旅游教学、研究和旅游业发展在国际上的层次和地位。

在前五个三年建设周期中，基地在北京市哲学社会科学规划办公室等各级领导、部门的关心和指导下，在北京第二外国语学院校领导的大力支持下，通过与北京市旅游发展委员会及各区县旅游局、各旅游企业、高等院校和科研院所的合作，取得了一批高质量的成果，同时举办了具有社会影响并逐步形成品牌的重要学术会议，为北京市及全国旅游研究和旅游行业发展做出了应有的贡献，实现了基地的建设目标，取得了优异的成绩。

从前五个建设周期的经验来看，“狠抓标志性成果建设，打造权威报告，提供观点和理论研究成果”是实现基地建设目标的重要途径。新一轮建设周期（2020—2022年），基地将继续秉承“前瞻视野、开放平台、权威报告、理论高地”的建设理念，努力实现“在充分满足北京市各类决策支持需求的前提下，抓住中国和国际旅游发展前沿的重大问题进行研究，做到‘北京旅游发展智库’和‘中国一流旅游学术研究机构’的统一”的建设目标。为此，基地学术委员会经讨论决定，为更好地发挥“智库”服务北京乃至中国旅游业发展，第五个建设周期重新整合确立了三个研究方向：由首席专家邹统钎教授领衔的研究方向“旅游发展战略与政策研究”，重点研究国家、首都与地方旅游发展战略与产业政策规制、旅游服务国家“一带一路”“京津冀协同发展”、北京首都“四个中心”建设等重大战略，结合重大事件、重大项目研究，密切配合政府和有关机构，建设首都旅游专业智库，系统产出重要咨政成果；由基地学术委员厉新建教授领衔的研究方向“现代技术、大数据与旅游改革创新研究”，将基于人工智能、大数据等现代技术，一方面重点关注人工智能对旅游业发展的影响机制，另一方面重点关注旅游大数据与旅游者行为规律与机制研究、目的地营销创新研究、旅游产品及业态创新研究、旅游产业空间优化、旅游企业管理与服务优化、目的地在线声誉管理、旅游市场监管新模式；由学术委员谷慧敏教授牵头的研究方向“旅游企业发展与创新”，以旅游产业运行规律及企业管理为研究特色，重点关注酒店、旅行社、会展、健康服务、旅游分享经济、主题公园、民宿、餐饮等产业演化及标准，相关旅游类企业的投融资、财务会计、市场营销、服务运营、组织行为、人力资源、国际化经营、企业社会责任的前沿理论及实践。

2020 年乃至今后几年，基地陆续出版的标志性成果主要体现在两个方面：面向北京市政府及其旅游管理部门和企事业单位的《北京旅游发展研究报告》；面向旅游学术研究领域、致力于旅游学科建设和人才队伍培养的《中国旅游企业发展年度报告》《中国旅游目的地发展年度报告》《中国在线旅游年度报告》《中国旅游法评论》等。

《北京旅游发展研究报告》作为北京市哲学社会科学重点规划项目，其目的在于对北京市旅游经济与旅游市场的整体发展、北京旅游各行业运行状况、旅游供需市场、旅游行政管理及年度热点与创新等问题进行充分研究和集中展示，以期对实践具有一定的指导作用。在历年报告的基本框架基础上，新的《北京旅游发展年度报告》包括旅游行业发展趋势运行总报告、旅游业中各细分行业发展报告及旅游热点。基地专家将尽最大努力，对每年的北京旅游产业运行状况及旅游研究热点和创新点进行全面阐述。

前期建设中，我们出版了《中国旅游法评论》《中国景区发展年度报告》《中国在线旅游研究报告》《中国上市旅游企业社会责任披露与分析研究报告》《中国休闲与旅游研究峰会论文集》等，基地依托北京第二外国语学院外语、旅游优势，从产业、行业、企业三个方面对我国旅游业进行了充分的研究，展示了基地专家原创和多元视角的研究成果。

新一期建设中，基地继续加强《北京旅游发展研究报告》的研究和出版工作，使其成为反映我国旅游业发展现状、发展趋势、行业热点及最新学术理论的标志性成果。基地同时计划推出新一期《中国在线旅游研究报告》，结合大数据、电商、线上平台等新兴热点、趋势，为我国旅游业发展提供建议。

作为中国旅游教育和研究的中心和基地之一，北京第二外国语学院始终将旅游学科的发展作为学校的重要战略。北京旅游发展研究基地依托于二外，除了完成作为一个北京市市级研究基地本身应完成的任务外，也直接服务于国家整体发展战略。我们期待通过基地全体研究人员的不懈努力，推动我国旅游教育和旅游学科发展，促进旅游学术界与行业主管部门、旅游业界的密切合作，为国家建设旅游强国、为北京市旅游产业发展提供更优质的研究成果和最直接的智力服务，以承担起时代赋予我们的责任，完成学者的历史使命和责任。

在此，我也代表基地衷心期盼业界同人对我们的工作提出意见和建议，并且参与到基地及相关工作中来，共同努力，合作发展，为首都和中国旅游事业的发展做出新的贡献。

北京旅游发展研究基地负责人、学术委员会主任

北京第二外国语学院校长、教授、博士生导师

前　言

光阴荏苒，2020年是北京旅游发展研究基地（以下简称“基地”）走过的第15个年头。自2004年成立以来，基地秉持“开放平台、前瞻视野、权威报告”的建设理念，围绕过去一年北京市旅游业市场发展状况、行业运行中存在的问题及发展趋势，定期发布权威的《北京旅游发展年度报告》，已经成为基地建设的一项长期任务。《北京旅游发展年度报告》作为北京市哲学社会科学重点规划项目，通过对北京市旅游经济与旅游市场的整体发展、北京旅游各行业运行状况、旅游供需市场、旅游行政管理及年度热点与创新等问题进行深入研究和集中展示，以期对产业实践提供一定程度的指导。

《北京旅游发展研究报告2020》主要由总报告、行业发展报告和热点与趋势专题三个篇章组成。

第一篇为总报告：2019—2020年北京市旅游业发展分析与展望。总报告全面回顾了2019年及2020年上半年世界及中国旅游业的发展现状、热点领域与未来趋势，系统分析了当前北京市旅游市场特征及产业发展状况。总体而言，过去一年北京市旅游市场总体向好，旅游投资规模持续扩大，产品供给日益丰富；旅游设施不断完善，安全管理逐步增强；旅游市场不断规范，国际知名度持续提升。冰雪旅游、会奖旅游、旅游演艺、“机场＋旅游”等新业态蓬勃发展，夜间旅游成为北京市新的经济增长点。受新冠肺炎疫情的影响，2020年上半年北京市出入境旅游市场受挫下跌明显。未来北京应继续创新文旅融合途径，充分利用新技术对旅游业的推动作用，促进旅游业高质量发展。

第二篇为行业发展报告。本篇共由旅游景区篇、酒店篇、旅行社与旅游电商篇、会议与展览业篇 4 个板块构成。

旅游景区篇包括《2019 年北京市旅游景区发展报告》，从供给侧和需求侧对 2019 年北京市旅游景区的发展环境、基本现状、主要特征及问题不足等展开系统阐述，并从 IP 化、集群化深耕，人性化管理、产业融合延伸等方面提出未来北京市旅游景区提质增效的发展方向。

酒店篇包括《2019 年北京市住宿业发展报告》和《2019 年北京市民宿业发展报告》。其中，住宿业发展报告系统回顾了 2019 年北京市住宿业市场特征及经营趋势，利用网络点评对北京市五星级酒店服务质量进行评估。民宿业发展报告系统讨论了 2019 年北京市民宿业的市场规模、市场结构、房东结构和客源市场结构等基本情况，以及政策环境、现存问题等，并提出针对性的发展举措。

旅行社与旅游电商篇包括《2019 年北京市旅行社行业发展报告》和《2019 年北京市旅行电商发展报告》。其中，旅行社发展报告从宏观、中观和微观 3 个层面系统回顾了 2019 年北京市旅行社的发展情况，指出垂直化、纵深化、个性化、品质化等将是未来北京市旅行社行业高质量发展的必然要求。旅行电商发展报告从平台发展视角剖析了北京市旅行电商的发展现状及未来发展趋势。

会议与展览业篇包括《2019 年北京会议业发展报告》和《2019 年北京展览业发展报告》。其中，会议业发展报告全面回顾了过去一年北京市会议业市场特征、困难问题及发展趋势，指出了北京市会议业进一步加快市场化改革和转型的政策方向和具体对策。展览业发展报告系统梳理了 2019 年北京市展览业大事记，对北京市展览业的发展特征、机会与优势及困难与挑战等问题展开了详细讨论。

第三篇为热点与趋势专题。本年度热点与趋势专题篇围绕新冠肺炎疫情防控常态化下北京市旅游业高质量发展展开讨论。其中，专题报告“常态化抗疫背景下的虚拟旅游与数字文旅内容建设研究”系统回顾了国内外虚拟现实技术的研究进度、应用情况、典型案例，指明了未来北京市发展虚拟旅游的战略方向及内容建设重点；专题报告“疫后康养旅游市场发展与驱动机制研究”针对新冠肺炎疫情对康养旅游市场的影响展开讨论，并对后疫情时期北京市康养旅游发展提出对策建议。

《北京旅游发展研究报告 2020》是北京旅游发展研究基地服务北京和产业实践的标志性成果，为确保报告内容的专业性和权威性，基地专家学者搜集了大量资料，梳理研究了国内外最新的理论知识和实践经验，进行了多次学术研讨，反复斟酌，精益求精，在报告撰写工作中倾注了大量心力。我们希望本报告能够为政府相关职能部门、旅游产业实践人员及旅游领域的研究者们提供有益借鉴。当然，报告难免有欠缺之处，希望读者不吝赐教，多加指正。

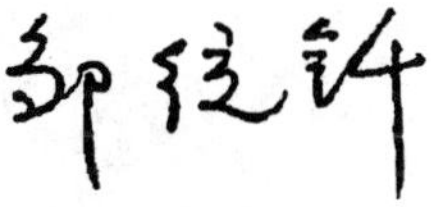

北京旅游发展研究基地首席专家、教授

2020 年 9 月 25 日

目　录

第一篇

总报告

2019—2020 年北京市旅游业发展分析与展望①

邹统钎，张梦雅，邱子仪，阎芷歆

1. 世界旅游业发展现状与未来趋势

1.1 世界旅游业发展现状

2019 年是国际旅游业继续超过全球经济增长的第九年。从总体来看，全球旅游经济走势整体向好，增幅稳中放缓，在全球范围内持续创造繁荣；从区域发展格局上看，五大区域旅游发展差异愈发明显，但欧洲、亚太和美洲三足鼎立格局已经逐步稳定。据 WTTC 报告指出，截至 2019 年，国内旅游消费约占全球旅游消费的七成，此外，受新冠疫情影响，2020 年国际旅游业正在面临重重考验，国内旅游成为该行业从新冠肺炎复苏的关键驱动力。

1.1.1 旅游业继续领先世界经济增长，全球旅游经济增速放缓

2019 年国际旅游业继续领先世界经济增长，旅游人次和旅游收入增长

---

① ［**作者简介**］邹统钎，男，教授、博士生导师，北京第二外国语学院校长助理，北京旅游发展研究基地首席专家，中国文化和旅游产业研究院院长。享受国务院政府特殊津贴，国家社科基金艺术学重大课题首席专家、教育部黄大年式教师团队负责人、“北京市高创领军人才”“长城学者”与“四个一批”人才。目前兼任世界旅游城市联合会专家委员会副主任、中国国土经济学会副会长、教育部旅游类专业教指委副主任、国家社会科学基金学科规划评审组专家、乌兹别克斯坦丝绸之路国际旅游大学校长顾问等。任《旅游导刊》《今日国土》副主编，*Journal of Heritage Tourism*、《旅游学刊》《旅游科学》《世界遗产》等编委。获商务部科研成果二等奖 1 项，北京市教学成果二等奖 2 项。主持 UNESCO、国家社科基金重大项目、国家自科基金等多项课题。研究领域为文化遗产管理、文化旅游发展政策等。张梦雅，女，河北保定人，现北京第二外国语学院旅游管理专业研究生，主要研究方向为旅游目的地管理与旅游规划。邱子仪，女，四川成都人，现北京第二外国语学院旅游管理专业研究生，主要研究方向为旅游目的地管理与旅游规划。阎芷歆，女，河北沧州人，现北京第二外国语学院旅游管理专业研究生，主要研究方向为旅游目的地管理与旅游规划。

态势逐步放缓。据 UNWTO 发布的《世界旅游晴雨表 2019》显示，2019 年全球国际游客（过夜游客）达到 14.62 亿人次，较上年增长 4%，与 2017 年（+7%）和 2018 年（+6%）的高度增长率相比有所放缓（见图 1–1）；2019 年世界旅游总收入达到 1.48 万亿美元，增速为 3%，较 2018 年（+4.2%）下降 1.2%。从总体上看，2019 年旅游经济（+3.5%）连续 9 年超过全球经济增长（+2.5%），旅游业对 GDP 的直接和间接贡献达到了 8.9 万亿美元，相当于全球 GDP 总额的 10.3%，旅游业成为全球 GDP 增长排行第三的产业（见图 1–2）。

随着 COVID–19 大流行，旅游行业正面临前所未有的挑战。世旅组织关于 COVID–19 相关旅行限制的报告指出，截至 2019 年 4 月 20 日，世界各地 100% 的目的地针对这一流行病实行了旅行限制。97 个目的地（45%）完全或部分关闭了游客的边境，65 个目的地（30%）已全部或部分暂停国际航班。据世界旅游晴雨表发布的报告显示，预计 2020 年全球国际游客数量将较去年下降 58% 至 78%，国际游客数量将减少 8.5 亿到 11 亿人次，国际旅游收入将减少 0.91 万亿~1.2 万亿美元。而 2009 年全球爆发经济危机时，国际游客人数仅下降了 4%，2003 年 SARS 爆发也只导致国际游客人数下降了 0.4%。

图 1–1 所示为全球旅游总人次及增速（2015—2019 年）。

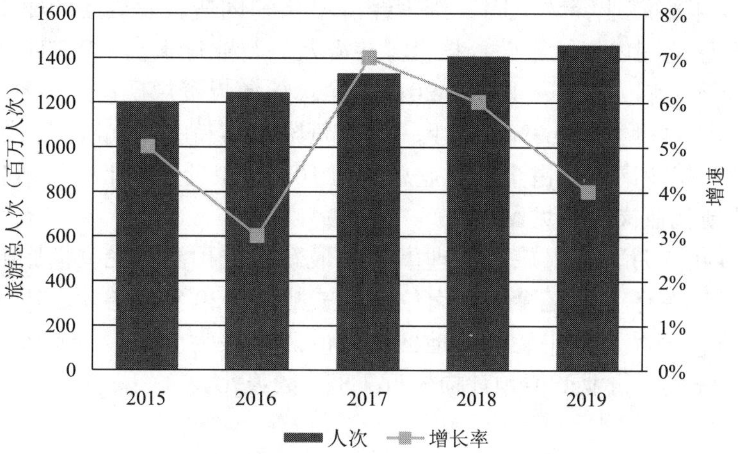

图 1–1　全球旅游总人次及增速（2015—2019 年）

资料来源：UNWTO

图 1-2 所示为全球旅游总收入及增速（2015—2019 年）。

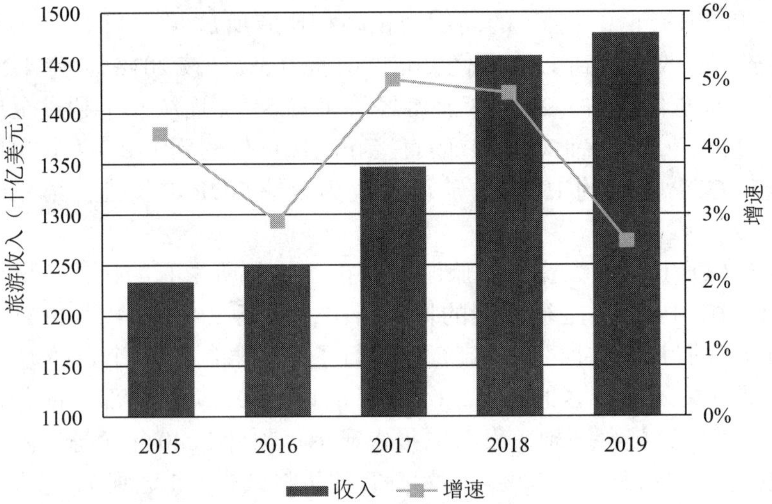

图 1-2　全球旅游总收入及增速（2015—2019 年）

资料来源：UNWTO

1.1.2 全球旅游投资渐趋理性，就业机会稳步上涨

2019 年旅游业继续巩固其作为经济增长和创造就业机会的驱动力的作用，在全球范围内持续繁荣。据世界旅游及旅行业理事会（WTTC）最新发布的《经济影响力报告》显示，2019 年全球旅游投资规模达到 9480 亿美元，相当于全球总投资的 4.3%，与上一年投资额基本持平。同时，旅游业支持了 3.3 亿个就业岗位，占全球就业总量的 10%，在过去 5 年中共创造了全世界 1/4 的新就业岗位（见图 1-3）。

2020 年 6 月，世界旅游业理事会的最新报告预测，受疫情影响，全球旅游业界或将有 1.97 亿个工作岗位面临威胁，2020 年旅游业产值预计将损失 5.54 万亿美元。其中，亚太地区受到的影响最为严重，1.15 亿个旅游从业者可能失业，行业产值预计损失近 1.8 万亿美元。

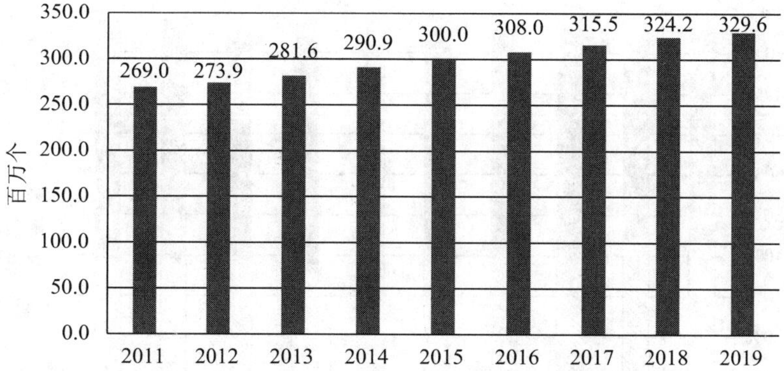

图 1–3　2011—2019 年世界 T&T 工作岗位总数（百万个）

资料来源：WTTC（2019）

1.1.3 五大区域旅游发展保持增长态势，三足鼎立格局渐趋稳定

2019 年全球旅游依然保持欧亚美三足鼎立格局，各区域国际旅游人次和收入均呈现出不同幅度的增长态势。据《世界旅游经济趋势报告（2020）》显示，2019 年，亚太地区国内旅游人次增速位居全球五大区域之首（同比增 +5.0%）；欧洲入境旅游优势逐渐缩小，欧洲入境旅游收入占全球入境旅游收入的比例下降至 39%；美洲板块旅游经济继续保持平稳低速增长；中东和非洲入境旅游人次之和不足全球入境旅游总人次的 1/10，且其发展波动性较强，不稳定性突出。总体来看，欧洲、亚太和美洲三大主体已占据全球旅游总人次的 91% 和全球旅游总收入的 92%（见图 1–4 和图 1–5），仍处于绝对控制地位，三足鼎立格局已经逐步稳定。

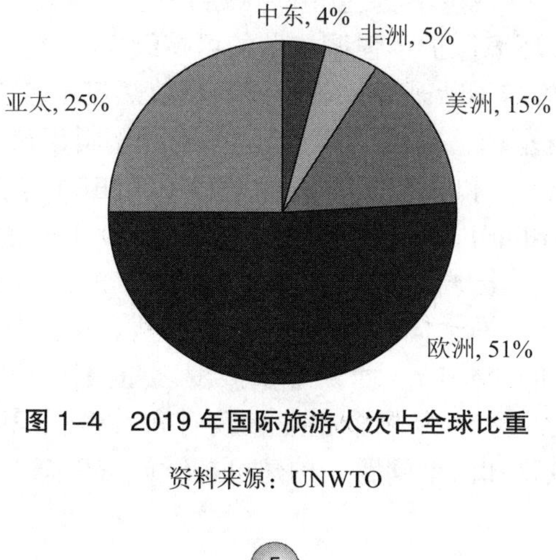

图 1–4　2019 年国际旅游人次占全球比重

资料来源：UNWTO

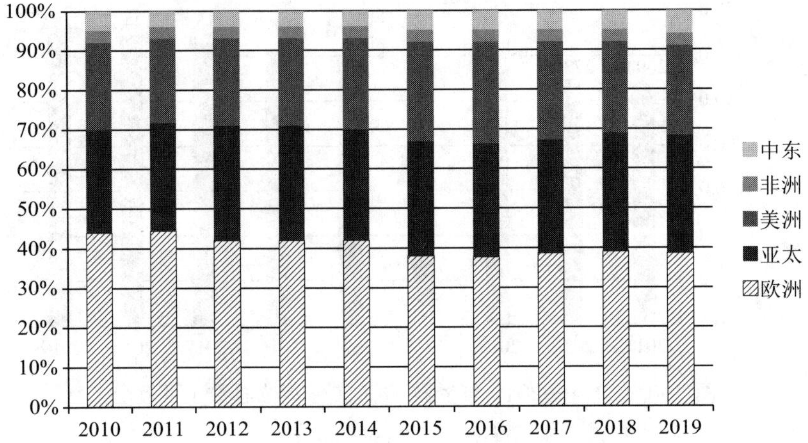

图 1–5　全球五大区域国际旅游收入占全球比重

资料来源：WTCF

1.2 国际旅游发展热点

可持续发展是全球最重要的议题之一，世界旅游组织发布“全球旅游塑料倡议”促进世界旅游业健康有序发展。在相对强劲的旅游经济和不断转变的消费需求的推动下，旅游市场主体正在掀起行业变革风潮。继旅行社鼻祖——托马斯·库克集团破产后，传统旅行社正加速转型升级；随着旅游住宿业“共享经济”的兴起，短期租赁市场法规和制度标准日益完善；越来越多的酒店从公域流量逐步过渡到私有化的流量运营，OTA 平台正遭遇新挑战；此外，以慢生活为主题的旅游理念和一人旅游经济应运而生，旅行者也开始重视环境保护，强调旅游的可持续性发展。

1.2.1 可持续旅游不断升温，旅游塑料倡议热度不减

塑料污染蔓延全球，日趋严重，“全球旅游塑料倡议”备受关注。世界旅游组织（UNWTO）和联合国环境规划署（UNEP）与艾伦·麦克阿瑟基金会（Ellen MacArthur Foundation）合作，于 2020 年 1 月年正式提出了“全球旅游塑料倡议”。全球旅游塑料倡议旨在将旅游部门团结在同一愿景之下，共同战胜污染，推动向塑料循环经济转型。法国雅高集团（Accor）、地中海俱乐部（Club Med）、西班牙伊波罗之星集团（Iberostar Group）都加入其中，目前已经有 450 多个企业、政府和其他组织联合在一起，共同致力于解决塑料废物和污染问题，构建可持续旅游生态大趋势。

1.2.2 传统旅行社鼻祖破产，数字化科技为转型赋能

世界上第一家旅行社——英国托马斯·库克集团（Thomas Cook Group PLC.）于2019年9月23日正式宣布破产，传统旅行社挑战重重。巨头破产标志着一个时代的终结，“20世纪的经济和组织模式”无法满足“21世纪消费者旅游的私人订制需求”，导致英国托马斯·库克集团（Thomas Cook Group）、欧洲法国蓝色海岸航空公司（Aigle Azur）、特大航空（XL Airways）等企业先后宣布倒闭或破产。在新时代旅游的冲击下，托马斯·库克受到了金融、社交媒体、世界政局变化甚至气候等多重因素的影响，业务空间被新兴的网上旅行社、廉价航空等多种产业瓜分。数字化科技的迅速发展，让消费方式发生了质的变化，OTA迅速崛起让目的地资源变得触手可及，在互联网环境下成长的新一代消费者，越来越不满足走马观花式的传统旅游，对产品和服务方式的需求不断升级。在传统旅行社还未来得及应变之时，市场已然不同，旅行社行业线上与线下融合趋势不可逆转，传统旅行社被迫需要转型升级。

1.2.3 短租行业市场规范化，住宿业态多元化发展

数字化和新技术的运用，以及旅行者行为和偏好的改变，导致旅游业“共享经济”的兴起，住宿业正在技术创新的范式下实现自我重构。由Airbnb或HomeAway等平台的扩张所导致的住宿业新商业模式的指数式增长，引发了一系列与公平竞争、消费者保护、安保相关的问题。为解决上述问题，世界各国政府都在修订法规以适应这一新的现实。2019年10月，世界旅游组织（UNWTO）发布了第一份系统概述，内容涉及各国政府和地方当局如何应对和管理短期租赁市场，并进行案例分析研究，涉及荷兰、意大利和西班牙等多个国家。此外，OTA巨头正引领民宿短租业规范流程。2019年10月，Booking.com宣布将基于房源的用户点评和整体水平，打造短租房源质量评级体系。短租业行业标准和质量管控措施得以实施，将助力住宿业态健康化多样性发展。

1.2.4 OTA平台流量增长乏力，私域流量成营销必争之地

2019年，私域流量掀起粉丝经济浪潮，OTA平台遇新挑战，酒店盈利模型有突破。私域流量是相对于公域流量的概念，是指品牌或个人自主拥有的、免费的、可直接触达并多次使用的流量，一般通过个人微信号、小程序或自主APP等形式呈现。OTA获取流量的成本长期居高不下甚至不断攀升，酒店业开始思考私域流量盈利模型，不再愿为流量买单。华住集团创始人兼CEO季琦曾透露过一组数据：OTA的净利润增长迅猛，从2015

年的数字 0 增长至 2019 年的 99 亿元。在私域流量方面，TripAdvisor 做了很大的改革，由媒体属性变成社交性，提高用户黏性，打造私域流量池。2019 年，越来越多的酒店从公域流量逐步过渡到私有化的流量运营，实现自身流量池的沉淀，对 OTA 的依赖程度逐渐降低。

1.2.5 慢旅游和个人行正盛行，品质旅游新升级

全球城市化进程快速发展，快节奏生活令人们压力倍增，在此基础上，以慢生活为主题的旅游理念和一人旅游经济应运而生。越来越多的人选择独自旅行释放压力，旅游节奏由快变慢，强调缓行慢行的放松型旅游方式，并注重环境保护，强调旅游的可持续性发展。KLOOK“2019 年全球独旅者趋势”调查访问了全球 16 个市场共计近 2.1 万受访者，报告显示，76% 的受访者已经有独自旅行的经验或正在考虑单独出游。其中，中国旅客的比例高达 84%，位居全球第二，仅次于韩国。Sky Scanner 天巡报告指出，2019 年，个人行最受旅客欢迎，占比达到 22%，其次为慢旅游（Slow Travel，占比为 18%）和轻旅行（Micro Escape，占比为 16%）。慢旅游和个人行展现了旅行者的新态度，旅游需求的升级不断向高品质和个性化转变。

1.3 国际旅游发展趋势

旅游市场结束了跟团游时代和自助旅游时代，进入了自主旅游的时代，旅游者多样的个性化需求对旅游行业的智慧科技的应用提出了更高的要求，科技已成为旅游发展新动能，正在塑造旅游的未来。随着 5G 技术的发展，“万物互联”正在进一步打破或模糊诸多行业及生产流程之间的界限，旅游运营战略正从以规模经济为主导转向以范围经济为主导，促进产业的大整合和大融合发展。此外，在新冠肺炎全球化蔓延的背景下，2020 年国际旅游市场会不断被压缩，重心将向国内游转移；同时，极度的控制和压缩会带来储存大量的出游需求，大疫过后旅游业必强势回弹，旅游市场将呈“U”形发展；随着疫情防控进入常态化，预约制也将成为景区常态化管理手段，“预约旅游”成为文明出游新趋势。

1.3.1 旅游目的地：线上“云旅游”成趋势

数字化技术的成熟，为云端旅游提供了坚实保障；数字化技术在互联网和旅游目的地网络之间实现信息的采集、管理、开发与利用，把枯燥的数据变成鲜活的模型，打破时间和空间限制，满足大众对游览和欣赏的新需求。2020 年，受疫情影响，旅行者对线上旅游信息的依赖程度迅速提升，

这一变化也正全面加速消费者决策场景的转移，“云旅游”已成为疫情期间新的增长点。如美国旅游推广局（Brand USA）在 Go USA TV 旅游电视推出了旅游目的地视频，让全球游客“云游美国，灵感不断”；英国许多博物馆和公园也都开启了“云赏”模式；“云·游中国”主题活动更是在全球范围内广受欢迎；随着 5G 时代的来临，旅游目的地正利用此契机进行转型升级。云旅游将成为旅游行业供给侧结构性改革的突破口，线上科技发展旅游成趋势。

1.3.2 航空行业：无缝旅行体验持续升级

生物识别技术的进步，使数字身份识别成为可能；科技将助力旅行便利，无缝旅行（The Seamless Travel）体验渐趋优化。目前，生物识别技术正广泛地被亚太地区机场所运用，随着这些技术日臻完善，生物识别验证将取代人工身份验证，机场正在不断提升旅客体验，并以智慧机场为开端，真正打造出“无接触”旅游体验。WTTC 将其无缝旅行的全球愿景定义为实现无缝、安全和可靠的 end-to-end 旅行者之旅。作为实现无缝旅行的关键技术，在本次疫情期间，生物识别技术也发挥了其在确保公共卫生安全方面的效力。随着隐私和数据保护法规的不断完善，生物识别技术将进一步助力旅行体验，面部识别也有望在未来取代护照及登机牌的手动检查流程，航空业将向智能化深入发展。

1.3.3 酒店行业：酒店 + 社区或成未来新风尚

酒店不再仅仅是解决休息和用餐的地方，更是承载新生活方式的载体空间。随着经济社会的发展，酒店与周边社区之间相对封闭的格局逐渐被打破，越来越多的周边社区居民成为酒店的消费者，酒店的发展也反向影响周边社区居民的生活方式和生活环境。目前已有很多酒店开始意识到“社区价值”的重要性，积极服务社区，为社区经济增加新温度。例如，日本 Hanare 酒店的经营理念是 The Whole Town = Your Hotel（整个社区 = 你的酒店）；亚朵酒店也多次强调“社区”属性，着力打造社区中心酒店，酒店的第四空间成为一个开放的生活方式社区。酒店增加社区功能，结合当地文化，形成和谐的社交氛围，不仅有利于提升社区形象，也有利于增加品牌黏性；酒店社区化发展将成为提升品牌魅力值的新方向。

1.3.4 邮轮产业：安全清洁、低碳智慧是未来主题

新冠疫情已经席卷了全球旅游业，邮轮产业进入前所未有的“冰封期”；但数据表明，邮轮市场的前景依旧光明，并加速迈入行业变革阶段。从钻石公主号开始，全球多条邮轮相继爆发大规模聚集性疫情，各大邮轮

公司相继停航，产业链各端遭受巨大损失，但据美国邮轮预订公司Cruise Planners统计，在嘉年华集团宣布拟2020年8月起恢复部分航线后，邮轮预订量在3天之内猛增了600%，其预订量与去年同期相比，增长了200%。由此可见，疫情对邮轮行业的影响，不仅是打击，也是一次变革的契机。疫情之后，定期的温度检查、升级的医疗中心、改善的空气过滤系统等都将成为邮轮的标配；AI技术和机器人所带来的“无人”场景将越来越多地进入到邮轮旅行体验中；此外，邮轮上废气、废热回收系统，空气质量系统等的应用使零排放邮轮概念设计成为可能。可以看到，疫情加速了整个邮轮行业朝着高标准迈进，未来大型邮轮娱乐设施将更加多元化，配套设备装置更智能化，使用能源将更清洁化，航行将更加安全化。

1.3.5 旅游者：山地旅游备受青睐，休闲康养需求抬升

山地旅游将有望成为新的增长热点，将进一步展示保护环境、绿色发展、创造活力、促进就业等能力。由联合国世界旅游组织（UNWTO）发布的《世界山地旅游发展趋势报告（2019）》显示，据统计，2019年全球山地游客（过夜游客，包括国内和国际游客）高达12.2亿人次，全球山地旅游收入突破1.36万亿美元。其中，欧洲是世界上最受欢迎的山地旅游目的地，接待了全世界大约55%的山地游客。受疫情的直接影响，文旅市场的需求端结构也正发生改变，亲近自然、运动健康、休闲康养等需求抬升，这意味着疫情后山地旅游将释放出更多的需求，将成为文旅细分领域中新的业务增长点，个性化和细分化的供给模式也将成为主流。

2. 中国旅游业发展现状与未来趋势

2.1 中国旅游业发展现状

2019年中国旅游市场稳步增长，入境、出境和国内旅游市场持续发展。2019年旅游三大核心业务饭店、旅游景区、旅行社的数量规模呈现“一减两增”的态势。文旅机构改革符合旅游消费升级的内在需求，对于推动文化和旅游市场快速、高质量发展有重要意义。

2.1.1 旅游市场稳步增长，入境旅游市场基础更加牢固

2019年国内旅游市场和出境旅游市场持续发展，入境旅游市场基础更加牢固。2019年全年，国内旅游人数60.06亿人次，比上年同期增长8.4%。入境旅游人数14 531万人次，比上年同期增长2.9%，其中，外国人3188万人次，增长4.4%；香港、澳门和台湾同胞11 342万人次，增长2.5%。

出境旅游人数 15 463 万人次，比上年同期增长 3.3%。全年实现旅游总收入 6.63 万亿元，同比增长 11.1%。（见表 2–1）经测算，全年全国旅游业对 GDP 的综合贡献为 10.94 万亿元，占 GDP 总量的 11.05%。旅游直接就业 2825 万人，旅游直接和间接就业 7987 万人，占全国就业总人口的 10.31%。

表 2–1 所示为 2011—2019 年旅游业主要发展指标。

表 2–1　2011—2019 年旅游业主要发展指标

年份	国内旅游人次（亿人次）	国内旅游收入（亿元）	入境旅游人次（万人次）	入境旅游收入（亿美元）	出境旅游人次（万人次）	出境旅游收入（万亿元）
2011 年	26.41	19 305	13 542	484.64	7025	2.25
2012 年	29.57	22 706	13 241	500.28	8318	2.59
2013 年	32.62	26 276	12 908	516.64	9819	2.95
2014 年	36.11	30 312	12 850	1053.80	10 728	3.73
2015 年	39.90	34 195	13 382	1136.50	11 689	4.13
2016 年	44.35	39 390	13 844	1200.00	12 203	4.69
2017 年	50.01	45 661	13 948	1234.17	13 051	5.40
2018 年	55.39	51 278	14 120	1271.03	14 972	5.97
2019 年	60.06	57 251	14 531	1313.00	15 463	6.63

数据来源：国家统计局

2.1.2 旅游投资规模稳步扩大，投资主体呈现多元化

2019 年，旅游产业运行保持在 116.44 的“相对景气”区间运行，各季度同比均有明显回升，旅游经济继续保持高于 GDP 增速的较快增长。2019 年国内旅游总花费 5.73 万亿元，同比增长 11.6%。我国在冰雪旅游、康养旅游、在线旅游、研学旅游和主题公园等领域投资明显增加，“十三五”规划以来，旅游投资规模保持年均 6.82% 的增速，吸引了包括政府投融资平台、民营企业、非旅企业等的多元资本进入。

2.1.3 旅游景区和旅行社数量稳步增加，星级饭店数量持续减少

饭店、旅游景区、旅行社的数量规模呈现“一减两增”的态势。2019 年末全国星级饭店 10130 家，同比减少 2.4%。一方面，以酒店品牌为导向的消费越来越强，甚至有逐步取代星级导向的趋势；另一方面，因市场结构调整，有些星级饭店萌生了“脱星”的短视念头。2019 年末全国共有 A

级旅游景区 12 402 个，全国 5A 级旅游景区新增 22 家，总数升至 280 个，文旅部加强旅游景区动态管理，开展旅游景区整改提质专项行动，全年复核景区总数超过 5000 家，对 7 家 5A 级旅游景区、1186 家 4A 级及以下等级景区做出处理。据国家统计局数据显示，截至 2019 年 12 月 31 日，全国旅行社总数为 38 943 家，比 2018 年增长 8.17%。

2.1.4 文旅机构改革顺利推进，产业发展政策环境良好

自 2018 年 4 月 8 日国家文化和旅游部正式挂牌，2018 年底我国 31 个省（市）文化和旅游厅（委）挂牌全部完成，2019 年文旅机构改革在市县层级全面落地。文化和旅游机构改革顺利推进，预示着“文化 + 旅游”将成为国内经济发展的重要推动力量，并将推动文旅企业加大文化产业挖掘力度、在打造旅游硬件项目的同时注入更多文化内涵、打造超级旅游 IP 以重构旅游全产业体系，从而助力文化旅游产业整体升级，引领旅游经济发展进入良性循环。同时，文化和旅游消费进一步获政策支持。一系列政策的发布与出台，涉及旅游扶贫、景区门票、特色小镇高质量发展、旅游人才、旅游失信、旅游 PPP、全域旅游、旅游规划管理等多个领域，为产业运行创造了良好的政策环境，推动文化和旅游市场快速、高质量发展。

2.2 中国旅游业发展热点

旅游行业的发展势必和经济社会发展相联系、相适应、相契合，“一带一路”、国家文化公园建设、行业标准、政策调整，都对旅游产业形成各种冲击和影响。

2.2.1 “一带一路”旅游惠及共建国家，助力多样化旅游合作

2013 年我国首次提出共建“一带一路”倡议构想，我国与沿线国家积极开展文化旅游领域友好交流，跨境旅游领域合作成为大众热点。具体表现在旅游市场规模扩大、旅游交往密切、合作成效显著三方面。“一带一路”背景下，旅游业在促进政策融合、经济合作和文化交流等方面任重道远。文旅部 2019 年度“一带一路”文化和旅游产业国际合作重点项目高达 44 项。2019 年“文化年”“旅游年”活动非常丰富，文旅部积极落实国家领导人战略共识，“中老旅游年”“中柬文化旅游年”“中国—太平洋岛国旅游年”等活动陆续举办。与此同时，中国和意大利确定将于 2020 年互办文化和旅游年活动。文旅部主动抓住“文化年”和“旅游年”活动契机，将外交活动与文化和旅游推广相结合，将“请进来”与“走出去”相结合，通过一系列精彩的文艺表演、深入的业界洽谈、专业的论坛，有效巩固了国

家间传统友谊，扩大了人文交流，增进了民心相通和各领域务实合作。

2.2.2 国家公园试点与国家文化公园启动稳步推进

2019 年年底，国家公园试点工作已取得阶段性成果。2019 年 6 月，国务院印发《关于建立以国家公园为主体的自然保护地体系的指导意见》(以下简称《指导意见》)，标志着我国国家公园建设进一步制度化和体系化，对于我国珍贵自然资源、人文资源的保护传承和开发利用具有重要而深远的意义。《指导意见》进一步细化国家公园建设方案，国家文化公园建设进入实施阶段，我国国家公园体系初步完成主体架构搭建。2019 年 8 月基本完成国家公园体制改革的顶层设计，国家公园体制试点建设在保护生物多样性，保持自然生态系统的原真性和完整性方面取得了阶段性成效。

“十三五”时期，我国创造性地提出建设具有中国特色的国家文化公园。2019 年 7 月，中央全面深化改革委员会审议通过了《长城、大运河、长征国家文化公园建设方案》。2019 年 9 月，中国大运河博物馆在江苏扬州正式开工；11 月，江西启动长征国家文化公园试点建设。国家文化公园是中国历史中宝贵且特殊的文化遗产，是中华民族精神和价值观的重要文化载体，对于中华文化传承具有深远意义。长城、大运河、长征国家文化公园都属于线性文化遗产，在国家文化公园建设过程中及文化遗产活化利用的过程中，既要深入挖掘当地文化特色，又要与现代人社会生活方式紧密结合。国家文化公园建设着力深化、活化旅游文化内涵，突出文化教育功能，在彰显社会效益方面具有重要作用。

2.2.3 A 级景区摘牌降级，倒逼转型提质增效

2019年国家对景区进行提质整改。全国对5000多家A级景区进行复核，受到处理的景区有 1186 家，受到取消等级处理的有 405 家。随着经济发展的转变，以低成本劳动力、市场整体增长、宏观经济高速增长形成的支撑为代表的传统支撑景区行业增长的红利，均在逐步减弱甚至消散。而高速增长期给景区行业带来的后遗症仍困扰整个行业，一些景区呈现出投资粗略、运维粗放、服务松懈、产品老化、市场对应不足，甚至过度多元化、过度商业化等问题。在此情形下，景区行业有待通过转型来转变发展模式、提升产品质量、树立核心竞争力。

2.2.4 夜间经济方兴未艾，激活城市新动能

“夜经济”正在成为提升城市活力、扩大国内市场的有效手段，是推动中国经济高质量发展的重要引擎，同时也已成为城市经济发展的新增长点。发展夜间经济是众多城市的共识，“点亮夜经济”不约而同地成为关键词。

2019 年 8 月，国务院印发《关于加快发展流通促进商业消费的意见》，明确提出要“活跃夜间商业”。截至 2019 年 10 月，中国发布夜间经济、夜间旅游相关政策的城市已有 40 余个。近年来，各地纷纷抓住契机，推出鼓励夜间经济发展的政策，来发展夜间经济，进一步促进城市消费增长。北京、上海、广州、成都等地先后推出夜间经济发展政策，进一步提升城市夜间经济活力，完善夜间消费服务。发展夜间经济是培育城市发展新动能、增强社会活力新元素的战略要求，到 2022 年，夜间文旅消费规模将持续扩大，拟建设 200 个以上国家级夜间文旅消费集聚区。

2.2.5 行业法规出台剑指在线乱象

近年来，消费不断升级，旅游市场规模稳定增长，但是对于 OTA 平台来说，挑战和竞争也加倍升级。2019 年，中国在线旅游用户规模约超过 4 亿人，景区门票在线交易额约 288.8 亿元，但从旅游在线预订来看，大数据“杀熟”现象较为普遍，如向老顾客提供更高的价格。更有甚者，在暗中绑定了很多附加付费服务，如订购机票会暗中加价捆绑保险，使消费者在不知情的状态下付费购买原本无意购买的附加产品。目前“小而贵”的定制游，正在成为在线旅游服务商下一个竞逐的战场。OTA 平台不断开发符合消费者需求的定制化产品，抢先占据旅游中高端市场，这样的定制化旅游虽然吸引力十足，但近几年在线旅游服务商不能按约定提供服务、相关提示环节不到位、旅游投诉渠道不畅通、问题解决不及时等问题仍然层出不穷，对 OTA 商家的监管仍是巨大挑战。文化和旅游部针对在线预订平台的问题，出台了《在线旅游经营服务管理暂行规定（征求意见稿）》，公开向社会各界征求意见，整顿行业普遍存在的大数据的价格歧视、虚假预订、不合理低价游、信用监管等问题。在监管力度增强的背景下，促使在线预订平台调整改进原有的商业模式。

2.3 中国旅游业发展趋势

突如其来的疫情，既向旅游产业发展提出严峻挑战，同时也为旅游产业升级提供了契机。抓住机遇，调整转型，变革创新，适应信息化发展，旅游行业必将迎来新的发展高峰。

2.3.1 网红经济创新旅游营销新模式

中国网民规模达 7.31 亿，网红经济有巨大的发展空间。2019 年“双 11”期间，旅游达人们交出了超 6 亿元的惊人带货“战绩”，让整个行业看到了电商直播的潜力无穷，也给旅游行业的营销突破带来了更多可能。“旅

游 + 网红 + 直播”模式可以更好地展现文旅产业特色，同时依托直播平台巨大的流量，帮助推广特色文旅产品，将全方位推动文旅产业的复工复产。

营销渠道创新方面，各垂直细分领域的“小流量”平台潜力将被进一步释放，以短视频达人种草、直播带货为代表的新媒体营销模式将成为旅游目的地挖掘“精准流量”或触达“私域流量”的利器。“网红种草”与带货是一种更符合当前需求的营销方式。基于旅游产品决策期长、需求多元、价格高等因素，很难让消费者短时间下单。但“种草带货”的旅游达人，一般以为用户提供旅游攻略、省钱秘籍等“锦囊”式内容为主，增加决策环节，直接撬动消费者的决策层。

2.3.2 5G 助推景区数字技术变革

近年来，国家大力推动新基建建设，5G、人工智能等技术加速落地，助推景区数字技术变革。疫情期间，以云计算为代表的互联网新兴技术助力传统行业转型线上，景区也纷纷开启“云旅游”模式进行自救。5G 智慧景区服务站的智能导游系统通过 5G+LBS+AR 技术对现实和虚拟世界进行深度渲染，建立沉浸式智慧人群导览服务系统，可实现景区内的实时导航、景点介绍、实景导航、实时语音讲解等功能，增加了游览过程中的趣味性和互动性，为游客提供多样化的旅游体验和服务，满足游客深层次文旅体验和全方位了解景区景点信息的需求。同时 5G 智慧景区的智能导游系统，通过 5G+AR 技术可以引入对应景区的经典 IP 形象，如历史人物、神话传说等，游客在 IP 形象的陪伴下游览景区，成为系统中的角色，并通过 IP 形象来发布互动任务，对景区进行探索，感受景区历史文化地域，亲历神话传说故事、寻觅探宝、收集任务物品等，体验别样的旅游过程。随着 5G 技术在 2020 年的全面商业化，文旅基建将实现全覆盖、数据基础将实现网络化。2020 年，文旅产业智慧化的成果将慢慢展现，各类技术应用开发，仍然需要经验积累。

2.3.3 完善“一站式”旅游服务，提升游客线上体验

据统计，2019 年中国在线旅游市场规模达到 10866.5 亿元，同比增长 11.4%。整体来看，中国在线旅游市场在行业加速进入标准化、品质化建设，提升产品及服务质量，对质量市场投入精细化运营后，增长态势有所回暖，在线旅游行业的精耕作业初有成效。中方 OTA 厂商国际化战略部署加强，将逐渐与以 Booking 为代表的国际化 OTA 开始同台竞技。在发展成为全球化在线旅游预订平台的道路上，国际厂商也将不断择善而从，加强一站式多样化产品供给，优化品质化旅游市场发展的评定指标。在线旅游

平台作为旅游产业链中枢位置，应继续完善自身旅游产品整合服务能力，巩固自身行业竞争优势，从交通出行、住宿、度假多场景致力于为用户提供全面的一站式旅游服务，实现旅游公共服务智慧化，给游客更多的便利，提升游客的旅游体验。

2.3.4 周边游 C 位出道，驱动旅游业短期复苏

旅游市场受疫情影响重大，入境游与出境游遭到强烈冲击，原计划出境旅游的高收入人群的需求转向国内旅游市场，国内游尤其是周边游面临良好的发展机遇。由于长时间居家隔离，心理压抑，游客出游意愿强烈，并且倾向于短距离出游，省内周边游成为新趋势。据驴妈妈旅游网数据显示，游客首选“三小时”出行圈，半数以上游客选择周边游，近 40% 的游客因疫情影响选择本地（省）游，如图 2–1 所示。近年来周边游发展模式逐渐成熟，软硬件设施的完善与服务水平的提升，使周边游模式获得了市场的认可与推崇。省内周边游是疫情之后，当前市场最广泛的选择，周边游成为中国旅游市场短期复苏的一个驱动力。

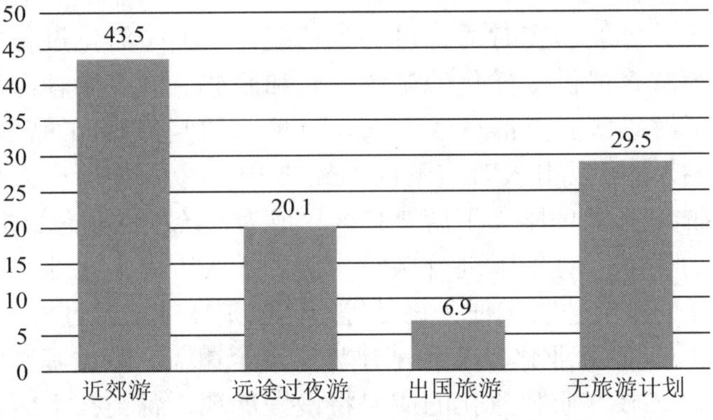

图 2–1　2020 年中国消费者疫情后首次计划旅游形式调查（单位：%）

数据来源：中国旅游报社

2.3.5 自由贸易港助力建设国际旅游消费中心

2020 年 6 月国家公布《海南自由贸易港建设总体方案》，明确海南国际旅游消费中心的战略定位，提出大力发展旅游业，中国文旅产业将迎来突破发展。自贸港的建设为海南旅游业的发展带来了空前绝后的机遇，推动旅游与文化体育、健康医疗、养老养生等深度融合，提升博鳌乐城国际医疗旅游先行区发展水平，支持建设文化旅游产业园，发展特色旅游产业

集群，培育旅游新业态新模式。同时加快三亚向国际邮轮母港发展，开通跨国邮轮旅游航线，促使康养、医疗、游轮旅游成为旅游业发展的新的突破点。自由贸易港的建设有利于国际旅游消费中心能进一步促进旅游消费升级和提升旅游消费服务质量。自由贸易港的建设催生更为开放的免税购物政策出台，提高免税购物限额，对标购物天堂，中国旅游集团中免股份有限公司、凯撒旅业等，纷纷把“免税业务”作为聚焦的核心。自由贸易港的建设有利于推进旅游消费领域对外开放，培育旅游消费新业态，推动旅游消费提质增效，同时有利于提升旅游国际化水平，打造特色鲜明的国际旅游消费胜地。

2.3.6 深化旅游业改革开放，实现疫后旅游振兴

改革开放以来，我国旅游业体制改革不断深化，旅游市场规模稳步扩大，国际影响力日益提升，旅游已经成为大众常态化的消费内容。突如其来的新冠疫情给旅游业带来了巨大的冲击，旅游业中长期的复苏与振兴备受关注。推动旅游业的新一轮改革开放，既是应对疫情影响的要求，也是实现旅游高质量发展的长久之策。推动市场开放到制度开放的转变，完善顶层设计，优化产业结构，激活市场主体，建议重点推进旅游业的现代市场经济体系改革、资源管理体制改革、投资和消费体制改革、要素市场化配置体制机制完善等。

3. 北京市旅游业发展现状与未来趋势

3.1 北京市旅游业发展现状

2019 年，北京市地区生产总值增加，居民人均可支配收入提升，旅游市场总体向好，旅游设施不断完善，安全管理逐步增强。政府加强对旅游市场的监管力度，“非法一日游”“六黑”等乱象基本得到控制，旅游市场秩序不断规范。在营销方面，北京积极开展旅游推介活动，国际知名度持续提升。

3.1.1 旅游市场总体向好，出入境旅游市场受挫下跌

2019 年，北京市旅游总收入 6224.6 亿元，同比增长 5.1%；接待游客总人数 3.2 亿人次，同比增长 3.6%，旅游市场总体向好（见图 3–1）。其中，国内旅游市场保持增长，且市民在京游市场增长好于外省来京游市场，全年共接待国内游客 31 833.0 万人次，同比增长 3.7%；国内旅游总收入 5866.2 亿元，同比增长 5.6%。与之相反，出入境旅游市场呈下跌趋势，

2019 年北京市接待入境游客 376.9 万人次，同比下降 5.9%；国际旅游收入 51.9 亿美元，同比下降 5.9%（折合人民币 358.4 亿元，同比下降 1.8%），经北京市旅行社组织出境的旅游人数为 484.5 万人次，同比下降 5.2%。受新冠疫情影响，2020 上半年北京市旅游业受到巨大打击，游客人数和旅游收入急剧下降。上半年累计接待游客 5626.3 万人次，同比下降 64.8%；旅游收入 811.9 亿元，同比下降 72.0%。

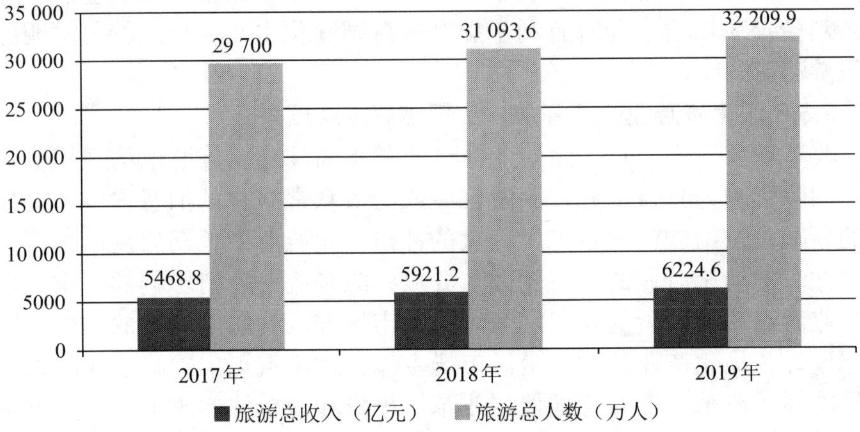

图 3-1　2017—2019 年北京市旅游总收入与总人数

资料来源：北京市文化和旅游局官网

3.1.2 细分行业分析

2019 年，北京旅游投融资体系和平台建设成效显著，旅游投资持续扩大，产品供给日益丰富。在细分行业中，全市旅行社共计 3062 家，同比增长 9.51%，全年营业收入 762.64 亿元，旅行社数量和营业收入均居全国第二，且服务质量不断提升；景区总体收入为 88.25 亿元，同比增长 1.7%，其中门票收入占比出现小幅回升，约为 59.3%，全年共新评等级景区 7 家，取消等级景区 17 家，等级景区筛选更加严格；酒店供给量增长相对平稳，但市场需求出现小幅缩水，全年共接待住宿人数 4422.3 万人次，同比下降 1.1%，仅有奢华和高端酒店的市场供需保持平衡，入住率和平均房价双指标上升，超高端酒店由于需求缩水，导致入住率指标大幅下降，成为唯一业绩呈现负增长的级别酒店；购物仍占国内游客消费构成的最高比例，步行街改造升级购物体验，小众化的购物需求逐渐被重视。

3.1.3 旅游设施持续改善，安全管理明显加强

2019 年，北京市旅游基础设施和服务设施不断改善，智慧旅游建设持续推进。全年共改造旅游厕所 165 座，评定 193 座等级旅游厕所。在旅游交通方面，北京大兴机场建成并投入运营，串联京郊知名旅游景点的列车线路相继推出，旅游公交运营服务不断完善，游客出行的便利度不断提升。此外，北京市创新文化旅游志愿服务工作，扩大文化旅游志愿服务站的数量和规模，并深入实施京郊旅游人才培训“百千万”工程，培育优秀旅游人才，提升旅游服务质量。

为加强旅游安全管理，北京市持续开展 A 级景区安全风险评估，不断深化行业安全隐患排查治理内容和手段，先后开展行业督导抽查、安全生产月隐患排查等行动。加强消防安全管理，积极开展消防演习，消除火灾隐患；加强汛期安全管理，先后临时关闭景区 740 多家（次），疏散游客 5.6 万人；强化突发事件处置和应急管理工作，妥善处理“2・8”延庆区龙庆峡山体碎石坠落伤人等涉旅突发事件。

3.1.4 旅游市场不断规范，“非法一日游”治理成果显著

“非法一日游”一直是北京旅游市场的痼疾，2019 年北京市严厉打击黑车、黑店等关键环节，精确打击非法招徕、二次收费、改变行程和强迫购物等违法行为，并在节假日等重点时段保持高压态势，大力整治非法“一日游”乱象。全年累计出动执法人员 51.8 万余人次、执法保障车辆 12.8 万台次，检查导游 2.2 万余人次、旅游车辆 4.4 万台次，并破获了北京首起旅游领域非法“一日游”全链条犯罪案件，使非法“一日游”乱象基本得到了遏制。2019 年全市共受理“一日游”投诉 39 件，同比下降 87%，且仍呈持续下降趋势，旅游市场秩序持续向好。此外，北京市消费者协会发布的 2019 年北京一日游消费体验调查结果显示，近 3 年在线旅游平台、旅行社和景区三方面的平均得分持续上升，由 2017 年的 77.76 分、2018 年的 80.49 分上升至 2019 年的 86.80 分，“一日游”市场不断规范，游客在京旅游的幸福感、安全感和获得感不断提升。

3.1.5 积极开展旅游推介活动，“魅力北京”走向全球

2019 年，北京市以“魅力北京”为主题，以“长城好汉”为品牌，深耕“欢乐春节”活动，积极对外宣传北京城市形象和文化旅游资源。全年共派出 10 个团组 200 余人次，赴芬兰等 14 个国家和地区 25 个城市举办“欢乐春节”活动，吸引观众近 20 万人次；并持续打造“长城好汉”全球营销活动，吸引来自 50 多个国家和地区超过 2300 人报名参与。以“魅力北京”

为主题的文化旅游推介会在美国、英国、俄罗斯、印度等 40 余个国家和地区举办，遍及亚洲、欧洲、北美洲、南美洲、非洲等多个大洲，推介会以图片展览、文艺表演、特色体验活动等多种形式推动北京文化“走出去”和旅游“引进来”，大大强化了北京与全球其他国家及城市的文旅交流，提高了北京文旅的国际知名度。同时，北京还借助世园会、亚文会等国际平台，利用国际媒体宣传北京文旅，促进入境旅游市场的发展。

3.2 北京市旅游业发展热点

2019 年，北京冰雪旅游、会奖旅游、旅游演艺、“机场 + 旅游”等新业态蓬勃发展，夜间旅游成为新的经济增长点。此外，为深入贯彻落实乡村振兴战略，北京市高度重视京郊旅游的发展，创造性地提出了北京乡村民宿的设立条件与审批流程，保证了京郊旅游质量，并进一步提升了市民在京游的热情。未来，北京市应进一步丰富旅游业态内容，打造一批具有北京特色、能够代表北京形象的旅游品牌。

3.2.1 聚焦冰雪旅游，拓展冬季旅游市场

冬奥会为北京市冰雪旅游发展提供了新的契机，随着冬奥会的临近，北京市大力发展冰雪文化、冰雪旅游、冰雪运动和冰雪经济，积极推动文化、旅游、冰雪深度融合，并在全球范围内举办多场冰雪旅游推介活动和冰雪文旅体验活动，全力打造北京“冰雪旅游”新名片，以拓展北京冬季旅游市场，平衡旅游淡旺季。借力北京冬奥会的举办，北京市冰雪旅游配套设施也在不断提质升级，截至 2019 年底，延庆新建和改造了 15 家冬奥保障酒店，升级改造了 22 座旅游厕所和 10 家旅游咨询站，并着力打造张山营冰雪休闲小镇和康庄园艺小镇等特色小镇。此外，据不完全统计，北京已经有民用商业滑雪场馆 20 个，室内滑冰场 32 个，气膜冰场 12 个，为北京发展冰雪旅游提供了场地保障。

3.2.2 会奖旅游发展迅速，特色文化不断融入

2019 年北京会奖旅游业取得巨大发展，会展设施不断完善、产业集群不断增加、营商环境日益净化、会议会展对外开放持续扩大，“会都模式”已初见规模。成功举办了北京世园会、中非合作论坛北京峰会、“一带一路”国际合作高峰论坛等主场外交活动，也为京交会等大型的国际展览会议、入境研学旅行团组、专业考察团组等提供完善的服务支撑。借助文旅融合趋势，具有“京味”特色的文化内涵和文化体验不断被融入到会奖旅游中，使会奖旅游的内涵不断丰富，体验持续升级，会奖旅游产业链各主

要环节的市场主体逐步健全，会奖经济的带动效应和新品发现功能进一步凸显，产品供给体系日趋完善。

3.2.3 大力开发旅游演出资源，着力打造“秀北京”旅游演艺品牌

旅游演艺是传承文化的重要载体，兼具旅游与文化的双重魅力。2019年，北京整合现有旅游演艺资源，并开发新的消费增长点，着力打造“秀北京”旅游演艺品牌。“秀北京”作为挖掘、推广北京旅游演出资源的品牌，通过出版《“秀北京”文旅演艺手册》、参加大型展会、与短视频平台合作开展“秀我大北京”区域挑战赛等方式，宣传推广北京旅游演艺产业，已成为北京市文化旅游、文旅演艺、文化遗产展示和发布的有效推广平台。2019年，北京市旅游演出共8391场，占整体演出场次的36.8%；吸引观众人次达304.7万人次，票房收入为2.26亿元。德云社、老舍茶馆等曲艺品牌；中国杂技团、朝阳剧场等杂技品牌知名度不断提高，上座率与票房收入均有明显提升。

3.2.4 大兴国际机场引领“机场+旅游”新风尚

北京大兴机场作为“新世界七大奇迹”之首，自2019年9月25日正式投入运营以来，不仅增强了北京国际交通枢纽的能力，推动了旅游基础设施的完善，还吸引了众多游客前来参观，成为北京网红打卡地和旅游新地标。2020年6月1日，大兴机场推出了“发现兴世界”旅游项目，为游客在航站楼公共区提供免费参观和讲解服务。与传统机场不同，大兴国际机场不仅具备旅客承载功能，还兼具购物、美食、休闲、观光、旅游宣传、文化展示等多种复合功能，“机场+旅游”融合发展趋势显著，成为引领全国乃至全球交通运输与旅游融合发展的新标杆。

3.2.5 京郊旅游健康发展，市民在京游持续升温

京郊旅游作为北京文化旅游发展的重要引擎，对促进京郊农民创收、缓解北京中心城区的客流压力具有重要意义。2019年12月26日，北京市文旅局会同相关部门印发了《关于促进乡村民宿发展的指导意见》和《京郊精品酒店建设试点工作推进方案》，创造性地提出了北京乡村民宿的设立条件与审批流程，明确了郊区精品酒店的开发模式，有力推动了京郊旅游健康发展。截至2019年12月，北京市共有乡村精品民宿500余家、星级民俗旅游户5595户、星级民俗旅游村263个、特色旅游村镇100个，并涌现出古北水镇、乐多港、世园人家、山楂小院、长城公社等一批新兴旅游品牌。

京郊旅游的快速发展吸引了大量市民在京旅游，2019年市民在京游人

数达 12565.7 万人次，其中郊区游占 53.6%，都市游占 46.4%，在京游总人数同比增长 7.2%；旅游收入 559.2 亿元，同比增长 16.9%；人均消费 445.0 元，同比增长 9.0%，市民在京游的范围和规模不断扩大，消费水平也在不断提升。

3.2.6 夜间经济蓬勃，点亮夜京城

2019 年，北京市相继推出“夜经济 13 条”和“冬日夜经济 7 条”，点亮北京夜间消费场景。据北京统计局发布的《2019 年北京市夜间消费调查报告》显示，超过 7 成受访者有夜间消费活动；美食餐饮是最受欢迎的夜间消费活动；“00 后”成为夜间消费的主力；首批“夜京城”商圈已对消费者形成一定的吸引力。在 2019 中国夜间经济论坛中，北京市被评为“夜间经济十强城市”。截至 2020 年初，北京夜间经济已形成首批“499”的网格式布局，即 4 个“夜京城”地标、9 个“夜京城”商圈和 9 个“夜京城”生活圈。2020 年实施的“点亮北京”夜间文化旅游消费计划，在继续关注各大商圈的同时，瞄准社区商业，扩大夜间经济的影响力和覆盖面。在 2020 年 6 月 10 日发布的《北京市促进新消费引领品质新生活行动方案》中指出，北京将设计开发 10 条左右“夜赏北京”线路，推动有条件的博物馆、美术馆、景区、公园、特色商业街区等延长营业时间，并优化调整促消费活动审批流程，推动相关流程网上办理，以促进北京夜间经济的蓬勃发展。

3.3 北京市旅游业发展趋势

作为机构改革后文化和旅游融合发展的开局之年，2019 年北京积累了大量文旅融合经验，将推动未来文旅融合不断深入；新型基础设施建设为旅游业数字化发展打下坚实基础；即将建成的环球影城，以及即将迎来的世界休闲大会和冬奥会为北京旅游业带来了新机遇。此外，随着疫情逐渐得到控制，北京市旅游业开始复苏，并呈现持续向好趋势，疫情提升了人们对健康的重视程度，康养旅游将迎来黄金发展时期。未来，北京市应抓住机遇，继续创新文旅融合途径，充分利用新技术对旅游业的推动作用，促进旅游业高质量发展。

3.3.1 文旅融合不断深入，旅游文创持续升级

2019 年，北京市文化和旅游公共服务效能显著提升、文化和旅游对外交流交往不断扩大、文艺舞台持续繁荣，积累了大量文旅融合的经验。2019 年 12 月 11 日北京市出台“文旅融合 26 条”，对文旅资源支撑体系、空间布局、产品体系、市场治理等方面提出具体要求，成为首个在省级层面出

台文旅融合总揽性新政的省市，此后文旅融合将进一步深入。随着文旅的深度融合，旅游文创产业紧跟步伐，“北京礼物”品牌影响力持续提升，运营模式不断创新。故宫文创 2019 年推出故宫雪糕、四季吉服、故宫日历、故宫文具等旅游文创产品，为中国旅游文创提供了“故宫经验”，并将持续引领中国旅游文创产业的发展。

3.3.2 京城中医药文化强大助力，康养旅游前景广阔

康养旅游是近年来旅游业的热点话题，也是旅游业的新蓝海。北京作为一个历史文化名城，拥有底蕴深厚的中医药文化，为北京康养旅游的发展奠定坚实基础。2019 年举办的北京中医药健康旅游资源对接大会成功梳理出一批具有京城中医药文化特色的优质资源，包括故宫御医药馆、百年老字号鹤年堂、同仁堂、中医药非遗、北京中医药大学中医药文化体验馆、鼓楼中医院京城名医馆、广誉远、正安中医、大诚针灸、中卫福膳、一品香山药膳餐厅、广安门中医院音乐疗法、北京形意拳、杏林说书等，这些具有特色的中医药文化资源，为北京康养旅游产品设计和策划提供了丰富的素材和内容，对北京中医药健康旅游的发展起到很好的推动作用。随着人们对美好生活需求和多层次多样化健康需求的增加，作为最能体现人民幸福感的产业形态，旅游业与健康产业的融合发展正在迎来黄金时代，康养旅游市场前景一片光明。

3.3.3 文华东方酒店落地王府井，北京高端酒店进商场成趋势

2019 年 3 月 18 日，北京王府井文华东方酒店开业，落地城中高端零售中心王府中环之上，引发了业界对高端酒店进驻商场的关注。传统单体酒店因为功能单一，娱乐性缺失，在商业地产中扮演的角色始终不够活跃，而“商场”+“酒店”的组合，可以联动商场与酒店的餐饮、购物和休闲体验，与传统单体酒店相比，这种酒店综合体的综合回报率更高。近年来，北京不少高端精品酒店开业均选址在商场中或在商场周围。2013 年，怡亨酒店入驻侨福芳草地购物中心；2016 年，北京三里屯通盈中心洲际酒店开业；2017 年，新国贸饭店开业，与国贸商城直接连通；2019 年，Le Joy 大悦酒店于西单大悦城重新开业，这些酒店综合体的产生为北京酒店未来发展提供一条新思路。

3.3.4 新基建引领北京旅游数字化发展

2020 年 6 月 10 日，北京出台了《北京市加快新型基础设施建设行动方案（2020—2022 年）》，提出建设新型网络基础设施、数据智能基础设施、生态系统基础设施、科创平台基础设施、智慧应用基础设施和可信安全基

础设施六项重点任务。在与旅游业相关的领域，新基建能够充分利用 5G、大数据、云计算、人工智能、物联网等新一代信息技术，推动文旅产业与数字经济的深度融合，引导和培育网络消费、体验消费、智能消费等消费服务新模式，促进文旅产业数字化发展。未来旅游业“万物数字化”的趋势将推动智能客服逐步代替人工客服，智能机器人将广泛应用；各类智能化信息能够帮助旅游行政部门、企业和游客判断旅游态势、预测未来趋势并辅助旅游决策；“数据开放共享”与“个人信息保护”将成为未来旅游业新的挑。

3.3.5 环球影城促北京旅游产业布局优化

北京环球影城位于北京市通州区，是世界第五个，亚洲第三个，中国第一个环球影城，预计于 2021 年正式开园。环球影城弥补了北京旅游业发展和旅游产品构成中缺乏具有国际号召力的娱乐项目这一薄弱环节，并将带动北京旅游产业优化升级，提升北京旅游品牌知名度和影响力。在空间上，北京环球影城将替主城区分流部分游客，并促进京津冀地区旅游整体空间布局的优化；在资源上，环球影城所代表的现代文化资源与传统历史资源将共同成为北京旅游的重要吸引物；在产业上，环球影城将拉动旅游购物、餐饮、酒店等相关产业的综合效益提升，推动旅游业及相关服务产业布局的优化。

3.3.6 国际盛会将推动北京旅游产业高质量发展

2020 北京 · 平谷世界休闲大会：世界休闲大会是休闲领域最具影响力的学术盛会。2020 年世界休闲大会将于 2021 年 4 月 15 日至 21 日在北京市平谷区举办，主场馆金海湖国际会展中心的建设将成为接待大型会议的重要场所和金海湖特色休闲旅游度假小镇的重要配套设施。将举办世界休闲大会获得的国内外先进休闲旅游发展经验与北京休闲旅游产业发展现状相结合，打造一批符合市场需求、具有北京特色、文化内涵丰富的休闲旅游产品，有助于北京休闲旅游品质的提升。

2022 年北京冬季奥运会：北京冬奥会将于 2022 年 2 月 4 日至 20 日在北京和张家口联合举行。冬奥会的举办将改善北京的旅游大环境，对北京旅游产业升级有着极大的促进作用。例如，空气质量的改善、城市整洁度的提高将使北京更具吸引力；交通的建设和完善将增强北京的吞吐能力；住宿设施、体育设施、商业设施的建设和改进都将使北京更好地发展特色旅游项目。

3.3.7 抗击疫情成果显著，北京旅游业逐渐恢复

2020年，突如其来的新冠疫情使北京市旅游业受到巨大冲击，为防止疫情扩散，北京市于2020年2月关闭各类公共文化活动场所和景区，并暂停旅行社有关业务。2020年3月10日，北京市发布了《关于应对新冠肺炎疫情影响促进旅游业健康发展的若干措施》，采取暂退旅游服务质量保证金、稳定导游队伍、发放旅游发展补助金、推动旅游投融资交易等13条措施帮助旅游企业应对经营困难。随着疫情缓和，2020年3月31日，北京市发布《等级旅游景区有序恢复开放实施方案》，明确了等级旅游景区恢复开放的原则，并按照从低风险地区到高风险地区，从室外到室内的顺序开放旅游景区。采取景区限流、入园必检、控制安全距离、鼓励电子门票等措施指导等级旅游景区科学精准防控。经过一系列政策的出台与实施，北京市疫情得到有效控制，旅游业也呈现复苏趋势。

截至2020年7月初，北京市现有238家等级景区，已开放149家，开放占比63%；全市7288家乡村旅游经营单位（户），营业2619家，营业占比36%。2020年端午节假期，全市重点监测景区累计接待游客135万人次，恢复到去年同期的23.2%；营业收入7240.2万元，恢复到去年同期的24.1%。此外，从7月20日起，北京市恢复旅行社及在线旅游企业经营跨省（区、市）团队旅游及“机票＋酒店”业务，北京旅游市场的整体复苏指日可待。

第二篇

行业发展报告

第一板块——旅游景区篇

2019年北京市旅游景区发展报告①

吕 宁，胡 蝶，江胜男

2019年是文旅融合发展开局之年，通过文化和旅游的融合发展，大力发展全域旅游、乡村旅游、研学旅游、休闲旅游、康养旅游等业态。自2018年文化部和旅游部合并以来，文旅融合加快了业态“创新”。博物馆、非遗传习场所等公共文化设施与研学旅行结合发展；山水实景演出的融合观念与思路体现在从场景入手、试图打造“沉浸式”文化或旅游空间的实践上；通过全要素的融合、整合之后全新服务方式与路径的创新带来公共服务的变革。在景区文旅融合发展过程中，遵循“宜融则融、能融尽融，以文促旅、以旅彰文”的原则，以旅游促进文化传承、用文化促进旅游提质升级，积极创造新的经济增长点。但是就北京景区而言，也依然存在部分问题，如区配套供给能力弱，公共信息服务系统有待更新；景区服务一成不变，景区管理有待加强；野景区屡禁不止，黑导游、假民宿层出不穷等问题，这些问题都在一定程度上影响了访京游客的游玩体验与景区升级换代的未来。因此，在北京景区的建设方面，更应该深耕北京市旅游资源，IP化、集群化北京市景区产品；科技为北京景区管理赋能，人性化管理助力文明旅游；响应“全民健身”的国家政策，助力冰雪旅游景区普及；跨产业融合延伸景区产业边缘，大力推进漫画主题文化公园建设。

---

① ［**作者简介**］吕宁，女，北京第二外国语学院旅游科学学院副教授、北京旅游发展研究基地研究员；胡蝶，北京第二外国语学院旅游科学学院硕士研究生；江胜男，北京第二外国语学院旅游科学学院硕士研究生。

1. 全国旅游景区行业发展环境

1.1 总体概述

2018年，文化部和旅游部合并，文旅打包实现诗和远方的统一，旅游业注入文化的灵魂，发展势头持续向好。近10年来，借助传统优势旅游资源，拓展社会景区资源，以保护为基础，旅游景区得到长足发展，提升了我国旅游目的地形象，带动了城乡一体化发展进程，旅游景区也确立了独立的产业地位，成为支撑旅游产业发展的中坚力量。当前，依照国家法规，按照市场规则，越来越多的地方把景区逐步推向了市场，在经济大潮的推波助澜下，景区发展呈现出鲜明的市场化特点。旅游景区是旅游业的核心要素，是旅游产品的主体成分，是旅游产业链中的中心环节。我国幅员辽阔，丰富的景区资源为旅游活动提供了有力支持。旅游景区数量继续增加，旅游业的发展势头使人们认识到了它对社会经济发展的贡献。各级地方政府都加快了旅游业的发展速度，或将其作为支柱产业来培植，或将其作为先导产业来发展，因而各地大力进行旅游资源开发，形成了一批又一批的新旅游景区。

截至2020年初，我国共有5A景区279个，4A景区1693个。5A景区较2018年底新增23个、4A景区减少163个。所有5A级景区的平均门票价格为109元；2019年全国4A级景区平均门票价格为56元。景区门票产业链中，景区门票可通过旅行社、线下代理批发商、在线预订网站、景区销售窗口等渠道销售给游客。旅行社依然是景区门票最重要的销售渠道，代理了景区门票销量的60%~70%，但由于越来越多的游客放弃了传统的跟团游方式，旅行社渠道门票销量正在逐年递减。截至2019年末，全国A级旅游景区全年接待总人数64.75亿人次，比上年增长7.5%，实现旅游收入5065.72亿元，增长7.6%。①

2019年以来，文化和旅游部分别部署开展了文化和旅游市场整治行动、A级旅游景区整改提质行动，在景区整改提质行动中，全国复核A级旅游景区5000多家，1186家景区受到处理，其中405家受到取消等级处理。各级文化和旅游行政部门坚持以问题为导向，扎实开展暗访评估工作；坚持依法办案、有案必查，持续保持市场整治高压态势；坚持以队伍建设为基

① 《中华人民共和国文化和旅游部2019年文化和旅游发展统计公报》http://www.gov.cn/xinwen/2020-06/22/content_5520984.htm

础，着力提高文化和旅游市场治理能力。保持高压态势，持续抓好 A 级旅游景区动态管理；坚持全过程管理，严把 A 级旅游景区入口关；强化优质供给，进一步推动旅游景区提质扩容。强化引领，进一步扩大旅游度假区的数量；抓好管理，进一步提升旅游度假区的质量；完善制度，进一步强化旅游度假区发展的政策保障。高压之下求生存，使得让市场竞争进一步多元化和激烈化。

1.2 发展特征

1.2.1 行业繁荣依旧，少数景区盈利无压力，众多景区面临生存保卫战

自 2012 年以来，国家开始大力提倡旅游，每年都会提出不同的旅游发展概念，从乡村旅游、特色小镇、全域旅游等，把旅游业推上了风口浪尖。短短 8 年时间，旅游行业已经发生了翻天覆地的变化，A 级景区数量从不到 1 万家，发展到 3 万多家，这还不包括很多不纳入旅游行业范畴的区域，以及很多其他传统商业模式转型跨界的项目，预估能够满足旅游需求的这些大大小小的项目超过 5 万家，平均每个县城就有 20 多家；国家对于旅游业的重视程度不减反增，因而国家下一步还将继续刺激文旅行业的发展，此后景区的数量将还会稳步增长，政策引导下的新开发景区的增长势头依然强劲，并且景区资源的多元化、全域化、市场化、特色化特征越来越明显。但是这样的繁荣景象也存在一定的问题，繁荣属于少数景区，大部分景区将面对同质化严重、产品内涵不深刻、目的地吸引力低等问题。从产品层面看，景区数量依旧在增长，而在市场层面，国内的旅游人口数量并没有明显的增长。更为严重的是，现在商场、高速服务区、机场等人流量较大的地方，都在按照景区的模式建设，以及政府对市政工程和开放式区域的美化、亮化工程，都大大提高了游客的审美高度，从而对景区的发展提出了更高的要求。随着景区数量的增多，激烈的区域市场竞争，已经让大多数景区没有了生存的市场空间，很大一批小型景区将会面临关门；一大批景区被整顿和摘牌；大多数的传统资源类型的景区、老景区游客人数和综合收入将持续走低。并且，社会经济下行持续，其他行业的调整幅度比旅游景区更大，大多数行业将迎来更加困难的生存期，意味着旅游行业外的输血功能将会越来越弱。

另外，伴随着互联网和智能化成长起来的 90 后、00 后新生代游客的出游习惯、接收信息的方式日新月异，甚至年年都在变化。游客的旅游体验逐渐阶段化和体验化，他们对互联网的应用和依赖达到前所未有的高度，

这针对传统旅游景区更是一种全新的和不得不面对的挑战。新媒体优势资源逐步集中化，在宣传上熟练运用互联网及创意化的短视频传播，将成为景区宣传的主要方式。因此，缺乏特色、实力差的景区将会被迅速淘汰，而原来有一定资源优势和市场沉淀的，如果不抓紧时间进行升级，前期的积累将会被迅速消耗殆尽。2020 年景区产品升级、营销思路创新将成为众多景区面临的巨大挑战。

1.2.2 旅游景区的监管越来越严格，重压之下，两级分化情况将会越来越严重

旅游景区监管力度加大，A 级景区整改行动对景区的建设和运营提出了更为严苛的要求。高压监管和发展态势将会是 2020 年行业的主旋律。扛不住的就会被迫出局，扛得住监管压力的，能否扛得住市场的压力，更是对景区最大的考验。重压之下，已经不再有奇迹。好的越来越好，而那些达不到各种标准和要求，以及在市场竞争中后继乏力的景区，将会逐步淡出公众视野。景区被摘牌、景区被要求整改、景区破产被并购等在 2019 年被当作新闻爆点的词汇，将成为 2020 年的常态，认识并正确对待旅游景区，将会是 2020 年主流的市场声音。如何在重压之下发展，不同背景条件下的景区，将会做出不同的选择。国有体制下的景区，更多的是承担社会职能和社会责任，所以，发展比较注重长远发展和正规化发展；而私营企业体制下的景区，更多注重的是生存，所以，是留在景区序列，还是探索一条适合自己发展的道路，将会使得不同背景的景区，做出两个完全不同的选择。

一部分私营景区，将更加注重市场化的实用性发展模式，预计 2020 年在市场上还会产生很多特殊的市场竞争策略和招数，特别是部分景区转型加快，将会对市场形成更大的冲击。所以，2020 年的市场转型升级也会进入残酷的竞争期，不转就是等死，转型成功将会在痛苦中前行，而转型失败将会把企业拖入深渊。

1.2.3 旅游景区发展迎来区域化整合，抱团取暖变成弱肉强食

2020 年，区域化的整合、全域旅游之下的整合、大集团整合小集团、大景区整合小景区将成为常态。而经过整合之后的庞大的旅游资源体，或者原本已经很强大的旅游资源体，将会向所在区域的中小景区发起强大的市场抢夺战。一波又一波的降维打击，将会使得越来越多的小景区彻底沦为穷途末路。

因为大多数景区已经认识到单靠门票经济进行发展的思想，已经不能满足市场的需要。但是发展二次消费，特别是盈利模式的转型升级，更是

存在巨大的风险，所以，市场转型升级是一个缓慢的过程，而快速从市场抢游客，把周边的小景区扼杀在摇篮里，却是相对容易很多。他们会采取更多的市场行为，比如各种资源整合、各类活动促销、灵活的渠道合作等方式来抢夺市场，小景区的短、平、快将在市场中没有任何优势可言。对于那些没有特色和生存能力较弱的小景区，不单单要重视门票经济，同时也要重视景区二次消费和第三产业的发展。不能紧紧盯着景区的发展，更要注重景区的其他产品走出去，社会其他各界资源走进来的策略，争取调动更多的资源，特别是政府资源，以及社会各类文化性、生产性的企业，利用景区流量换市场的方式，从而促进景区收入的多元化。

2. 北京市旅游景区供给侧发展环境

2.1 总体概述

2019 年，政府在面临经济下行压力中，实施积极的财政政策，在稳固就业，盘活市场，确保人民收入的同时，刺激内需潜力，促进消费升级；2019 年，同样作为文旅融合元年，北京政府大力推进研学旅游、乡村旅游、休闲旅游等旅游业态的发展，增量升值，构建文明旅游示范区；2019 年，夜间经济雄踞一方，夜间旅游应运而生，7 月北京市商务局出台《北京市关于进一步繁荣夜间经济促进消费增长的措施》，明确鼓励这片“新蓝海”涌入更多活力；2019 年，门票降价景区降级，提升旅游服务质量、加大监管力度成为北京市旅游的最强音，12 月，北京市文化和旅游局联合天津市文化和旅游局、河北省文化和旅游厅开展京津冀旅游市场一体化综合监管工作，京津冀联动一体，旅以载道，汇则兴邦。2019 年北京市旅游产业总体而言，以政府为主导，以旅游市场为导向，顺应现阶段国际旅游发展趋势，实现旅游产业的提质增效。而就供给侧而言，呈现新的变化与萌芽。

2.2 景区数量与构成

2019 年，北京市共有 A 级景区（点）248 家[①]，其中 5A 级 9 家，分别是故宫博物院、天坛公园、颐和园、十三陵、八达岭长城风景名胜区、北京市奥林匹克公园、孔庙和国子监博物馆、慕田峪长城、恭王府，4A 级 71

① 采用北京市文化和旅游局在 2019 年 10 月 20 日公布的 A 级景区数量数据 http://whlyj.beijing.gov.cn/ggfw/ly/

家，3A 级 119 家，2A 级 48 家，1A 级 1 家。从景区数量上看，2019 年北京市 3A 级及以下的景区增加了 10 家，其中 3A 级景区增加了 6 家，2A 级景区增加了 8 家，1A 级景区减少了 4 家。4A 级景区减少了 4 家。2019 年北京市 A 级旅游景区在总量上减少了 3 家，高 A 级景区数量减少，景区评定与监管力度加大，景区等级结构趋于优化，中间大两头小的特征没有改变。

2.2.1 景区数量总体分析

以北京市文化和旅游局的数据为依据，如表 2–1 所示，2019 年，北京市 A 级景区总量由 2018 年的 241 家增加至 2019 年的 248 家，增加 2.9%。

表 2–1　2012—2019 年北京 A 级景区数量情况

	2012 年	2013 年	2014 年	2015 年	2016 年	2017 年	2018 年	2019 年
数量（家）	206	213	227	227	244	253	241	248
增量（家）	–5	7	14	0	17	9	–12	+7
增长（%）	–2.4	3.4	6.6	0	7.5	3.7	–4.7	+2.9

数据来源：北京市文化和旅游局

如表 2–2 和图 2–1 所示，在等级数量上，自 2012 年以来，5A 级景区数量一直保持在 8 家，数量稳定，2019 年，新增 1 家恭王府；4A 级景区的数量在 2013 年、2018 年都增加了 4 家，2014 年增加了 5 家，2017 年减少了 1 家，2019 年减少了 4 家；3A 级景区数量占比最高，2015 至 2017 年，保持着较高的增长率，2019 年比 2018 年增加了 6 家；2A 级景区数量在 2012 至 2016 年小幅上升，在 2017 至 2018 年，数量有所下降，2019 年又增加了 8 家；1A 级景区除了在 2017 年增加了 2 家外，自 2012 年以来数量一直在减少。

表 2–2　2012—2019 年北京 A 级景区等级数量情况

	2012 年	2013 年	2014 年	2015 年	2016 年	2017 年	2018 年	2019 年
5A 级景区（家）	8	8	8	8	8	8	8	9
4A 级景区（家）	63	67	72	72	72	71	75	71

续表

	2012 年	2013 年	2014 年	2015 年	2016 年	2017 年	2018 年	2019 年
3A 级景区（家）	87	86	95	95	111	122	113	119
2A 级景区（家）	36	42	44	44	48	45	40	48
1A 级景区（家）	12	10	8	8	5	7	5	1

数据来源：北京市文化和旅游局

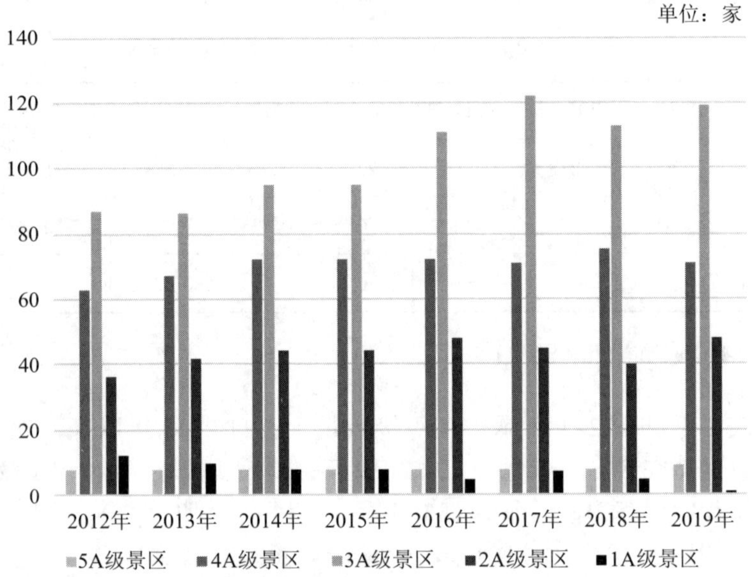

图 2–1　2012–2019 年北京市 A 级旅游景区数量

2.2.2 景区数量等级结构分析

2019 年，北京市 A 级景区中依然是 3A 级景区数量最多，占北京市 A 级景区数量的 47.9%，4A 和 2A 级景区分别占北京市 A 级景区数量的 28.6% 和 19.5%。比例相对较少的分别为 5A 和 1A，占比为 3.6% 和 0.4%。如图 2–2 所示，北京市 A 级景区等级分布依然呈明显的中间大两头小的结构特征。

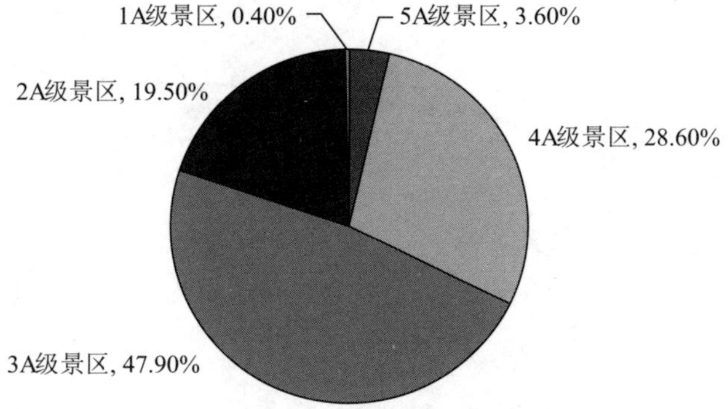

图 2-2 2019 年北京 A 级旅游景区等级结构

2012—2018 年，北京 A 级景区始终具有“橄榄球”的结构特征，3A 级景区一直占较大比重，其次为 4A 级与 2A 级景区，5A 级、1A 级景区占比较少，质量等级结构趋于稳定。与 2018 年相比，2019 年的高 A 级景区占比与 2018 年相比基本没变，低 A 级景区占比有所增加，A 级旅游景区等级结构更加优化。

如表 2-3 所示，2019 年，北京旅游景区总体接待人数为 3.18 亿人次，较 2018 年增长 2.3%，增长速度较过去 3 年有所放缓。2013—2019 年，北京市旅游景区接待人数一直呈现上升趋势，年均增长率为 3.76%。2019 年北京市旅游景区入境游客量为 376.9 万人次，较 2018 年减少了 5.9%。由图 2-3 可以看出，2012—2019 年，北京市旅游景区入境游客量一直呈下降趋势。

表 2-3 2012—2019 年北京旅游景区接待人数情况

	2012 年	2013 年	2014 年	2015 年	2016 年	2017 年	2018 年	2019 年
接待人数（万人次）	24 276	26 726	28 685	29 405	30 351	30 401.5	31 131.1	31 833
增长速度（%）	0.1	10.1	7.3	2.5	3.2	0.2	4.4	2.3
入境人数（万人次）	500.9	450.1	427.5	420	416.5	392.6	400.4	376.9
增长速度（%）	–3.8	–10.1	–5.0	–1.7	–0.8	–5.7	–2	–5.9

数据来源：北京统计信息网

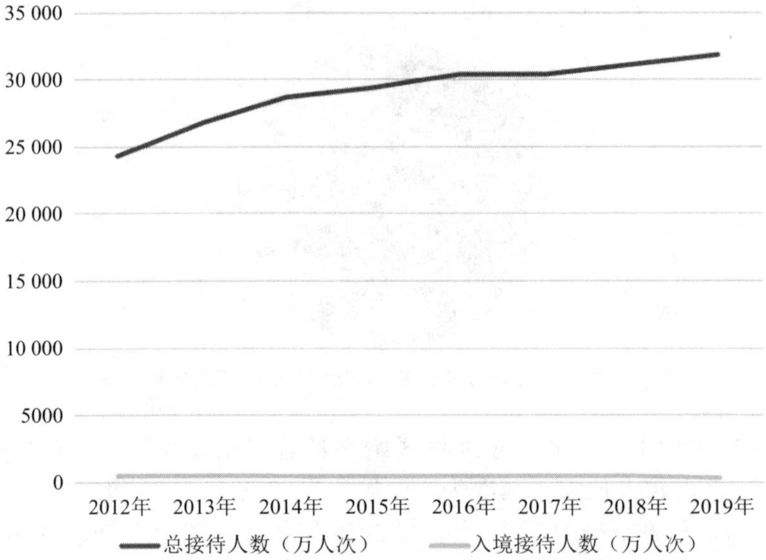

图 2-3　2012-2019 年北京旅游景区接待人数

数据来源：北京统计信息网

由图 2-4 可看出，2019 年北京市旅游景区客源结构依然是以境内游客为主，占比 99%，入境游客占比较小，仅为 1%。境内游客中，外省市来京旅游人数为 19 267.2 万人次，增长 1.5%；北京市民在京游人数为 12 565.7 万人次，增长 7.2%。

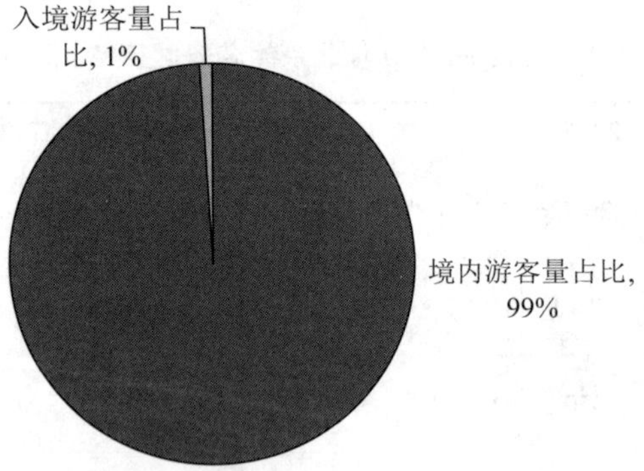

图 2-4　2019 年北京旅游景区境内、入境游客量结构

数据来源：北京统计信息网

2019 年，北京市累计接待入境游客 376.9 万人次，下降 5.9%。接待外国人 320.7 万人次，下降 5.6%，占接待入境游客总数的 85.1%；接待中国港澳台游客 56.2 万人次，下降 7.3%。

从主要客源国来看，2019 年，北京市累计接待美国游客 62.9 万人次，下降 12.6%；接待日本游客 24.7 万人次，微降 0.8%；接待韩国游客 24.2 万人次，下降 2.1%；接待德国游客 19.8 万人次，增长 1.9%；接待英国游客 15.3 万人次，下降 4.2%。

如表 2–4 所示，从洲际客源市场情况看，2019 年，北京市累计接待亚洲游客（含中国港澳台地区）112.5 万人次，下降 1.6%；接待欧洲游客 99.6 万人次，下降 1.6%；接待美洲游客 83.0 万人次，下降 14.4%；接待大洋洲游客 16.6 万人次，下降 4.5%；接待非洲游客 7.4 万人次，下降 12.5%。2019 年来京入境游客人数较去年减少 23.5 万人次。其中，美国游客减少 9.1 万人次，占总减少人数的近四成（38.7%）。来京游客人数减少最多的 5 个客源地依次为美国、加拿大、中国香港、中国台湾、澳大利亚，这 5 个客源地合计减少人数超过总减少人数的八成（83.8%）。

表 2–4　各大洲来京旅游人数

	2017 年（人次）	同比增长（%）	2018 年（人次）	同比增长（%）	2019 年（人次）	同比增长（%）
亚洲（含港澳台地区）	1 725 346	–8.3	1 749 374	1.4	1 125 226	–1.6
欧洲	1 009 286	–4.7	1 011 983	0.3	996 123	–1.6
美洲	919 436	–3.8	969 696	5.5	830 186	–14.4
大洋洲	169 805	–3.4	173 824	2.4	165 922	–4.5
非洲	89 828	1.9	84 328	–6.1	73 789	–12.5
其他	11 875	114.0	14 871	25.2	15 828	6.4
总计	3 925 573	–5.8	4 004 076	2.0	3 768 958	–5.9

资料来源：北京市文化和旅游局

表 2–5 所示为 2019 年赴北京旅游人数前 10 名的国家和地区。

表 2-5　2019 年赴北京旅游人数前 10 名的国家和地区

序号	国家（地区）	2017 年（人次）	同比增长（%）	2018 年（人次）	同比增长（%）	2019 年（人次）	同比增长（%）
1	美国	672 800	–4.3	719 898	7	629 287	–12.6
2	中国香港	344 319	–2.4	348 219	1.1	322 432	–7.4
3	日本	242 139	–2.5	248 569	2.7	246 675	–8
4	韩国	235 365	–38.0	247 528	5.2	242 365	–2.1
5	中国台湾	245 662	–1.1	241 953	–1.5	221 802	–8.3
6	德国	193 730	–5.8	194 299	0.3	197 940	1.9
7	英国	164 714	–10.0	159 341	–3.3	152 722	–4.2
8	加拿大	153 018	0.1	151 553	–1	99 822	–34.1
9	澳大利亚	144 324	–1.2	150 014	3.9	141 090	–5.9
10	法国	122 645	–6.9	126 598	3.2	119 959	–5.2

资料来源：北京市文化和旅游局

如表 2–6 所示，2019 年，北京旅游景区季度接待总人数在 4–6 月出现小高峰，接待人数达到 9459 万人次，同比增长 15.2%。2019 年上半年，北京旅游景区接待总人数同比去年，保持增长态势，下半年接待总人数同比去年，增长率为负。

北京旅游景区接待境外人数月度变化相较于 2018 年，除 7 月增长率为 0.7% 之外，其余各月均为负增长。其中 3 月、7 月负增长明显，为 –10.7% 和 –12%。可见 2019 年，北京市境外游客接待量相较于 2018 年，总体呈下降局势。

表 2–6　2019 年北京旅游景区月度接待人数情况

<table>
<tr><th></th><th>1 月</th><th>2 月</th><th>3 月</th><th>4 月</th><th>5 月</th><th>6 月</th></tr>
<tr><td>接待人数（万人次）</td><td colspan="3">6510.3</td><td colspan="3">9459</td></tr>
<tr><td>同比增长（%）</td><td colspan="3">4</td><td colspan="3">15.2</td></tr>
<tr><td>境外人数（万人次）</td><td colspan="2">38.1</td><td>31.8</td><td>43.2</td><td>36.2</td><td>32.9</td></tr>
<tr><td>同比增长（%）</td><td colspan="2">–2.5</td><td>–10.7</td><td>0.7</td><td>–9</td><td>–8.3</td></tr>
</table>

续表

	7月	8月	9月	10月	11月	12月
接待人数（万人次）	8505.3			7735.2		
同比增长（%）	−5.8			1.9		
境外人数（万人次）	30.2	34	35	38.7	31.49	25
同比增长（%）	−12	−0.5	−7	−3.4	−9.8	−3.1

资料来源：北京市文化和旅游局

2.3 景区收入与结构

如表2–7和图2–5所示，2019年，北京旅游景区收入达88.25亿元，同比增长1.7%，增长速度有所放缓。其中，门票收入达52.37亿元，占59%，所占比重较2018年的58%有所上升，增速也有所上升，为4.1%，门票收入仍然是景区最主要的收入来源，景区收入仍存在门票依赖；其次为其他收入，其他收入指旅游区（点）各项经营业务的收入中扣除门票收入、商品销售收入以外的场租、娱乐等项收入，占景区收入的37.5%，较2018年的39%有所减少；商品销售收入为3.09亿元，仅占3.5%。与2018年相比，商品销售收入上升3.2%，比重有所上升；其他收入减少2%，由增变减。整体来看，2019年景区的门票收入和商品销售收入、其他收入相较于2018年，增速提高，商品销售收入甚至由负增长变成正增长。门票收入始终占据主导地位，非门票收入增量显著，占比有所提升，北京市核心景区正逐步摆脱“门票经济”依赖，景区收入结构更加多元化。

表2–7 2012—2018年北京旅游景区收入情况

	2013年	2014年	2015年	2016年	2017年	2018年	2019年
收入（万元）	621 561	656 909	728 568	771 493	827 228.5	867 894.1	882 511.2
增长速度（%）	6.0	5.7	10.9	5.9	7.2	4.9	1.7
门票收入（万元）	398 495	417 698	462 318	475 262	495 242.2	503 234.8	523 708.7

续表

	2013 年	2014 年	2015 年	2016 年	2017 年	2018 年	2019 年
增长速度（%）	4.6	5.7	10.7	2.8	4.2	1.6	4.1
商品销售收入（万元）	13 445	16 750	19 299	26 456	30 019.6	29 945.8	30 903.8
增长速度（%）	–13.0	4.8	15.2	37.1	13.5	–0.2	3.2
其他收入（万元）	209 621	22 462	246 951	269 775	301 966.7	334 713.5	327 898.7
增长速度（%）	10.4	6.1	11.0	9.2	11.9	10.8	–2

数据来源：北京市统计局

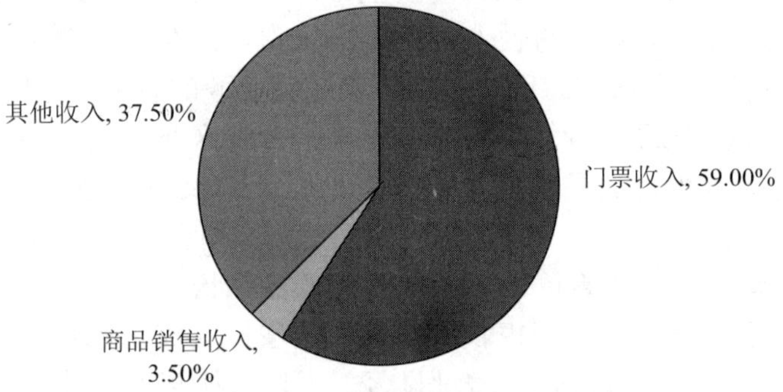

图 2–5　2019 年北京旅游景区收入结构

景区收入结构的变革是对“供给侧结构性改革”在旅游行业的落实。我国一直致力于促进景区转型，摆脱过度依赖门票经济的情况。自 2018 年 3 月起，我国重点国有景区降低了门票价格，北京市核心景区门票收入比重的下降很大程度上是由于门票价格的下调。北京市核心景区门票收入占比下降，体现了北京市旅游市场正在不断调整供给端，以满足消费端的多元化需求。

2.4 景区环境与营销

北京市为提高风景名胜区管理水平，规范各风景名胜区管理机构的管理行为，提升旅游景区景点环境质量，推动旅游管理精细化、旅游服务便利化，制定实施了《北京市A级旅游景区环境提升工程的若干意见》《北京市风景名胜区管理规范（试行）》等相关管理办法，整治景区管理环境，严格把控景区内部及周边环境质量，着重强调A级旅游景区服务环境整治工作以景区内公共厕所环境改善、景区整体环境提升、讲解器配备、各类中外文标识牌设置、无障碍设施建设为重点，对A级旅游景区进行环境整治，实现A级旅游景区的管理精细化发展。

在景区营销的过程中，需要考虑游客出游路径，具体如下：旅游需求—网络搜索—旅游相关网站—选择旅游目的地—预订—旅游。从游客出游路径图可以看出，网络是游客整个出游活动中最重要的一环，以游客行为路径和消费需求为基础，特别针对旅游市场，开发旅游SEO动态优化服务。以精神策划为网络主题的线上营销活动。北京市旅游景区营销借助在“互联网+”的时代，多层次多角度打造新媒体矩阵，利用“两微一端”的传播力量，整合微博、微信、新闻客户端、网站、视频、APP应用等多种形式的传播载体，形成“微博及时分享、微信定时推送、客户端聚合汇总”的平台合力，达到整体覆盖、矩阵共振的媒体新格局。除此之外，还提出“三端联动”的创新型营销理念，结合自身在各大城市地铁隧道媒体的独家资源，从地铁推广到线上口碑营销最终落地到景区活动，解决了困扰景区营销多年的短板。

2.5 景区资源管理与服务质量

北京市2019年开展文化和旅游市场整治行动，严厉打击全市各类文化和旅游市场违法违规经营行为，确保全市文化和旅游市场健康发展和安全稳定。切实保护本地旅游资源，印发并实施了《北京市旅游条例》。强调开发利用旅游资源，应当遵循规划先行、保护优先、有序开发、永续利用的原则。此外，北京市还强化生态底线管理，以资源环境承载力为硬约束，划定并严守生态保护红线，强化刚性约束。

北京市践行“绿水青山就是金山银山”的理念，以标准化提升服务品质，完善服务标准。首先，加强涉旅行业从业人员培训，规范服务礼仪与流程，增强服务意识与能力，塑造规范专业、热情主动的旅游服务形象。以品牌化提高满意度。其次，按照个性化需求，实施旅游服务质量标杆引领计划和服务承诺制度，建立优质旅游服务商名录，推出优质旅游服务品牌，开展以游客评价为主的旅游目的地评价。再次，推行旅游志愿服务。

建立旅游志愿服务工作站，制定管理激励制度，开展志愿服务公益行动，提供文明引导、游览讲解、信息咨询和应急救援等服务，打造旅游志愿服务品牌。最后，提升导游服务质量，加强导游队伍建设和权益保护，指导督促用人单位依法与导游签订劳动合同，落实导游薪酬和社会保险制度，明确用人单位与导游的权利义务。开展导游培训，组织导游服务技能竞赛，建设导游服务网络平台。

2.6 发展特征

2.6.1 文旅融合发展促进景区提质增效

2019 年是文旅融合发展开局之年，通过文化和旅游的融合发展，大力发展全域旅游、乡村旅游、研学旅游、休闲旅游、康养旅游等业态。自 2018 年文化部和旅游部合并以来，文旅融合加快了业态“创新”。博物馆、非遗传习场所等公共文化设施与研学旅行结合发展；山水实景演出的融合观念与思路体现在从场景入手、试图打造“沉浸式”文化或旅游空间的实践上；通过全要素的融合、整合之后全新服务方式与路径的创新带来公共服务的变革。在景区文旅融合发展过程中，遵循“宜融则融、能融尽融，以文促旅、以旅彰文”的原则，以旅游促进文化传承，用文化促进旅游提质升级，积极创造新的经济增长点。

2.6.2 景区监管力度加大肃清旅游市场

2019 年 7 月，文化和旅游部发布公告，处理复核检查严重不达标或存在严重问题的 7 家 5A 级旅游景区。北京市启动 A 级景区动态评级的常态化管理，复查 A 级质量等级的景区主要存在产品单一、存在安全隐患、设备设施严重老化、“厕所革命”工作落实不到位等问题。2019 年 11 月，文化和旅游部召开文化和旅游市场整治暨景区服务质量提升电视电话会议。会议通报，在 2019 年的 A 级旅游景区整改提质行动中，全国复核 A 级旅游景区 5000 多家，1186 家景区受到处理，其中 405 家受到取消等级处理。

2.6.3 夜间经济爆火为旅游景区发展注入新活力

2019 年 2 月 19 日，百年故宫开启的首场“夜游”活动，呈现出一票难求的火爆局面。7 月，北京市商务局出台《北京市关于进一步繁荣夜间经济促进消费增长的措施》。8 月，国务院办公厅印发的《关于进一步激发文化和旅游消费潜力的意见》中明确提出大力发展夜间文旅经济，提出了 9 项激发文化和旅游消费潜力的政策举措。其中包括“鼓励有条件的旅游景区在保证安全、避免扰民的情况下开展夜间游览服务。丰富夜间文化演出市场，优化文化和旅游场所的夜间餐饮、购物、演艺等服务，鼓励建设 24 小时书店。到 2022 年，建设 200 个以上国家级夜间文旅消费集聚区，夜间文旅消费规模持续扩大。”文件的出台如烈火烹油，带来无限想象的空间，从灯光到演出，从内容到技术，产学研加大力度、精细操作的研讨实践，点燃了夜游经济的未来，唤醒了旅游景区发展的新活力。

2.6.4 红色旅游创造旅游景区新热度

2019 年，网络上“红色旅游”关键词搜索热度上涨比例达到 200%。从 2019 年年初开始，各地红色旅游持续升温，节假日游客量集中增长明显，国庆假期更是人气“爆棚”。中国旅游研究院发布的数据显示，仅暑期，红色旅游目的地就有超过 1 亿人次前往。国庆假期，盛大的国庆阅兵仪式和庆祝活动激发了人民群众的出游热情和对代表中华悠久历史、灿烂文明、民族精神、国家富强等文化吸引物的向往；文化和旅游部组织各地重点围绕长征精神、改革开放、京津冀协同发展等主题推出的 10 大类 100 条学习体验线路十分红火；《我和我的祖国》响彻大街小巷；“开天辟地”“不忘初心”等 70 组彩车成为最热“网红”。文化和旅游部的数据显示，国庆 7 天长假全国共接待国内游客 7.82 亿人次，78.84% 的游客参加了各式国庆庆祝活动。红色旅游成为广大游客“与国同庆”的主要选择、激发文化和旅游消费的强劲动力。在文化和旅游部支持下，由中国旅游协会旅游教育分会、北京第二外国语学院等单位主办的第九届全国大学生红色旅游创意策划大赛，吸引了全国 30 个省市的 246 所学校的 766 支团队报名参赛，参赛的高校数量之多、规模之大，远超往届，创下了历史新纪录。文化和旅游部还指导拍摄 40 期《红色基因代代传》系列红色故事短视频，开展“中国心·红旅情”征文、“我和我的祖国”红色旅游采风活动，编撰《中国红色旅游影像志》，组织拍摄完成红色旅游主题宣传片，在中国国际旅游交易会上搭建红色旅游主题展区，加大了对红色旅游的宣传推广。

2.6.5 文旅 IP 打造助力景区宣传

2019 年春节，世界各地的观众将有望“进宫过大年”。届时北京紫禁城将按照宫里的年节礼仪，用丰富的藏品装饰一新：每座宫殿、每个庭院都将宫灯高悬、张灯结彩，贴春联，挂福字，不仅有沉浸式的深度体验，还可以品尝御膳房的美味小吃。北京故宫博物院主题性综合文化创意“故宫中国节”立足中国传统节日，运用多媒体展示、场景还原等多层次艺术与科技手段，再现传统喜庆的年节风俗，让人们在欢笑中体验传统节日蕴含的智慧与情感。“金榜题名”通过年轻人喜闻乐见的呈现方式和先进的科技应用，结合非遗文化传承，在全国各地落地沉浸互动式展演，策划各种主题活动，组织教育研学，推出精美实用的配套文创用品。“宫囍·龙凤呈祥”将提取宫廷大婚礼仪中的吉祥喜庆、盛大美好的元素，结合故宫专家、学者及民间手艺匠人大师群体的专业交流，通过数字多媒体、婚纱秀、互动体验、空间陈设、文创产品等多样化形式，让中华优秀传统文化融入老百姓的现代生活。

3. 访京游客需求侧现状与新转变

3.1 访京游客整体概况

3.1.1 访京游客数量及收入

2019 年北京市国内旅游总人数 31 833.0 万人次，增长 3.7%；国内旅游总收入 5866.2 亿元，增长 5.6%。市民在京游市场增长好于外省来京游市场。其中外省市来京旅游人数 19 267.2 万人次，旅游收入 5306.9 亿元；北京市民在京游人数 12 565.7 万人次，旅游收入 559.2 亿元。自 2014 年以来，北京市年游客接待量增速一直在 5% 以内，如图 3–1 所示。

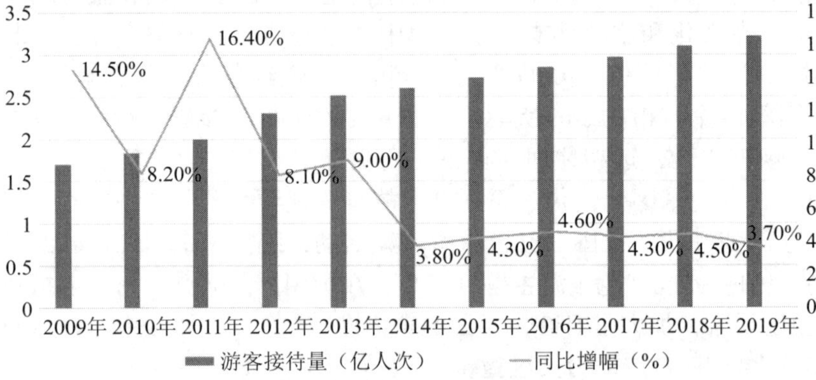

图 3–1　北京市游客接待量及同比涨幅（2009—2019）

国内旅游总收入 5866.2 亿元，增长 5.6%。自 2017 年以来，北京市年旅游收入增速有所减缓，如图 3–2 所示。

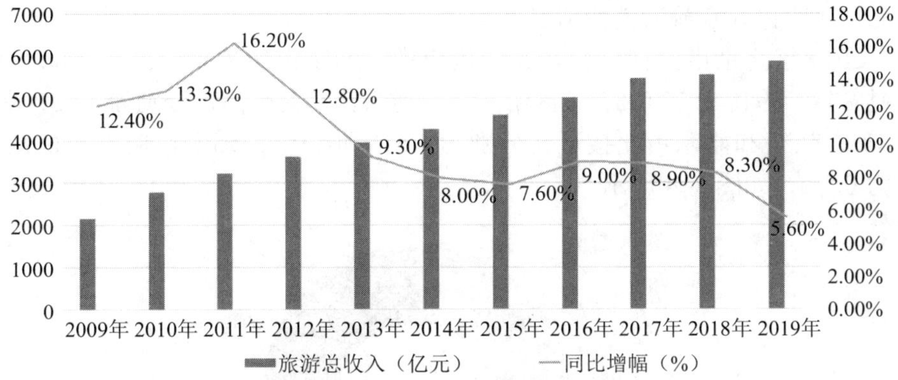

图 3–2　北京市旅游总收入及同比增幅

3.1.2 访京游客消费者行为

旅游者消费行为是指旅游者为满足其旅游需要，在旅游动机的驱使下产生的以支付货币的形式而换取旅游产品和服务的行为。旅游消费者行为研究是整个旅游营销的核心，决定了旅游市场竞争的胜负。旅游者的消费行为因每个人的喜好不同呈现出不同的消费特征。对于旅游者消费行为的研究有利于供给侧具有针对性地提供符合旅游消费者兴趣爱好的旅游产品和服务，提高旅游经济收入，促进社会的进步和发展。

（1）外省来京旅游消费情况

2019 年外省来京游客花费构成中，购物占比最高，达 31.8%，其次是餐饮和住宿，占比分别为 21.1% 和 19.1%，三者合计占比为 72.0%；长途交通占比 11.8%，景点游览占比 9.2%，市内交通占比 4.2%，娱乐占比 2.0%；邮电通信和其他占比较低，分别为 0.2% 和 0.8%，如图 3–3 所示。[16]

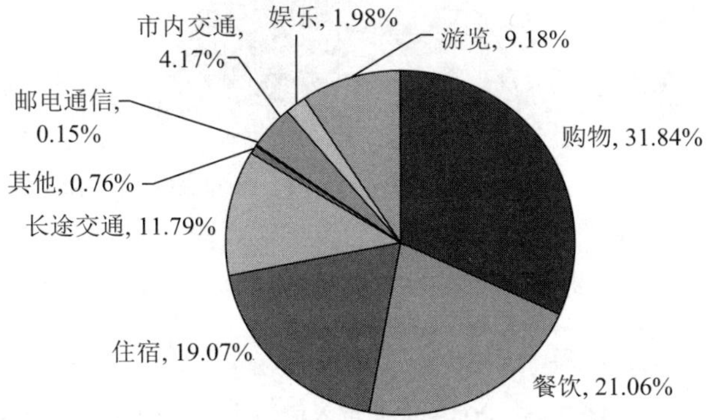

图 3–3　2019 年外省来京游客花费构成

（2）市民在京旅游消费情况

2019 年北京市民在京游客花费构成中，购物占比最高，达 35.1%，其次是餐饮，占比为 28.0%，景区游览和交通占比相对较高，分别为 12.8% 和 11.1%，住宿和娱乐占比接近，分别为 6.5% 和 5.9%，邮电通信占比最低，仅为 0.5%，如图 3–4 所示。

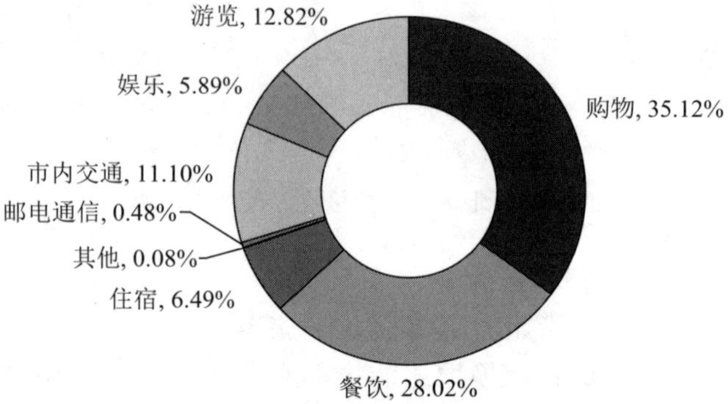

图 3–4　2019 年北京市民在京游花费构成

（3）北京入境旅游消费情况

入境游客花费构成中，长途交通占比最高，达 28.4%，其次是购物和住宿，占比分别为 24.5% 和 19.0%，餐饮占比 9.4%，景点游览占比 4.5%，市内交通和娱乐占比分别为 4.0% 和 1.4%，邮电通信占比最低，为 0.4%，如图 3–5 所示。

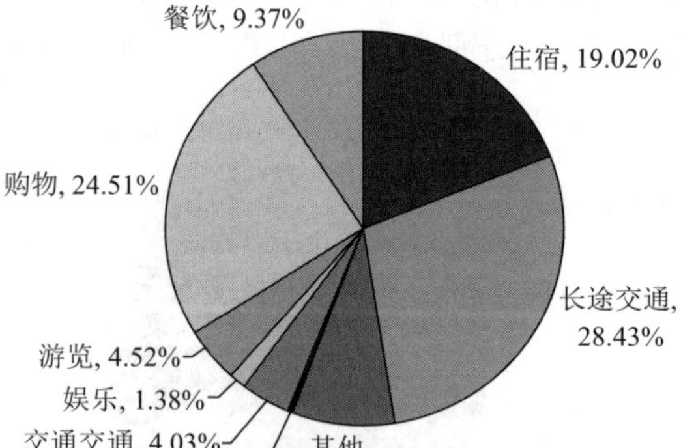

图 3–5　2019 年来京入境游客花费构成

3.2 游客需求现状

北京作为全球世界遗产最多的城市，要明确游客需求现状，就必须从游客的视角出发，把握游客的真实评价与内心反馈，因此，选择旅游知名网站携程为对象，对北京极具代表性、游客接待量最多的 9 个 5A 级景点（故宫博物院、天坛公园、颐和园、八达岭－慕田峪长城旅游区、明十三陵、恭王府、北京奥林匹克公园、圆明园与孔庙和国子监博物馆）2019 年 1 月 1 日至 2020 年 9 月 11 日的游客评论内容进行抓取，并利用 ROST CM6 软件对评论进行分词、词频输出，对评价最多的前 3 个景区进行社会网络和语义网络分析，并最终对景区的高频词进行二次过筛，进而从总体层面剖析游客需求的现状。

3.2.1 故宫博物院

如图 3–6 所示，通过对符合时间限制的故宫博物院 2886 条评价进行分析可知，与故宫直接相关的游客被满足的需求为文化、建筑、导游、孩子等方面的内容。对于前往故宫参观浏览的游客而言，通过导游的讲述，进一步了解故宫背后的文化底蕴及明清的恢宏建筑，进而为孩子提供一次研学教育的机会，但是归根结底，游客将此次浏览定位到“体验”，600 年的历史积淀，对于非专业的游客而言，很难全面、深层次地理解故宫的历史底蕴，因此，就大体而言，游客对于故宫的需求较为浅薄，容易满足，并未出现受抑制的情况。

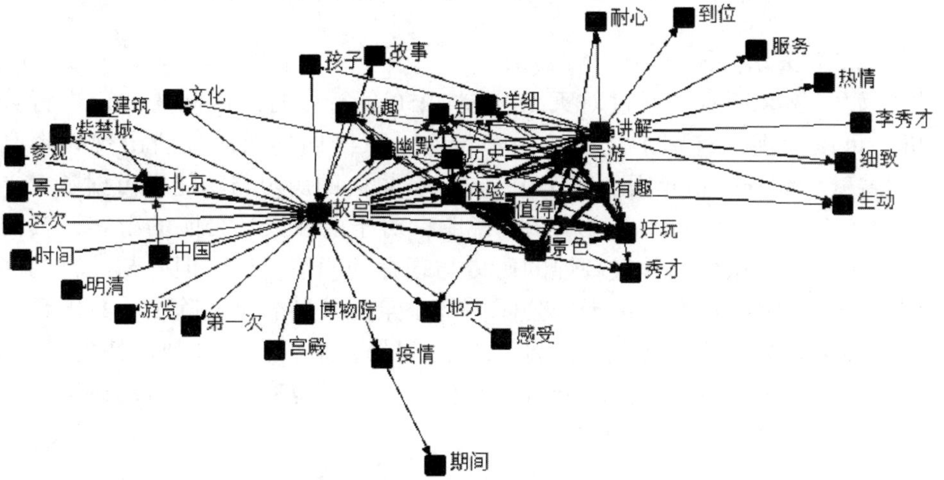

图 3–6　故宫社会网络和语义网络分析

3.2.2 八达岭 – 慕田峪长城

如图 3–7 所示，通过对八达岭 – 慕田峪长城的评价分析可知，与之密切相关的词语在于交通工具（缆车、巴士、摆渡、滑道）、景区宣传口号（不到长城非好汉）、同行人员（老人、孩子）、旅游体验（有趣、好玩）等，这些词语分别体现了游客在对长城景区的需求方面具有更强的参与性与沉浸性，亲身体验、寓教于乐、锻炼身体等成为游客前往长城景区的重要动因。

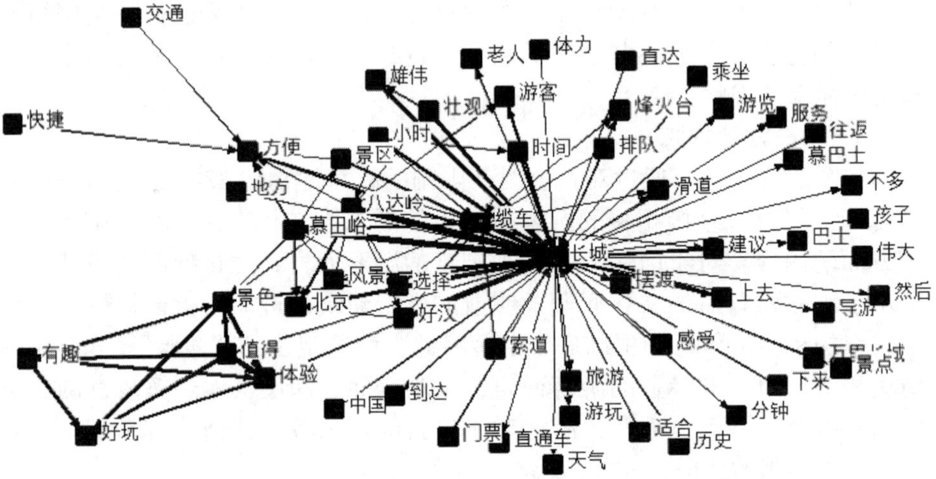

图 3–7　八达岭 – 慕田峪长城社会网络和语义网络分析

3.2.3 天坛公园

如图 3–8 所示，通过对天坛公园 2950 条符合时间区间的评论进行分析，可以发现，有别于之前的两个景区，景区内的旅游场所出现频率高（回音壁、圜丘、祈年殿、建筑），同时，景区的历史与功能也占据了大半篇幅（祭祀、明清等），这就充分说明，对于前往天坛公园的游客，其需求在于了解天坛公园曾经辉煌的历史与现存的明清建筑，但是与故宫的区别在于，游客能精准定位天坛公园内部小景区及其名字，除了小景区数量少的原因之外，更主要的在于小景区的间隔合适、标志性强、特色鲜明。在天坛公园中，游客的需求同故宫类似，其实现也有赖于导游的讲解服务展开。

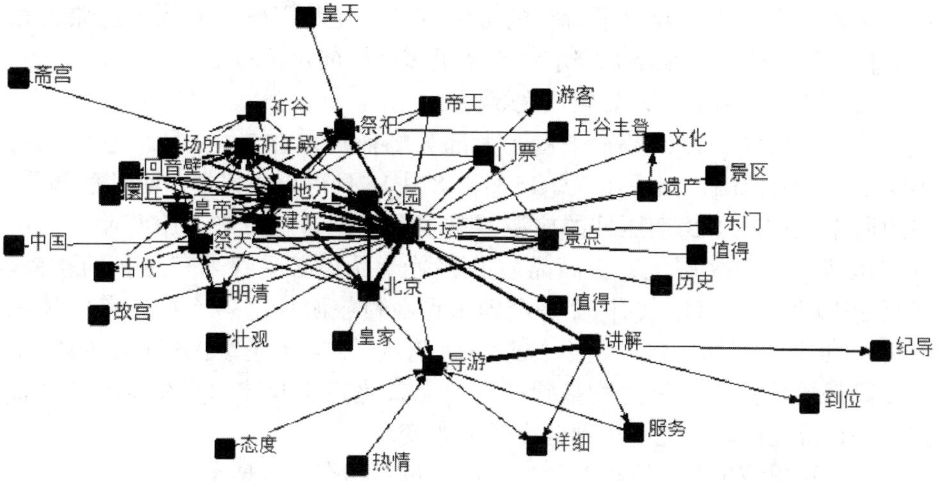

图 3-8 天坛公园社会网络和语义网络分析

3.2.4 游客需求侧现状

从近年来对节假日旅游市场的监测结果来看，90% 以上的游客会参与各类文化活动，40% 的游客会进入文博场所[①]，实际上这也暗示着文化与旅游的融合并不是表面上的简单叠加，旅游是文化传播的载体但并不唯一，文化是旅游舞台上的主演但并不是唯一选择，因此，在北京市的游客需求也是一样的，追求风景特色、追求安全、追求服务设施、追求娱乐活动，等等，同时，还需考虑个人身体状况等。将景区评价的高频词进行横向对比可以发现，现阶段北京游客的需求具有以下特点：

（1）旧貌换新颜，适应新方向

北京市的景区对于游客而言，经常出现“壮观、震撼、值得一去”等字眼，但是在词频前 100 位中，极少出现“重游、多次到访”等字眼，这说明一次 / 两次的旅游体验能满足游客对北京的期望。了解一座城市需要从它的历史着手，文化与旅游融合，诗与远方牵手，才能够更大程度地刺激旅游者产生新的需求、更高品质的需求，正如评论中“体验”二字在每个景区中都出现的频率颇高，这也就说明游客对于现阶段供给侧的产品结构是处于被动接受的状态，而非主动出击清晰自身的需求定位。诚如北京市房山区的一系列举措取得了不错的市场反响：到周口店龙骨山探索“北京人”之谜，去琉璃河西周燕都追寻“北京城”之源，在石花洞看地质奇观，

① https://www.sohu.com/a/317807809_120137119

再到十渡玩水，不仅获得了游客的极大好评，还将研学旅游同生态旅游相互结合，很显然，未来游客需求将具备更多的靶向定位特征。

（2）来访峰值集中，品质热度爆棚

从 9 个景区的评价数量来看，大部分峰值均落在 7—9 月，但是 2020 年受制于疫情原因，出现在 7 月 15 日至 8 月 15 日得更为集中，而且京郊游、周边游率先回暖，长期压抑的旅游需求喷薄而出，就带来了旅游业新的挑战与机遇——更高层次、更高品质的旅游产品势必受到来京游客的喜爱。截至 2019 年，北京市共有 32 个全国重点乡村旅游村、34 个中国美丽休闲乡村、21 个国家休闲农业与乡村旅游示范点、274 个星级民俗村、6042 个星级民俗接待户，正是这些基础设施的完备化，才能推动游客需求从半日游、一日游到休闲观光，再到轻度假的改变。

（3）娱乐演出关注度提升，地方性特色表演夺人眼球

通过对评论的解析可以看出，不断提到北京的表演，其中最受欢迎的就是北京的杂技与京剧，但是受制于自身文化程度的高低，京剧的评价多为曲高和寡，知音难觅，相较而言，倒是杂技更加受到访京游客的追捧。无独有偶，根据马蜂窝发布的报告，2019 年上半年演出展览总预订量同比涨幅为 22%。对娱乐演出最为关注的游客多来自北京。

3.3 需求侧新转变

3.3.1 老北京韵味正当浓，云闪付安心无接触

北京市作为中国最早开放旅游的城市之一，首都、升旗、胡同等旅游目的地形象早已深入人心，但是随着中国经济的腾飞与市场经济的升温，北京的发展日新月异，“老北京”氛围日益衰减，在此基础上，海口观澜湖·华谊·冯小刚电影公社拟于国庆节开放，共 51 栋单体建筑，总建筑面积 4.1 万平方米，是电影公社建筑面积最大的街区，以 20 世纪五六十年代建筑规划为主要风格元素，建筑外观风貌都呈现老北京民俗风情。高大的钟鼓楼、明清古建筑和雄伟的苏式建筑群，体现出大气、端庄、简洁的建筑审美情趣，真实还原新中国成立后至 20 世纪 70 年代老北京城的历史韵味[①]，同时，作为“影视 + 实景旅游”的新模式运行，更加能够满足游客对于老北京的氛围幻想，有效提升旅游活动的“真实性”与“体验性”，诚如全球知名的主题公园迪士尼一样，作为 IP 性运营、文创产品类延伸、有赖

① https://baijiahao.baidu.com/s?id=1677360163651572657&wfr=spider&for=pc

于品牌价值折现的景区，想要获取成功，必须摆脱同质性的潜在威胁，才能吸引更多的游客，不仅创造出满意游客，更应该创造出忠诚游客。但是从电影公社老北京景区的营收状况来看，该板块在上半年实现营收 993.23 万元，较上年同期相比下降 65.97%，显然受到疫情影响颇深，旅游的脆弱性暴露无遗。

但是，疫情对于旅游业并非均为消极影响，此次疫情的出现，极大程度地推进了旅游业的更新迭代与提质增效，淘汰一大批经营不善、服务陈旧的旅游供应商与旅游景区，并悄然促进科技手段与旅游业的深度融合，其中“安心服务”“无接触服务”毫无疑问成为疫情后，游客选择旅游景区的首要条件，在此基础上，北京出现了国内首家景区式云闪付智慧便利店，亮相于前门大街。通过下载 APP 扫码进入后，便利店内的多个摄像头将会自动精准定位游客，进行顾客画像。分析、总结不仅能统计每个消费者的消费爱好及消费习惯，甚至对消费者错拿错放、货物入包、现场食用等多种购物习惯行为都能够进行精确的数据分析。这就极大程度上满足了游客的新需求，即在疫情之下，景区内部的购物消费都能够保证产品的安全与生理的健康，尤其在疫情防控常态化的背景下，该便利店的出现正是顺应旅游需求侧新改革的重要突破，对于提升景区内游客体验、降低景区内服务人员数量、增强景区竞争力等方面都有重要作用。

3.3.2 小众景区势如破竹，休闲度假成为游客新宠

自 1846 年英国托马斯 · 库克组织第一次团队包价游开始，大众旅游逐步进入人们的视野之中，尤其在 2016 年政府工作报告中，明确指出要落实带薪休假制度，迎接正在兴起的大众旅游时代，而从中国的“十三五”规划到“十四五”规划，无论是北京的旅游业还是访京的游客需求都悄然出现了变化。

其一，从传统的报团参观北京，打卡赶路式的北京故宫中轴、颐和园陆路等景点路线，逐步出现了京津冀一体化自驾游北京、定制化北京市内观光路线等游览方式。以南锣鼓巷为例，北京旅游发展的中期，南锣鼓巷以文艺青年聚集地、老北京的休闲好去处等头衔吸引了一批早期的打卡网红，但是伴随着旅游的不断深化，商业化程度逐步提升，导致南锣鼓巷与中国的许多古街区一样，呈现众多同质化商品的销售、油烟叫卖遍布街边，给游客带来极差的体验。在此情况下，五道营胡同开始出现在部分网红的 blog 之中，号称是慢北京生活的杰出代表，小清新、慵懒感、度假风等 IP 逐步赶超南锣鼓巷，甚至有些游客放弃对南锣鼓巷的打卡，直奔五道营胡同。实际上，游客选择的转变恰恰反映了小众景区甚至是北京社区旅游的炙手可热，深入探寻北京文化，北京生活体验游蔚然成风。

其二，从传统旅游再到现在的休闲娱乐逛京城——故宫角楼的开放不仅激活了故宫旅游市场的新蓝海，更加吸引了众多北京市民前往打卡。深挖北京居民的休闲意向，激活城市内部的休闲潜力，才能进一步推进北京景区提质增效；通州大运河、园博会等新兴旅游资源的崛起，标志着访京游客需求的转变，从5A景区到休闲网红景区，尤其是北京园博园的建设与世园会的召开，在此期间，共举办3284场文化活动、展示820种植物、园艺精品8000多种、参会国家与组织达到110个、累计参观人数达380多万人次，这其中暗藏的不仅是游客素质的提升，更是旅游业向休闲业转化的重要趋势。

其三，游客的需求不仅仅局限于北京市本土的旅游资源，外地休闲品牌的入驻，也同样融入北京游客的需求之中——来自山西的品牌张晋升炉食铺，把传统的山西炉食文化和时尚的潮流元素相结合，一经开张，就称为山西平遥的一匹黑马，稳夺头筹。随后，该品牌入驻北京，在北京国贸CBD十字路口，开张了晋升炉食铺的升级门店“君子曰·中国茶酒馆”，旨在构建“中国的星巴克”，释放国内茶文化，传播皇城根的高端品位，也在一定层次上符合现状文旅融合的潮流，能够满足访京的商旅、会议等需求。

3.3.3 理性消费刺激游客味蕾，夜间旅游冲击传统视觉

食作为旅游六要素之一，一直占据着中流砥柱的位置，尤其是近些年，“美食旅游”“美食直播”的兴起，为旅游者出行提供了更多的动机与意向，但是，同样因为特色美食产品的质量与同质性问题，许多旅游目的地美食只能是昙花一现，无法长期吸引游客的驻足，而这其中，北京的全聚德首当其冲。始建于1864年的全聚德，年收入曾高达7亿元，高端的就餐环境、艺术性的烤鸭服务、传奇般的全国分店经营等原因，都使之成为北京旅游在全国的活IP，甚至一度成为访京游客必带的伴手礼、文创产品。但是近年，全聚德烤鸭的生意却一落千丈，与蒸蒸日上的北京旅游趋势形成鲜明的对比，除了线上消费的冲击外，通过对大众点评的游客评价分析可知，偏高的价格、傲娇的服务、充斥的假货、颇有竞争力的同质产品都造成了游客需求的骤减，实际上，游客对旅游目的地的美食需求也越发多样化，在不断推陈出新的基础上保证经典的传承与口碑才能实现更为长久的绿色健康经营。

与不断更新的当地特色美食追求类似的，是旅游中对视觉效果的需要。相较于传统的白天逛景点、晚上看演出的旅游模式，夜间旅游更能顺应当代青年人的作息习惯，在灯光的加持与人流量减少的作用下，夜间旅游在北京应运而生并不断壮大。作为夜间旅游典型代表的灯光秀 2020 年在北京大行其道，为实现游客更丰富的旅游参与度，北京市玉渊潭公园打造 15 个作品区占地 18 000m^2、50 000 多个点光源、1200 只仿生漂浮萤火虫灯具、100 余支仿生开合花朵、国际前沿科技手段和特效装置、上千平方米的 LED 屏幕、多媒体科技打造的互动环节①，采用虚实结合与仿生装置，为游客带来最逼真的沉浸式体验。除此之外，作为北京最知名的步行街——王府井大街的夜景也频频登上热搜榜，摆脱了白日高端大气不容侵犯的外表，不少游客表示夜晚的王府井更有“烟火气息”，在满足了对王府井的幻想之余，更加接地气，这就体现出夜间旅游的视觉冲击并不一定局限于华丽、高造价，更流连于日常生活，即夜间休闲常态化，夜间休闲需求普及化。

3.3.4 老年游客“老”当益壮，亲子游热力难挡

自北京旅游业开展伊始，对访京旅游者行为的研究就不曾停止过，但是仔细探寻便可发现，尽管中国旅游发展已有 40 余年，对旅游者的细化研究仍然相对匮乏，尤其是近些年，“银发市场”的实力不容小觑，而“亲子市场”也在疫情下成为北京旅游恢复的重要一环。

同北京的各大旅游市场一样，老年人对于旅游产品的多样化需求也是与日俱增，其中最受欢迎的就是康养旅居，按照时间长短可以划分为长期与短期两类：就长期而言，多为冬季避寒夏季避暑，居住时间可达一月到数月之久，不以景区打卡为主要目的；就短期而言，多为集群化康养式特色小镇，浏览时间多为 3~15 天，参观项目以温泉、药膳等修身养性活动为主体，依据 2019 年发布的《北京老年旅游发展报告》，近三成受访老年人提出，愿意选择机构进行候鸟式养老②。同时，“银发市场”的旅游需求多依赖于线下传统的旅游机构来实现，尽管智能手机、网上购物等已经在北京市普及开来，但是像旅游、休闲类的产品选购，老年游客仍然倾向于实体旅行社的采购，但是其在旅游项目上的开销较高，个人支出集中在 5000~20 000 元的群体占比为 54.58%，而在一年前，只有 30% 左右的老年人愿意进行如此高的旅游花费，市场价格的上涨是一方面原因，更为重要

① https://baijiahao.baidu.com/s?id=1675520919834686185&wfr=spider&for=pc
② https://baijiahao.baidu.com/s?id=1653818897666554517&wfr=spider&for=pc

的是，高端定制游、个性化私人服务的广泛出现最大限度地刺激了北京市出行游客的消费欲望，其消费的旅游产品也自然同近年间千差万别。

2020 年 7 月 19 日，北京的疫情防控等级从 2 级下降为 3 级并在 7 月 20 日宣布开放跨省游，依据携程提出的数据显示，北京游客搜索旅游产品的 1 小时瞬时搜索量环比 13 时至 15 时增长 200% 以上，同时，携程预估，下半年的亲子游必将成为一大亮点，而北京位居亲子游的榜首。作为亲子游的旅游目的地选择，红色旅游与研学旅游一直都是游客的心头挚爱，而北京更是研学旅游开展的第一首选地，再配合 2019 年我国建国 70 周年的宣传，卢沟桥、毛主席纪念堂、中国人民抗日战争纪念馆等红色旅游的开展能够结合“安心游”，在此条件下，必将最大限度地刺激北京亲子游的继续展开。但是，该阶段的亲子游需求同往期又有所偏重，疫情之下的感人事迹与北京高校的进出严格管控就决定了在旅游市场上必然出现新的旅游产品，如北京高碑店“红店”党建主题园区开园及新的研学旅游内容，以增强疫情下亲子游客的体验度。

4. 2019 年北京市旅游景区行业发展不足分析

4.1 景区配套供给能力弱，公共信息服务系统有待更新

疫情之下，在清明节时期引发了黄山人流密集游客雨中等待的盛况，无独有偶，在七夕节，北京景区附近的特色民宿更受追捧，大部分景区民宿已经全部“满员”，而依照高德地图发布的数据显示，七夕近两周酒店提前预订量不断攀升，同比去年提升近 300%，七夕当天的预订量同比提升近 30%。旅游业停止的 100 余天里压抑的游客需求在跨省游恢复后，逐步展现其十足后劲，最容易出现的就是“游客峰值集中，旅游季节缩短”的现象，七夕节北京景区附近民宿、酒店一房难求正是体现了景区配套供给能力弱，对于市场变化的反应较慢、脆弱性强的缺陷，这样的缺陷容易陷入游客评价低、客流量减少、配套服务更少更差的恶性循环。

同样，对于游客量减少，网红景区 798 可以说是最为心酸的存在。798 曾经是工业与艺术的化身，网红拍照打卡的圣地，老厂房成功转型的创意园区，而如今人烟凋零，艺术中心没有了艺术感，艺术品变成了流水线产品，从停车场到景点内缺少明确的指示标志，不少游客表示走到哪里全看天意、单反拍照需要另外收费。显然，公共信息服务系统的缺失与特色服务的模糊化、收费标准的随意性都导致了北京 798 景区的日益衰败，网红

景区需要实现可持续发展，就必须从基础的景区设施完善开始，一旦基石不稳，犹如千里之堤将崩于蚁穴。

4.2 景区服务一成不变，景区管理有待加强

据《全球旅游目的地分析报告》显示，24.5% 的中国游客表示，他们会在观看某部综艺节目后，对某个目的地动心，从而想去综艺节目取景地亲身感受镜头里的风景[①]，因此可以说，影视 + 旅游景区早已成为旅游产业中常见的模式，从电影《阿凡达》掀起的湖南张家界旅游高潮到综艺节目《爸爸去哪儿》带火的云南普者黑等地，都极大程度上刺激了当地旅游景区的蓬勃发展，但是短期的效益如何实现长期可持续就成为值得关注的问题。作为影视剧“网红鼻祖”的大观园，1987 版的《红楼梦》成为中国影视剧的经典，而如今，这个曾经被《甄嬛传》《还珠格格》取景的精致景区却被许多游客诟病，究其原因就在于建筑年久失修、外观破损不堪，管理混乱、人员混杂，游客夹杂在当地人中，极度缺少对景区的情感认知，自大观园开放以来，景区所提供的服务基本为观光浏览、古装拍照等基础服务，未能最大限度地刺激游客的感官，激活游客心中的影视剧依恋情结。

除此之外，2020 年北京市动物园接连发生多起不文明旅游行为——向动物投食口罩、强行拿走天鹅蛋等，虽然从一方面说明部分游客缺少文明旅游的意识，素质较为低下，但是一连两起不文明旅游事件的传出，也从侧面暴露了北京动物园管理不善、突发事件处理不及时、危机公关机制不健全等多个景区管理的潜在问题。

4.3 野景区屡禁不止，黑导游、假民宿层出不穷

依据《中国入境旅游数据分析报告》，慕田峪长城作为入境旅游中景区评价最高的获得者，综合测评遥遥领先于故宫、北京胡同等，但是在一片叫好声中，北京的“野长城”却悄然形成了一条完整的灰色产业链，尤其是利用外国友人、老年人等不善中文、不识中文的特质，挂羊头卖狗肉，从慕田峪、八达岭等知名长城偷换到无人问津、没有挂牌的野长城附近。更有甚者，从黑车到黑导再到假民宿，三者之间构成一套“完整”的产业体系，恶性循环、相互诱骗，时至今日仍然致使很多旅游者的合法权益受到侵犯，甚至到最后维权困难、正义难以伸张，而在这些野景区中，经济

---

① https://www.sohu.com/a/213643788_99951786

权益遭到损失仅为小事，许多京郊的野长城坡度大、年久失修，稍不留意，游客的生命健康将遭受巨大的威胁。

5. 北京市旅游景区提质增效路径探索

5.1 深耕北京市旅游资源，IP 化、集群化北京市景区产品

北京市作为堵车的“典范”，使得很多访京游客心生芥蒂，一定程度上限制了游客数量与出行意愿，而“坐着火车游北京”的活动目的地涵盖云蒙山国家森林公园、通州大运河森林公园、延庆世园公园等京郊热门景区。该活动的推出能够最大程度上消解这一桎梏，刺激北京市的旅游恢复，尤其是拉动北京边缘地带的旅游资源的激活与价值变现，以通州大运河为例——2019 年 7 月 17 日消息，《通州区大运河文化带保护建设规划》出台，按照规划，通州大运河旅游景区将用 2 到 3 年的时间创建北京东部首个国家 5A 级旅游景区，其核心景区规划了大运河古运风情展示区、大运河水上时尚运动区、大运河演艺基地 3 个片区。显然通州大运河项目不仅是响应了京杭大运河城市旅游推广联盟的号召，成为运河景区北京段集群化发展的第一步，更是疫情之下，深耕市内旅游资源，掘金北京市景区开发，从现有的北京市内居民市内游内需不足的问题着手，打造北京休闲 IP 的龙头景区。

越是在旅游业脆弱的时候，越是能显示出抱团取暖的重要性，即同京杭大运河一样，集群化发展的优势可见一斑，2019 年，北京“一道绿隔”地区的规模化公园总数将达到 99 个，总面积 6360 公顷，“一道绿隔”从最初的绿化隔离带，变成市民休闲娱乐、共享生态福祉的公园集群，该举措有效实现了疏解后空地的最优使用，为钢筋混凝土打造的时尚北京城增添绿意，也为北京市人民的休闲常态化贡献了物质基础。

5.2 科技为北京景区管理赋能，人性化管理助力文明旅游

尽管我国已经进入“十四五”的新阶段，但是许多旅游不文明现象，尤其是在景区中的不文明现象仍然给游客的旅游体验带来不良影响。北京的景区往往覆盖面积大、门票较低，从而给许多游客造成一种“天高皇帝远”、无人管理的错觉，那么在此情况下，可移动性高、监测性强、自动化都应该成为景区监管的首要考量，能够满足以上需求的最优解当属机器人，就在 2020 年，北京植物园启用全国首台公园不文明行为管理机器人，这款

综合性智能机器人以智慧安防为主，搭载智能热成像云台摄像机，可感知高温、烟雾等警情，播报提醒游客禁止吸烟的语音[①]。通过热传导进行检测的机器人无法有效杜绝其他的不文明行为，但在目前的物联网、5G 时代，科技必将继续为景区管理赋能，AI、VR 等手段在未来必将开发新功能，如识别攀折花木、采摘果实等不文明游园行为。

除了依靠科技手段外，创新景区管理手段、提供更加新颖的“反向”引导也能很大程度上减少不文明行为产生。以慕田峪长城为例，同长城的其他部分一样，不到长城非好汉，到了长城的签字涂鸦屡见不鲜，难以根治，慕田峪长城充分发挥主观能动性，专门开辟了一段必经之路的墙体作为游客到此一游的画板，如此一来，慕田峪长城的其他砖体便更加完整干净。因此，在未来的景区管理中，要更多地从游客的角度进行问题的反思，以更加人性化的操作方案针对性解决不文明旅游行为的产生，遏制其蔓延。

5.3 响应“全民健身”的国家政策，助力冰雪旅游景区普及

由北京市政府颁布的《北京市全民健身实施计划（2016—2020 年）》对“十三五”时期全民健身事业发展进行了系统规划与部署，突出了落实全民健身和健康中国两大国家战略，而北京作为 2022 年冬奥会的主办地，全民健身政策的落实与否关系着冬奥会对北京市冰雪旅游景区影响的效果大小。《2019 年中国滑雪产业白皮书》中提及，北京在旱地滑雪场数量、滑雪场架空索道数量、滑雪爱好者客源地等多项排名中均位列前茅，更为重要的是北京延庆小海坨新建成的国家高山滑雪中心是北京冬奥会高山滑雪主赛场，垂直落差超过 900 米，是目前国内有架空索道的雪场中垂直落差最大的场地。可以说，北京市在发展冰雪旅游方面拥有巨大的潜力与不可想象的未来趋势，那么如何进行资源的整理与营销？最关键的就是从消费者的意识形态与基础冰雪运动教育来进行展开。

现如今，依托于国家层面的全民健身战略，北京市大力宣传健康生活、落实外来人员医保政策等内容，并在 2016 年起就由北京市教委牵头，在中小学展开冰雪运动的教学，于 2018 年颁布《关于开展北京 2022 冬奥会和冬残奥会北京市中小学生奥林匹克教育计划的实施意见》，进一步推动冰雪旅游的基础教育活动的开展，从两个基础性方面助力冰雪旅游景区

① http://www.eepw.com.cn/article/202008/417205.htm

的普及。

5.4 多样化线上营销手段，规范化线下门票管理机制

2020 年，旅游业被迫按下暂停键，但是线上旅游种草、线下消费拔草的新型旅游营销模式却不亦乐乎，如抖音直播就在全力打造“云端旅游局”，“大千世界”“美好中国”“奇妙游记”三大板块直播，充分利用消费者的闲暇时间进行全国范围内的旅游景区种草与推介，而其中最为盛大的莫属 2020 年 4 月，故宫博物院联合新华社、抖音、中信出版集团等平台，打出紫禁城 600 年的营销口号，策划“云游故宫”的直播，吸引超过 900 万网友观看，不得不说，此次营销为各大景区云体验打下了坚实的基础，凭借高沉浸感、强互动性等特点，使得云景区的建立迈向新的台阶。

但是，成功的线上种草带来的客流量却被线下拔草时的门票打消了部分热情。2019 年美团发布的《暑期景区难订指数报告》明确指出，北京降级带动门票订单的增长，但是故宫却成为中国首屈一指的最难订景区，需要提前 5~10 天才能成功进行预订，出于安全考虑，故宫进行限流，但是，在官网没有票的情况下，却能通过部分旅行社购买门票，同样的情况也出现在颐和园景区，在景区门票售完的情况，购买颐和园大景区套票却能进入，但是进入后却惨遭珍宝馆景区提前下班，这就造成了颐和园景区评价中约 30% 的差评出现。可以说，线下门票机制的规范化管理决定了游客对于景区形象感知的第一印象，进一步决定了北京景区的旅游目的地形象建设的清晰度与作用。

5.5 跨产业融合延伸景区产业边缘，大力推进漫画主题文化公园建设

“圣地巡礼”一词由来已久，最开始源自漫画之国日本，即通过高人气的漫画，带火漫画中采风的现实场景，对人气知名度高的景区或者目的地构建主题乐园，如位于日本鸟取县的北荣町的名侦探柯南小镇等，而在 2018 年享誉中日的动漫《你的名字》，唯美的画风与源自真实场景的构造直接促使部分旅行社开辟“动画巡礼旅游专线”。而近些年，国漫崛起的势头日益猛烈，其中《一人之下》就借鉴了北京的诸多景区，如鸟巢、前门大街等风景，真实还原了北京旅游的风貌，因此，在对北京景区服务升级换代的时候，完全可以参考“圣地巡礼”的方式，对北京市景区旅游线路的设计进行重新安排布局。

待到该漫画的影响增大或者其他类似的国漫崛起之后，在当下主题文

化公园的风潮中，建设漫画主题的大型公园，或者与部分电竞游戏进行合作，结合博物馆或科技所的现代高科技技术，进行全息影像、AI智能模仿等项目使得2D的人物、场景突破次元壁的限制，最大程度上实现旅游景区边缘的模糊，促进旅游产业与文化产业的深度交叉与融合。

第二板块——酒店篇

2019年北京市住宿业发展报告①

李　彬，王倩文，段　壮，胡丹婷

前　言

2019年是文化和旅游融合发展开启后的关键之年。北京市圆满完成了新中国成立70周年庆祝活动、2019年中国北京世界园艺博览会等重大活动的保障任务，北京冬奥会、冬残奥会的举办和北京大兴国际机场的建成也为北京市酒店业实现高质量发展提供了难得的历史机遇。与此同时，北京市出台和修订了涉及历史文化名城保护、非物质文化遗产保护、夜间旅游、精品民宿等领域的一系列政策及发展意见，为北京旅游产业发展创造了良好的环境，使得旅游产业不断向高质量发展方向迈进。2019年《关于推进北京市文化和旅游融合发展的意见》强调，北京市文旅发展应立足“四个中心”战略定位，紧扣全国文化中心“一核一城三带两区”总体框架，紧扣首都文化的内涵特征，挖掘首都深厚的文脉底蕴和资源优势，以文化和旅游的深度融合助力首都高质量发展，展现大国首都形象和中华文化魅力。

在这样的环境背景下，2019年北京市住宿业发展平稳，稳中向好。从北京市住宿业的基本面来看，2019年北京市住宿业的规模基本保持稳定。从接待住宿人数来看，2019年北京市住宿业接待人数有所减少，各个档次的住宿企业接待情况也有较大不同。其中，类型为“其他（非星级酒店、社会旅馆）”的住宿企业接待人数占比最高，其次为四星级酒店和五星级酒

---

① ［作者简介］李彬，男，北京第二外国语学院旅游科学学院副教授、院长助理，北京旅游发展研究基地研究院，《旅游导刊》主编助理，主要研究领域为旅游与酒店企业管理。王倩文，女，北京第二外国语学院饭店管理专业硕士研究生，主要研究方向为酒店企业管理。段壮，男，北京第二外国语学院饭店管理专业硕士研究生，主要研究方向为酒店企业管理。胡丹婷，女，北京第二外国语学院饭店管理专业硕士研究生，主要研究方向为酒店企业管理。

店。在接待入境人数方面，“其他（非星级酒店、社会旅馆）”的住宿企业接待人数占比也是最高，且增长率最高，其次为五星级酒店和四星级酒店。表明非星级酒店正在逐渐受到消费者的青睐，而五星级酒店和四星级酒店在接待总人数及接待入境住宿者人数上都有所减少。旅游者选择高星级酒店的倾向正在减弱，住宿者的住宿选择偏好正在转向非星级酒店。从经营状况来看，2019 年全年各星级酒店的平均房价走势相对平缓，与去年相比，二星级及以下酒店的房价增长率最高，三星级酒店房价部分月份出现下降，其他类型酒店房价的增长趋于平稳。

进一步通过季度分析可知，北京市第三季度接待人数最多，其次是第四季度和第二季度，最后是第一季度。各季度中，其他（非星级酒店、社会旅馆）类型酒店接待住宿人数最多。与 2018 年相比，除了第一季度接待住宿人数有所减少，其他季度都出现了增长，发展态势良好。同时，星级酒店的接待住宿人数出现了明显的减少，高星级酒店的接待住宿人数降幅最为明显。通过对 2015—2019 年各指标分析，得出星级酒店的接待住宿者数量随年份变动较为平稳，2016 年星级酒店接待人数最多，是近 5 年接待人数的极大值。从 2016 年开始，星级接待人数呈现逐年下降的趋势，2019 年出现接待人数最小值。在星级饭店接待总人数上，四星级酒店占比最高，接待人数最多。其次是五星级酒店、三星级酒店、二星级及以下酒店。从经营状况上来看，2015 年到 2018 年，星级酒店总体经营收入出现逐年增长，2019 年经营收入存在下滑趋势。2015 年到 2018 年，五星级酒店、四星级酒店、三星级酒店经营收入较稳定。二星级酒店经营收入状况欠佳，降幅最明显。另外，基于对某网站上北京市五星级酒店的网络评分和点评进行分析，发现北京市 59 家五星级酒店平均分为 4.613（满分为 5 分），其中，环境、设施、服务和卫生的平均分分别为 4.67、4.52、4.59 和 4.67，北京各个区的五星级酒店设施水平参差不齐。

报告根据现状分析，从政府主管部门、酒店企业两个方面提出对策建议。政府主管部门方面，要在尊重市场规律的前提下，落实好基本职能，通过政策创新来规范、稳定和引导市场发展，紧抓首都的核心战略定位，对住宿业的数量、分布和类型进行必要的规划、规范、指导和调控，从而提高行业监管水平，为旅游业发展创造一个良好的生态环境。酒店企业方面，首先，应该积极拥抱数字化发展趋势，实现酒店精准的个性化服务与营销；其次，密切关注市场新需求，积极发展行业新业态，提高整体服务质量。最后，酒店业应该居安思危，提高忧患意识和韧性能力，通过设置酒店危机管理的应急机构、建立危机机制、提高工作人员防范意识等方面，在危机出现之前有所预警。

本报告共分为四个部分，第一部分主要概述 2019 年北京市住宿业总体情况；第二部分主要从 2019 年全年、2019 年各季度和 2015—2019 年五年发展三个方面具体分析北京市住宿业发展的经营情况；第三部分利用网络点评对北京市现有五星级酒店服务质量进行分析；第四部分针对北京市住宿业发展现状，从政府主管部门和酒店企业两个方面提出相关的对策和建议。

1. 北京市住宿业发展基本面分析

1.1 北京市住宿业总体特征分析

对北京市住宿业总体特征进行分析，有利于我们对北京住宿业的基本面进行整体把握。根据上海盈蝶企业管理咨询有限公司和北京第二外国语学院旅游科学学院联合发布的《2020 中国大住宿业发展报告》的数据显示，截至 2019 年底，以城市为单位来分析酒店类住宿设施（门店数）的总数[①]，排名前 10 位的分别是重庆、成都、北京、广州、上海、西安、武汉、深圳、杭州和长沙，住宿设施数都超过了 4000 家。其中，北京排名第三，与 2018 年相比，排名不变；2019 年北京市的酒店类住宿设施为 7504 家，同比减少 6%。从客房总数来看，排名前十位的分别是北京、上海、广州、重庆、成都、深圳、西安、杭州、武汉和长沙，客房总数都超过了 24.5 万间。其中，北京、上海和广州的客房总数都超过了 44 万间，北京客房数为 55 万间，减少了 2.8 万间客房，同比减少了 4.8%。

这 10 个城市的客房数总数约 388 万间，占全国酒店客房总数的 22%。从十大城市酒店业设施的平均规模来看，上海的酒店设施最大，平均拥有 76 间客房。重庆的酒店设施最小，平均只有 43 间客房，如图 1–1 所示。

① 酒店类住宿是依据原国家旅游局出台的相关标准中客房数大于15间的住宿设施，小于15间客房的是非酒店类住宿设施。

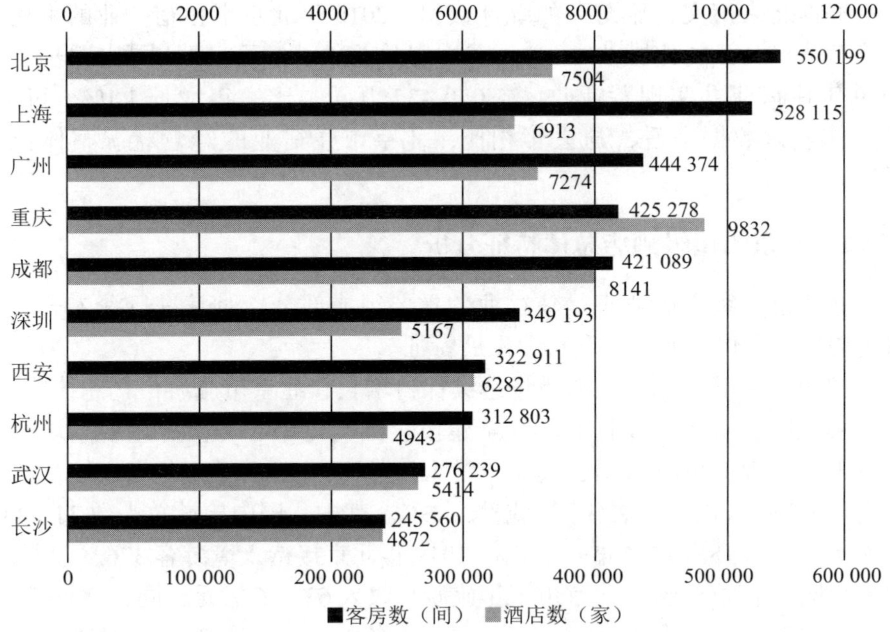

图 1–1　全国十大旅游城市的酒店类住宿业规模

在全国酒店类住宿业规模十大城市排名中，如图 1–2 所示，从北京市酒店类住宿设施的结构来看（按照档次来分），经济型（二星级及以下）所占比重最大，为 58%；中档（三星级）和高档（四星级）所占比例均为 16%；豪华（五星级）所占比重最小，为 10%。15~29 间客房的小型设施所占比重最小，为 8%；30~69 间客房的设施所占比重为 23%；70~149 间客房的设施所占比重为 33%；150 间以上客房的设施所占比重最大，为 36%。

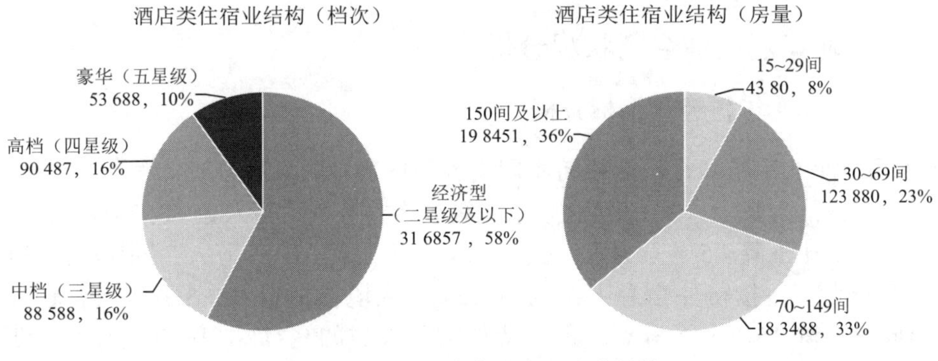

图 1–2　北京酒店类住宿业客房结构

根据北京市文化旅游局的统计数据，2019 年北京市住宿企业的平均出租率为 69.8%，同比减少 0.5%；平均房价为 560.2 元 / 间，同比增长 4%。2019 年住宿业共实现营业收入 5 050 432 万元，比去年增长 1.1%。可见，从总体经营数据来看，与去年相比，北京市住宿业的经营状况整体保持平稳。

1.2 北京市星级酒店总体特征分析

北京市星级酒店业态是住宿业的重要组成部分，对其进行深入分析可以把握北京市住宿业市场和行业发展特征。

2019 年，我国国内旅游市场继续保持增长，北京市旅游市场总体向好。在统筹推动疏解首都非核心功能、建设全国文化中心和世界旅游名城的大背景下，实现旅游收入增长高于旅游人数增长。2019 年，北京市接待游客总人数 3.2 亿人次，较去年同比增长 3.6%。其中，国内旅游总人数 31 833.0 万人次，较 2018 年同比增长 3.7%。2019 年北京接待入境游客 376.9 万人次，比去年同比下降 5.9%。北京市全年旅游总收入 6224.6 亿元，同比增长 5.1%；其中，国内旅游总收入 5866.2 亿元，与去年相比增长 5.6%；旅游外汇收入 51.9 亿美元，下降 5.9%（折合人民币 358.4 亿元，下降 1.8%）。

2019 年北京市星级酒店业的结构仍以三四星级酒店为主体，与去年相比，规模数量上有下降。根据北京市文化和旅游局公布的统计数据，截至 2019 年 12 月，全市共有星级酒店 399 家，其中五星级 59 家，四星级 107 家，三星级 154 家，二星级及以下 79 家。相比于去年，各档次星级酒店数量有所变化，其中五星级酒店减少 8 家，四星级酒店减少 6 家，三星级酒店减少 10 家，二星级及以下酒店增加 4 家，整体上较去年减少 20 家。

2. 北京酒店业经营状况分析

2.1 2019 年各经营指标分析

2.1.1 北京市星级酒店接待不同类型的住宿者的人数分析

在接待人数上，2019 年北京市星级酒店共接待住宿人数 1817.4 万人次，较去年同比下降 4.5 个百分点。其中，国内住宿者 1639.9 万人，同比下降 3.1 个百分点，占接待住宿总人次的 90.23%；入境住宿者 177.5 万人次，较去年同比下降 15.3 个百分点，占接待住宿总人数的 9.77%。国内旅游者是北京市星级酒店的主要客源，入境住宿者数量仍然呈现下降趋势，其中中国台湾住宿者下降最为明显，下降21.5%。在接待天数上，北京星级酒店接待住宿人天数为3320.7万天，较去年同比下降6.4个百分点。其中，国内住宿者住宿天数达2958.6万天，占接待住宿人总天数的89%，较去年同比下降5.3个百分点；入境住宿者住宿天数达到362万天，占接待住宿人总天数的10.9%，较去年同比下降14.7个百分点。其中中国台湾住宿者住宿天数下降最为明显，下降21.8个百分点，如表2-1所示。

表2-1　2019年北京市星级酒店接待住宿者情况比较（住宿者类型）

星级饭店接待情况	2019年1—12月	同比增长（%）
星级酒店接待住宿人数（人次）	18 174 315	–4.5
国内住宿者	16 399 064	–3.1
入境住宿者	1 775 251	–15.3
台湾同胞	85 763	–21.5
澳门同胞	7322	–4.9
香港同胞	128 820	–16.3
外国人	1 553 346	–14.9
星级酒店接待住宿人天数（人天）	33 206 888	–6.4
国内住宿者	29 585 985	–5.3
入境住宿者	3 620 903	–14.7
台湾同胞	179 260	–21.8
澳门同胞	16 594	–0.1
香港同胞	246 955	–21.8

资料来源：根据北京市文化和旅游局网站（http://whlyj.beijing.gov.cn.）2019—2020年统计信息整理

逐月分析2019年北京市住宿业接待人数情况（不考虑1—2月累计统计量）。从接待住宿人数来看，星级酒店的接待住宿者数量随月份变动较为平稳。北京市星级酒店接待量最低值出现在3月，接待人数为145.8万人。2019年北京市星级酒店接待量降幅明显，全年除了11月有所增长外，其他月份均出现下降。2019年涨幅最大的是11月，为0.6%，2019年降幅最大的是9月，为–10.7%。从接待住宿人天数来看，2019年北京市全市星级酒店市场总体形势欠佳，出现了负增长的情况，如图2–1和图2–2所示。

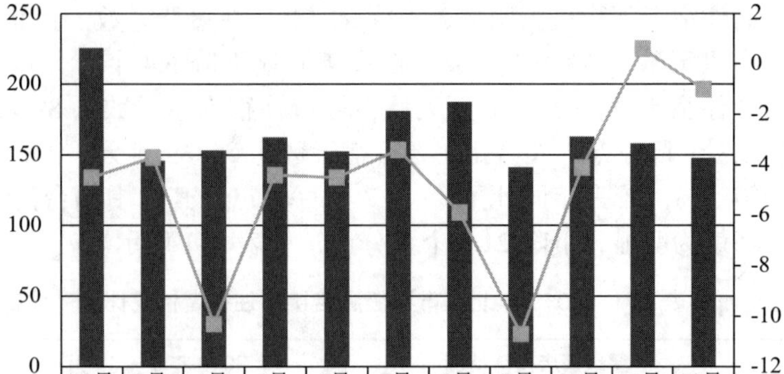

	1-2月	3月	4月	5月	6月	7月	8月	9月	10月	11月	12月
星级饭店接待住宿人数（万人次）	225.4	145.8	153.3	162.3	152.4	180.9	187.3	141.2	162.9	158.1	147.7
同比增长率（%）	-4.5	-3.7	-10.3	-4.4	-4.5	-3.4	-5.9	-10.7	-4.1	0.6	-1

图 2–1　2019 年北京市星级酒店接待住宿人数及同比增长率

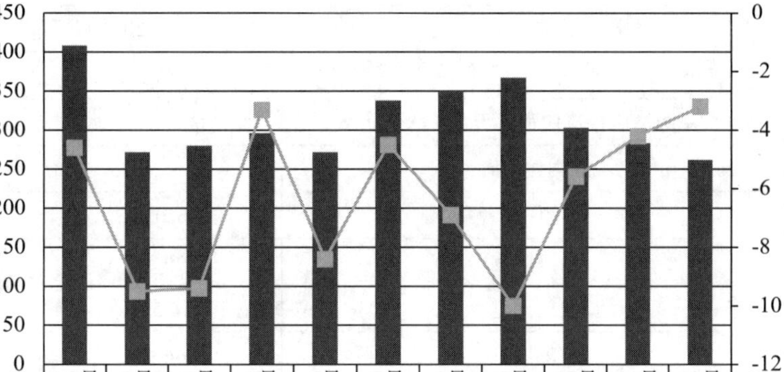

	1-2月	3月	4月	5月	6月	7月	8月	9月	10月	11月	12月
星级饭店接待住宿人天数（人天）	408.1	271.9	279.9	296.2	271.9	338	350.2	367.1	303.1	283.2	262
同比增长率	-4.6	-9.5	-9.4	-3.3	-8.4	-4.5	-6.9	-10	-5.6	-4.2	-3.2

图 2–2　2019 年北京市星级酒店接待住宿人天数及同比增长率

2.1.2 北京市不同类型和档次的住宿业单位接待住宿者人数分析

2019 年北京市限额以上住宿业接待住宿者总量为 44 223 248 人次，同比下降 1.1%。进一步对不同档次的住宿企业接待旅游住宿者的情况来分析，类型为“其他（社会旅馆）”的住宿企业全年接待量为 26 553 638 人，占比为 60%，同比增长 3.3%，无论是接待量的占比，还是接待量的增长速度，全是排名第一。四星级酒店的全年接待为 6 420 079 人次，占比为 14.5%，排名第二，同比下降 3%。五星级酒店的全年接待为 5 527 799 人次，占比 12.5%，排名第三，同比下降 11.7%。三星级酒店的全年接待为 4 334 300 人次，占比 10%，同比下降 8.3%。二星级及以下酒店全年接待为 1 387 432 人次，占比 3%，同比下降 2.2%。由此可见，“其他（非星级酒店、社会旅馆类）”接待量占比最高，接待人数最多，且是较 2018 年唯一一个接待人数有所增长的酒店类型，发展势头较好。四星级、五星级酒店在接待量上占有较大份额，但增长较为缓慢，五星级酒店的接待量降幅最高，为 11.7%。低星级酒店市场状况依旧不容乐观，不仅占比少，接待量也有所下降，如表 2–2 所示。

2019 年北京市限额以上住宿业接待入境住宿人数为 3 034 302 人次，同比下降 8.3%。其中，类型为“其他（非星级酒店、社会旅馆）”的住宿业共接待入境住宿人次 1 285 253，占比为 42.4%，同比增长 5.9%。五星级酒店接待入境住宿人数为 973 566 人次，占比为 32%，同比下降 20.8%，降幅明显。四星级酒店接待入境人数为 650 520 人次，占比为 21.4%，同比下降 10.1%，如表 2–2 所示。

表 2–2　2019 年北京市住宿业接待量及同比增长率（类型和档次）

项目	2019 年	同比增长（%）
接待住宿人数（人次）	44 223 248	–1.1
二星级及以下	1 387 432	–2.2
三星级	4 334 300	–8.3
四星级	6 420 079	–3
五星级	5 527 799	–11.7
其他	26 553 638	3.3
接待入境住宿人数（人次）	3 034 302	–8.3
二星级及以下	34 744	–0.3
三星级	90 219	–17.3
四星级	650 520	–10.1
五星级	973 566	–20.8
其他	1 285 253	5.9

资料来源：根据北京市文化和旅游局网站（http://whlyj.beijing.gov.cn.）2019 年统计信息整理

可以看出，按照住宿业的档次类型来分析，2019 年北京市各个档次的住宿企业接待情况也有较大不同。其中，从接待量大的占比来看，类型为“其他（非星级酒店、社会旅馆）”的住宿企业接待人数占比最高，其次为四星级酒店和五星级酒店。在接待入境人数方面，“其他（非星级酒店、社会旅馆）”的住宿企业接待人数占比也是最高，且增长率最高，其次为五星级酒店和四星级酒店。这表明，非星级酒店正在逐渐受到消费者的青睐，而五星级酒店和四星级酒店在接待总人数及接待入境住宿者人数上都有所减少。旅游者选择高星级酒店的倾向正在减弱，住宿者的住宿选择偏好正在转向非星级酒店和社会旅馆。

2.1.3 北京市住宿业经营状况

2019 年北京限额以上住宿业的平均房价为 560.2 元 / 间，较去年同比增长 4%。其中，“其他（非星级酒店、社会旅馆）”的住宿企业为 518.7 元 / 间，同增长 6.1%，二星级及以下档次的酒店平均房价增长 17.2%，增幅最大；三星级、四星级、五星级酒店平均房价的增长率分别为 2.5%、3.2% 和 3.3%。

2019 年北京市限额以上住宿业平均出租率为 69.8%，同比下降 0.5%。其中，类型为“其他（非星级酒店、社会旅馆）”的平均出租率为 72.1%，同比下降 1%，三星级和四星级酒店的出租率也存在下降，分别减少了 0.7% 和 0.6%，五星级酒店以及二星级及以下酒店的出租率有较小增长，分别为 1.3% 及 1.7%，如表 2–3 所示。

表 2–3　2019 年北京市住宿业平均房价及出租率

项目	2018 年	同比增长（%）
限额以上住宿业平均房价（元 / 间）	560.2	4
二星级及以下	378.8	17.2
三星级	437	2.5
四星级	559	3.2
五星级	909.5	3.3
其他	518.7	6.1
限额以上住宿业平均出租率（%）	69.8	–0.5
二星级及以下	60.5	1.7
三星级	62.7	–0.7
四星级	69	–0.6

续表

项目	2018 年	同比增长（%）
五星级	71	1.3
其他	72.1	–1

资料来源：根据北京市文化和旅游局网站（http://whlyj.beijing.gov.cn.）2019 年旅游统计信息整理

总体而言，2019 年全年各星级酒店的平均房价走势相对平缓。与 2018 年相比，二星级及以下酒店的房价增长率最高，三星级酒店房价部分月份出现下降，其他类型酒店房价的增长趋于平稳，如图 2–3 所示。

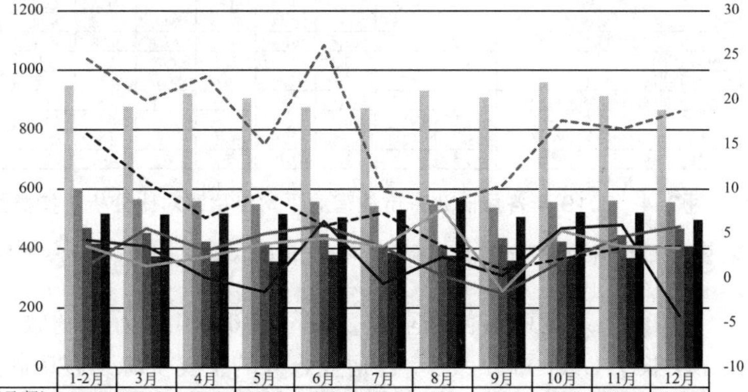

	1-2月	3月	4月	5月	6月	7月	8月	9月	10月	11月	12月
五星级酒店平均房价（元/间）	947.9	876.7	921.9	905.5	876	872.7	930	908.5	958.8	913.1	866.5
四星级酒店平均房价（元/间）	601.9	565.8	558.9	549.1	557.9	542.3	549.9	537.7	556.1	561.4	555.5
三星级酒店平均房价（元/间）	470	452.6	423.6	419.9	448.7	411.4	410.2	435.1	423.5	445.4	467.2
二星级酒店平均房价（元/间）	416.8	374	357.8	357.1	379	386	376.4	359.2	373.8	369	407.9
其他平均房价（元/间）	517.8	514.6	518.1	516.1	505.1	530.4	570.7	506.4	522.2	520.9	496.6
五星级同比增长率（%）	3.6	1.4	2.4	3.9	4.5	3.6	7.7	-1.4	5.3	3.6	3.4
四星级同比增长率（%）	1.4	5.6	3.1	5	5.9	3.5	0.3	-1.7	1.9	4.7	5.8
三星级同比增长率（%）	4.3	3.6	0.1	-1.5	6.4	-0.6	2.4	0.3	5.6	6	-4.2
二星级同比增长率（%）	24.6	19.9	22.6	15	26.1	9.8	8.3	10.4	17.7	16.8	18.7
其他同比增长率（%）	16.2	10.8	6.8	9.6	5.9	7.3	3.6	1	2.2	3.4	3.6

图 2–3　2019 年北京市住宿业平均房价及增长率对比分析（类型和档次）

资料来源：根据北京市文化和旅游局网站（http://whlyj.beijing.gov.cn.）2019 年统计信息整理

从各月的住宿业客房平均出租率情况来看，7 月和 8 月的平均出租率达到最大值，1 月降至最低。相比 2018 年，整体上客房出租率变化相对平稳，寒暑和假期间出租率高于 2018 年，4 月及 9 月出租率有所下降。与 2018 年不同的是，2019 年酒店出租率状况欠佳，“其他”（非星级酒店、社会旅馆）出租率下降明显，如图 2–4 所示。

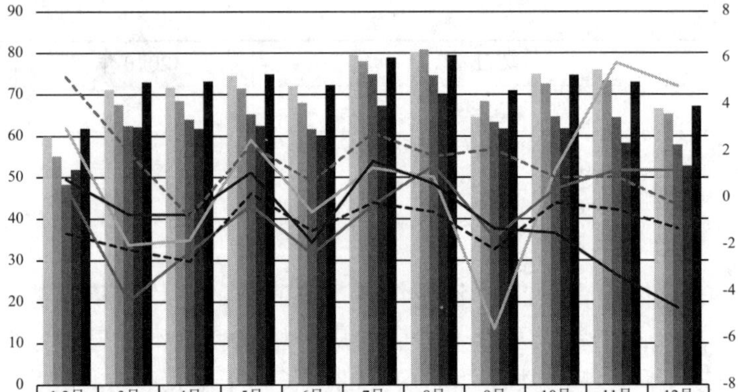

	1-2月	3月	4月	5月	6月	7月	8月	9月	10月	11月	12月
五星级酒店平均房价（元/间）	59.9	71.2	71.7	74.5	72	79.6	80.2	64.6	75	76	66.6
四星级酒店平均房价（元/间）	55.2	67.6	68.5	71.5	68	78	80.8	68.4	72.6	73.3	65.3
三星级酒店平均房价（元/间）	48.3	62.5	64	65.3	61.7	74.9	74.6	63.4	64.7	64.5	57.9
二星级酒店平均房价（元/间）	51.9	62.2	61.8	62.5	59.8	67.3	69.8	61.8	61.8	58.3	52.8
其他平均房价（元/间）	61.9	73	73.2	74.9	72.3	78.9	79.5	71	74.7	73	67.2
五星级同比增长率（%）	3	-2	-1.8	2.5	-0.6	1.3	0.9	-5.6	1.2	5.8	4.8
四星级同比增长率（%）	0.5	-4.4	-2.3	-0.3	-2.4	-0.3	1.4	-1.7	0.4	1.2	1.2
三星级同比增长率（%）	0.8	-0.7	-0.7	1.1	-1.9	1.6	0.6	-1.3	-1.5	-3.3	-4.7
二星级同比增长率（%）	5.2	2	-0.8	2.3	0.7	2.8	1.8	2.1	0.9	0.9	-0.3
其他同比增长率（%）	-1.5	-2.2	-2.7	0.2	-1.4	-0.2	-0.6	-2.2	-0.2	-0.5	-1.3

图 2-4　2019 年各月份北京市住宿业平均出租率对比分析（按类型和档次划分）

资料来源：根据北京市文化和旅游局网站（http://whlyj.beijing.gov.cn.）2019 年统计信息整理

2019 年，北京市住宿业共实现了 5 050 432 万元的收入，与 2018 年相比，增长了1.1个百分点①。住宿业收入的主要来源是客房收入，为2 855 043 万元，占总收入的 56.5%，较 2018 年同比增长 1.8%。餐饮收入 1 226 454 万元，占总收入的 24.3%，同比下降 2.9%。商品销售收入 43 776 万元，较 2018 年同比增长 4.1%，出现一定好转。比较各档次住宿企业的收入，“其他（非星级酒店、社会旅馆）”的收入最高，其次是五星级酒店。从收入增长的情况看，“其他（非星级酒店、社会旅馆）”的住宿企业收入同比增长最快，同比增长 7.8%，其次是四星级酒店，同比增长 0.7%。其他酒店类型的收入较 2018 年同期有所减少，其中，五星级酒店的降幅最为明显，降幅为 7%，如表 2-4 所示。

① 根据北京文化和旅游部公布官方网站公布的统计数据，此处的住宿业统计范围是全市范围内的限额以上住宿业法人单位、产业活动单位和个体经营户。

表 2-4 2019 年北京市住宿业经营收入情况分析

项目	2019 年 1—12 月	同比增长（%）
收入合计（万元）	5 050 432	1.1
客房收入	2 855 043	1.8
餐费收入	1 226 454	–2.9
商品销售收入	43 776	4.1
其他收入	925 159	4.4
收入合计（万元）	—	—
二星级及以下	99 516	–2.8
三星级	490 845	–5.8
四星级	907 471	0.7
五星级	1 194 870	–7
其他	2 357 729	7.8

资料来源：根据北京市文化和旅游局网站（http://whlyj.beijing.gov.cn.）2019 年统计信息整理

从各月的情况来分析（不考虑 1—2 月累计统计量），全市住宿业收入增幅缓慢，五星级酒店、三星级收入降幅明显。二星级、四星级酒店收入稳定。“其他（非星级酒店、社会旅馆）”收入增长明显，发展势头良好。从收入的份额来看，“其他（非星级酒店、社会旅馆）”收入占比最高，其次是五星级酒店，随后是四星级酒店、三星级酒店、二星级及以下酒店。从月份上看，各类型酒店全年收入变化较小，如图 2–5 所示。

分析各分项的收入情况（不考虑 1—2 月累计统计量），客房收入、餐费收入和其他收入构成了北京市酒店的主要收入来源，商品销售收入所占份额较小。以客房收入为例，客房收入全年收益较好，每月的销售总额均突破 20 亿元大关。与 2018 年各月份的商品销售收入相比，商品销售收入变化最为明显，降幅明显收缩，3、5、11、12 月为负向增长，其余各月均为正增长，其中 8 月同比增长了 53.5%，12 月降幅最大，达到了 15.1%。客房收入整体上保持正向增长的形势，但增长缓慢。餐费收入在 9 月出现明显下降，最大降幅达 11.8%，各月收入基本维持在 9 亿元以上。酒店其他收入全年保持正向增长的趋势，6 月增长最高，增幅为 13%。但是在酒店住宿过程中，顾客消费仍集中在吃、住两个方面，如图 2–6 所示。

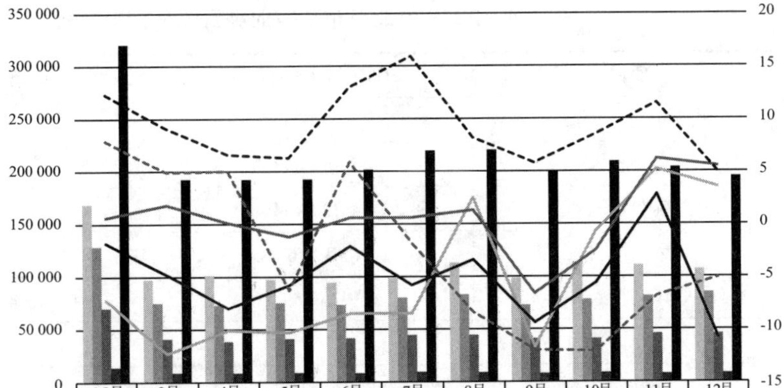

	1-2月	3月	4月	5月	6月	7月	8月	9月	10月	11月	12月
五星级酒店收入（万元）	168 761	97 577	101 599	97 577.2	94 678	98 559	112 918	98 468	113 319	110 896	106 923
四星级酒店收入（万元）	128 697	75 194	73 099	75 193.7	73 368	80 032	83 044	73 021	78 146	81 527	84 970
三星级酒店收入（万元）	70 145	41 107	38 637	41 107.4	41 532	44 378	44 367	40 776	40 773	45 651	45 691
二星级及以下酒店收入（万元）	14 178	8839	8581	8838.6	8488	9479	8924	7921	8635	7696	8309
其他收入（万元）	320 335	192 525	192 250	192 525	201 694	219 565	220 222	199 560	209 239	203 838	195 306
五星级同比增长率（%）	-7.2	-12.3	-10.1	-10.3	-8.5	-8.5	2.5	-11.7	-0.7	5.2	3.5
四星级同比增长率（%）	0.6	1.8	0.1	-1.2	0.6	0.6	1.3	-6.6	-2.5	6.2	5.5
三星级同比增长率（%）	-1.8	-4.8	-8	-5.8	-2.1	-5.8	-3.4	-9.4	-5.6	2.8	-10.8
二星级以下同比增长率（%）	7.9	4.9	5	-6.3	5.9	-1.8	-8.4	-12	-12.1	-6.8	-5.1
其他同比增长率（%）	12.3	9.1	6.6	6.3	13	15.9	8.2	5.8	8.5	11.5	5

图 2-5　2019 年各月份北京市住宿业经营收入对比分析

资料来源：根据北京市文化和旅游局网站（http://whlyj.beijing.gov.cn.）2018 年统计信息整理

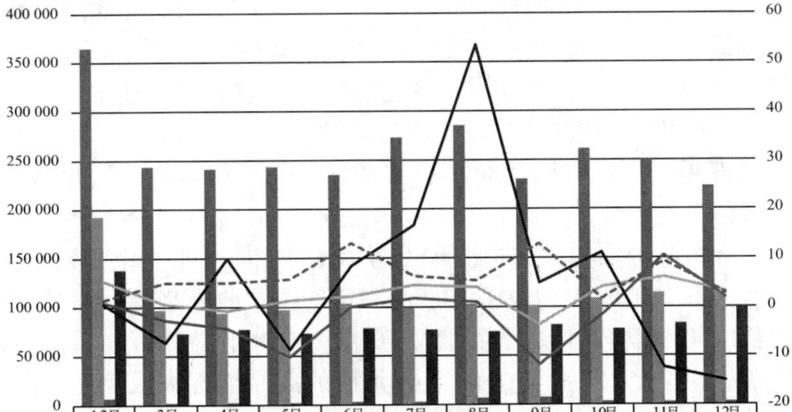

	1-2月	3月	4月	5月	6月	7月	8月	9月	10月	11月	12月
客户收入（万元）	364 651	243 329	240 944	243 329	234 952	273 205	285 282	230 113	261 472	250 040	223 003
餐费收入（万元）	192 408	96 787	93 645	96 787	103 712	99 370	102 992	101 114	108 528	114 314	114 411
商品销售收入（万元）	7046	2208	2538	2208	3022	2980	6765	7302	3123	2640	3138
其他收入（万元）	138 010	72 917	77 040	72 917	78 075	76 457	74 435	81 216	76 988	82 614	100 645
客户收入同比增长率（%）	5.4	0.6	-0.8	1.4	2.2	4.5	4	-3.7	4.1	6.1	3.2
餐费收入同比增长率（%）	1	-2.7	-4.4	-10.2	0.1	1.8	1	-11.8	-1.7	10.5	2
商品销售收入同比增长率（%）	0.6	-7.3	9.9	-8.7	8.4	16.7	53.5	4.9	11.1	-12.4	-15.1
其他收入同比增长率（%）	1.5	5	5	5.7	13	6.3	5.4	12.9	1.7	9.3	2.9

图 2-6　2018 年各月份北京市住宿业经营收入各分项分析

资料来源：根据北京市文化和旅游局网站（http://whlyj.beijing.gov.cn.）2018 年统计信息整理

2.2 2019 年北京市星级酒店接待人数与经营状况的季度对比分析

2.2.1 北京市星级酒店接待不同类型住宿者人数的季度分析

2019 年第一季度北京市星级酒店接待人数为 371.2 万人次，占全年接待人数的 20.43%，较去年同比下降 4.2%，其中星级酒店接待香港同胞人数减少最明显，同比下降 29.16%；2019 年第二季度北京市星级酒店接待人数为 468.1 万人，占全年接待人数的 25.76%，较去年同比下降 6.42；第三季度北京市星级酒店接待人数为 509.3 万人，与其他季度相比，第三季度接待人数最多，占全年接待人数的 28. 02%，同比去年下降 6.44%，其中星级酒店接待澳门同胞人数上出现了增长，增幅为 5.27%；第四季度北京市星级酒店接待人数为 468.7 万人，占全年接待人数的 25.79%，较去年同比下降 1.59%，如表 2–5 所示。

表 2–5　2019 年北京市各季度星级酒店接待住宿者情况比较（住宿者类型）

项目	第一季度		第二季度	
星级酒店接待情况	接待量	同比增长（%）	接待量	同比增长（%）
星级酒店接待住宿人数（人次）	3 712 115	–4.20%	4 681 181	–6.42%
国内住宿者	3 391 108	–2.50%	4 150 660	–4.98%
入境住宿者	321 007	–19.08%	530 521	–16.34%
台湾同胞	16 775	–20.70%	23 736	–20.34%
澳门同胞	1129	–15.49%	1605	–7.81%
香港同胞	26 327	–29.16%	38 455	–11.78%
外 国 人	276 776	–17.88%	466 725	–16.51%
星级酒店接待住宿人天数（人天）	6 799 630	–6.65%	8 480 985	–7.01%
国内住宿者	6 179 070	–5.51%	7 385 610	–5.71%
入境住宿者	620 560	–16.70%	1 095 375	–14.95%
台湾同胞	33 308	–12.11%	50 582	–18.64%
澳门同胞	2650	–5.46%	3428	–5.64%
香港同胞	49 119	–29.81%	76 558	–15.70%
外 国 人	535 483	–15.58%	964 807	–14.72%

项目	第三季度		第四季度	
星级酒店接待情况	接待量	同比增长（%）	接待量	同比增长（%）
星级酒店接待住宿人数（人次）	5 093 596	–6.44%	4 687 423	–1.59%
国内住宿者	4 629 704	–5.17%	4 227 592	–0.39%
入境住宿者	463 892	–17.50%	459 831	–11.35%
台湾同胞	23 560	–30.96%	21 692	–18.21%
澳门同胞	2097	5.27%	2491	–6.53%
香港同胞	32 931	–15.30%	31 107	–13.01%
外国人	405 304	–16.83%	404 541	–10.85%
星级酒店接待住宿人天数（人天）	9 554 300	–6.99%	8 483 607	–4.50%
国内住宿者	8 589 769	–5.48%	7 539 108	–3.73%
入境住宿者	964 531	–18.60%	944 499	–10.28%
台湾同胞	51 433	–34.24%	44 108	–19.81%
澳门同胞	4657	1.20%	5863	4.34%
香港同胞	63 541	–22.53%	59 035	–21.12%
外国人	844 900	–17.17%	835 493	–8.92%

资料来源：根据北京市文化和旅游局网站（http://whlyj.beijing.gov.cn.）2019 年统计信息整理。

2.2.2 北京市不同类型和档次的住宿业接待住宿者人数的季度分析

北京市第一季度共接待住宿人数 9 323 397 人，占全年总接待住宿人数的 21%，同比下降 2.74%。其中，五星级酒店接待住宿人数降幅最高，降幅为 10.88%，四星级、二星级及以下酒店较 2018 年同期接待住宿人数有所增长，增幅为 0.59%、6.15%；北京市第二季度共接待住宿人数 11 361 271 人，占全年总接待住宿人数的 25.7%，较去年同比下降 3%。其中，五星级酒店接待住宿人数降幅同样最高，降幅为 15.16%，其他（非星级酒店、社会旅馆）类型酒店较去年同比增加 1.43%；北京市第三季度共接待住宿人数 12 247 728 人，高于其他三季度的接待入住宿人数，占全年总接待住宿人数的 27.7%，占比最高，较去年同比下降 1.91%。其中，其他（非星级酒店、社会旅馆）类型酒店较去年同比增加 3.64%，其他类型酒店较去年相比接待住宿人数上都有所减少，降幅最明显的仍为五星级酒店，降幅为 16.42%；

北京市第四季度共接待住宿人数 11 376 940 人，占全年接待住宿人数的 25.7%，较去年同比增加 3%。其中，较去年相比，三星级酒店接待住宿人数降幅最明显，降幅为 6.56%。其他（非星级酒店、社会旅馆）类型酒店接待人数出现增长，增幅为 8.75%。从各季度各个酒店类型接待住宿人数上来看，第三季度接待人数最多，其次是第四季度和第二季度，最后是第一季度。各季度中，其他（非星级酒店、社会旅馆）类型酒店接待住宿人数最多，受到更多国内住宿者的青睐。较去年相比，除了第一季度接待住宿人数有所减少，其他季度都出现了增长，发展态势良好。星级酒店的接待住宿人数出现了明显的减少，高星级酒店的接待住宿人数降幅最为明显。

北京市第一季度共接待入境住宿人数 579 797 人，占全年接待入境住宿人数的 19.1%，较去年同比下降 6.4%。其中，较去年相比，其他（非星级酒店、社会旅馆）第一季度共接待境外住宿人数 260 310 人，同比增长 16.86%。五星级酒店第一季度共接待境外住宿人数 187 149 人，同比下降 26.29%；北京市第二季度共接待入境住宿人数 896 542，占全年接待入境住宿人数的29.5%，占比最高，较去年同比下降8.8%。较去年相比，其他（非星级酒店、社会旅馆）类型酒店、二星级及以下酒店接待境外住宿有所增加，涨幅为 6.73% 及 6.16%；北京市第三季度共接待入境住宿人数 779 349 人，占全年接待入境住宿人数的 25.68%，较去年同比下降 11.92%。较去年相比，其他（非星级酒店、社会旅馆）类型酒店接待入境住宿人数上出现缓慢增长，增幅为 0.55%，星级酒店接待入境住宿人数出现减少；北京市第四季度共接待入境住宿人数 780 578 人，占全年接待入境住宿人数的 25.73%，较去年同比下降 6.64%。较去年相比，其他（非星级酒店、社会旅馆）类型酒店接待入境住宿人数同样出现了增长，增幅为 3.54%。从各季度各个酒店类型接待入境住宿人数来看，第二季度接待人数最多，其次是第四季度和第三季度，最后是第一季度。由数据分析可知，越来越多的境外住宿者倾向于选择其他（非星级酒店、社会）类型酒店，星级酒店接待入境人数出现明显减少，如表 2–6 所示。

表 2–6　2019 年北京市各季度住宿业接待量及增长率（类型和档次）

项目	第一季度		第二季度	
	接待人次	同比增长（%）	接待人数	同比增长（%）
接待住宿人数（人次）	9 323 397	–2.74%	1 1361 271	–3.00%

续表

	第一季度		第二季度	
项目	接待人次	同比增长（%）	接待人数	同比增长（%）
二星级及以下	287 064	6.15%	377 802	–2.45%
三星级	873 517	–8.46%	1 119 630	–9.93%
四星级	1 323 720	0.59%	1 661 186	–3.74%
五星级	1 188 966	–10.88%	1 396 627	–15.16%
其他	5 650 130	–1.07%	6 806 026	1.43%
接待入境住宿人数（人次）	579 797	–6.40%	896 542	–8.80%
二星级及以下	5299	12.15%	11 450	6.16%
三星级	13 400	–30.26%	28 638	–19.68%
四星级	113 639	–4.39%	201 060	–6.72%
五星级	187 149	–26.29%	282 919	–23.97%
其他	260 310	16.86%	372 475	6.73%
	第三季度		第四季度	
项目	接待人数	同比增长（%）	接待人数	同比增长（%）
接待住宿人数（人次）	12 247 728	–1.91%	11 376 940	3.01%
二星级及以下	392 889	–3.62%	33 0243	–6.30%
三星级	1 273 552	–7.90%	1 088 258	–6.56%
四星级	1 786 096	–4.16%	1 658 911	–2.12%
五星级	1 496 232	–16.42%	1 469 057	–5.29%
其他	7 298 959	3.64%	6 830 471	8.75%
接待入境住宿人（人次）	779 349	–11.92%	780 578	–6.64%
二星级及以下	9113	–6.86%	8882	–7.12%
三星级	26 954	–16.39%	21 452	–12.53%
四星级	169 482	–16.12%	166 523	–10.91%
五星级	249 538	–21.59%	255 125	–14.31%
其他	324 262	0.55%	328 596	3.54%

资料来源：根据北京市文化和旅游局网站（http://whlyj.beijing.gov.cn.）2019 年统计信息整理

2.2.3 北京市住宿业经营状况的季度分析

2019 年第一季度北京市限额以上住宿业的平均房价为 567.5 元 / 间，较去年同比增长 8.1%。其中类型为“其他”（非星级酒店、社会旅馆）的住宿企业为 516.5 元 / 间，较去年同比增加 13.9%，二星级及以下的酒店平均房价增长 22.5%，增幅最大；2019 年第二季度北京市限额以上住宿业的平均房价为 554 元 / 间，较去年同比增长 4.8%。其中，二星级及以下的酒店平均房价增长 21.2%，增幅最大，三星级酒店平均房价增长 1.6%，增幅最小；2019 年第三季度北京市限额以上住宿业的平均房价为 557 元 / 间，较去年同比增长 2.1%。其中，二星级及以下的酒店平均房价增长 9.5%，增幅最大，三星级酒店平均房价增长 0.7%，增幅最小；2019 年第四季度北京市限额以上住宿业的平均房价为 560.8 元 / 间，较去年同比增长 3.3%。其中，其中，二星级及以下的酒店平均房价增长 17.8%，增幅最大，三星级酒店平均房价增长 2.1%，增幅最小，如表 2–7 所示。

表 2–7　2019 年北京市各季度住宿业平均房价及出租率

项目	第一季度	第一季度同比增长（%）	第二季度	第二季度同比增长（%）
限额以上住宿业平均房价（元 / 间）	567.5	8.1%	554.0	4.8%
二星级及以下	398	22.5%	364.6	21.2%
三星级	462.9	3.9%	430.7	1.6%
四星级	586.8	3.1%	555.3	4.7%
五星级	918.1	2.7%	901.1	3.6%
其他	516.5	13.9%	513.1	7.4%
限额以上住宿业平均出租率（%）	62.4	–1.1%	71.0	–1.3%
二星级及以下	56	8.1%	61.4	1.2%
三星级	53.2	0.6%	63.7	–0.8%
四星级	59.8	–2.1%	69.3	–2.3%
五星级	62.1	2.1%	72.7	0.0%
其他	65.9	–2.5%	73.5	–1.7%

项目	第三季度	第三季度同比增长（%）	第四季度	第四季度同比增长（%）
限额以上住宿业平均房价（元/间）	557.0	2.1%	560.8	3.3%
二星级及以下	373.9	9.5%	383.6	17.8%
三星级	418.9	0.7%	445.4	2.1%
四星级	543.3	0.6%	557.7	4.1%
五星级	903.7	3.2%	913.1	4.1%
其他	526.0	4.2%	513.2	3.1%
限额以上住宿业平均出租率（%）	75.1	–0.7%	69.9	0.1%
二星级及以下	66.3	3.5%	57.6	0.9%
三星级	71.0	0.4%	62.4	–4.8%
四星级	75.7	–0.3%	70.4	1.3%
五星级	74.8	–1.5%	72.5	5.7%
其他	76.5	–1.3%	71.6	–0.9%

资料来源：根据北京市文化和旅游局网站（http://whlyj.beijing.gov.cn.）2019 年统计信息整理

从各季度限额以上住宿业平均房价来看，各季度房价波动不大。其中，第一季度平均房价最高，为 567.5 元 / 间，其次是第四季度和第三季度。第二季度平均房价最低，为 554 元 / 间。从各季度不同类型酒店的平均房价上来看，五星级酒店平均房价最高，但房价较为平稳。二星级及以下酒店平均房价最低，但房价增长明显，如图 2–7 所示。

2019 年第一季度北京市限额以上住宿业平均出租率为 62.4%，较去年同比下降 1.1%。具体来看，其他（非星级酒店、社会旅馆）出租率最高，为 65.9%，较去年同比下降 2.5%，二星级及以下酒店出租率为 56%，较去年同比增长 8.1%，增幅最高；2019 年第二季度北京市限额以上住宿业平均出租率为 62.4%，较去年同比下降 1.1%。其中，其他（非星级酒店、社会旅馆）出租率最高，为 71%，较去年同比下降 1.3%。其中，其他（非星级酒店、社会旅馆）出租率最高，为 73.5%，较去年同比下降 1.7%，二星级及以下酒店出租率为 61.4%，较去年同比增长 1.2%，增幅最高；2019 年第三季度北京市限额以上住宿业平均出租率为 75.1%，较去年同比下降 0.7%。其中，其他（非星级酒店、社会旅馆）类型酒店出租率最高，为 76.5%。其次是四星级酒店和五星级酒店，出租率分别为 75.7% 及 74.8%。2019 年第四季度北京市限额以上住宿业平均出租率为 69.9%，较去年同比上升 0.1%。其中，五星级酒店出租率最高，为 72.5%，较去年同比增加 5.7%，增幅最高（详见图 2–7）。

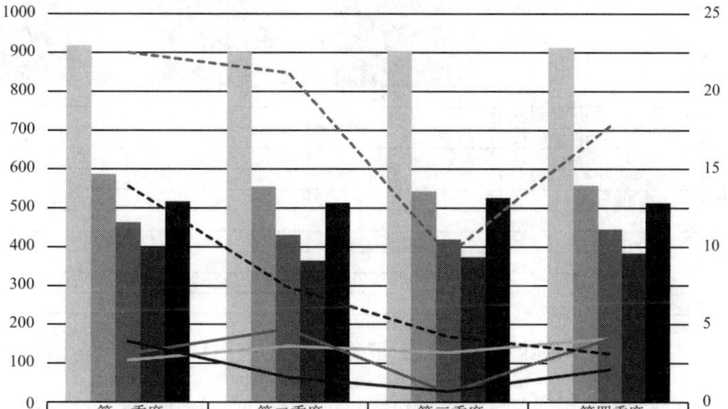

	第一季度	第二季度	第三季度	第四季度
五星级酒店平均房价（元/间）	918.1	901.1	903.7	913.1
四星级酒店平均房价（元/间）	586.8	555.3	543.3	557.7
三星级酒店平均房价（元/间）	462.9	430.7	418.9	445.4
二星级酒店及以下店平均房价（元/间）	398	364.6	373.9	383.6
其他平均房价（元/间）	516.5	513.1	526	513.2
五星级同比增长率（%）	2.7	3.6	3.2	4.1
四星级同比增长率（%）	3.1	4.7	0.6	4.1
三星级同比增长率（%）	3.9	1.6	0.7	2.1
二星级及以下同比增长率（%）	22.5	21.2	9.5	17.8
其他同比增长率（%）	13.9	7.4	4.2	3.1

图 2–7　2019 年北京市各季度住宿业平均房价及增长率对比分析（按类型和档次划分）

从各季度限额以上住宿业平均出租率来看，第三季度平均出租率最高，为 75.1%，其次是第二季度和第四季度，出租率分别是 71% 和 69.9%。第一季度平均出租率最低，为 62.4%。从各类型酒店各季度的出租率来看，其他（非星级酒店、社会旅馆）类型酒店及五星级酒店的出租率全年保持在 62% 以上，出租率高于其他类型酒店。二星级及以下酒店平均出租率最低，但发展态势良好，较去年相比，各季度的出租率均有所增长，如图 2–8 所示。

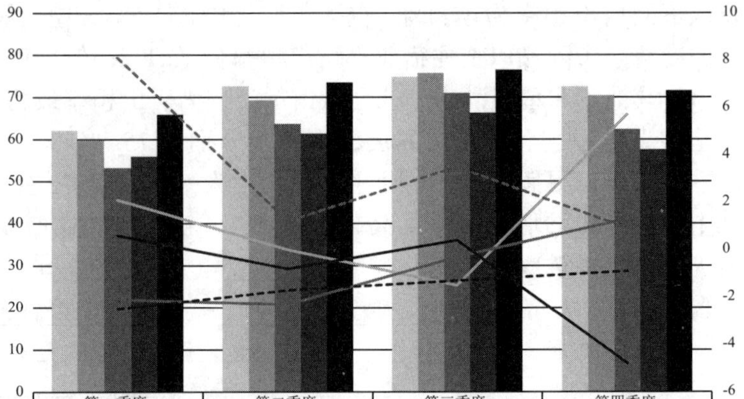

	第一季度	第二季度	第三季度	第四季度
五星级酒店平均出租率（%）	62.1	72.7	74.8	72.5
四星级酒店平均出租率（%）	59.8	69.3	75.7	70.4
三星级酒店平均出租率（%）	53.2	63.7	71	62.4
二星级酒店及以下平均出租率（%）	56	61.4	66.3	57.6
其他平均出租率（%）	65.9	73.5	76.5	71.6
五星级同比增长率（%）	2.1	0	-1.5	5.7
四星级同比增长率（%）	-2.1	-2.3	-0.3	1.3
三星级同比增长率（%）	0.6	-0.8	0.4	-4.8
二星级及以下同比增长率（%）	8.1	1.2	3.5	0.9
其他同比增长率（%）	-2.5	-1.7	-1.3	-0.9

图 2-8　2019 年各季度北京市住宿业平均出租率对比分析

资料来源：根据北京市文化和旅游局网站（http://whlyj.beijing.gov.cn.）2019 年统计信息整理

2019 年第一季度北京市住宿业共实现了 1 117 503 万元的收入，与 2018 年相比，增加了 2.26%。其中客房收入占比最高，占比 54.4%，较去年同期增长 3.35%；2019 年第二季度北京市住宿业共实现了 1 249 169 万元的收入，与 2018 年相比，增加了 0.65%。其中客房收入占比最高，达到了 57.6，较去年同比增长 0.9%；2019 年第三季度北京市住宿业共实现了 1 341 231 万元的收入，与 2018 年相比，增加了 1.82%。其中客房收入占比最高，占比 58.9%，较去年同比增长 1.81%；2019 年第四季度北京市住宿业共实现了 1 340 917 万元的收入，与 2018 年相比，增加了 4.14%。其中客房收入占比最高，占比 54.8%，较去年同比增长 4.49%。（详见表 2-8）

比较各档次的住宿企业的收入，2019 年第一季度北京市住宿业中其他（非星级、社会旅馆）类型的酒店收入最多，达到了 513 006 万元，同比增长了 11.35%；2019 年第二季度北京市住宿业中其他（非星级、社会旅馆）类型酒店的收入最多，达到了 586 469 万元，同比增长了 8.61%，其次是五星级酒店，收入为 293 854.2 万元，较去年同比减少了 9.69%；2019 年第三季度北京市住宿业中其他（非星级、社会旅馆）类型酒店的收入最多，达到了 639 347 万元，同比增长了 9.89%；2019 年第四季度北京市住宿业中其他（非星级、社会旅馆）类型酒店的收入最多，达到了 608 383 万元，同比增长了 8.34%，其他（非星级酒店、社会旅馆）住宿业收入全年最多，且较去年相比收入增长明显，发展前景好。五星级酒店的收入总量第二，但较去年相比，收入减少，如表 2–8 所示。

表 2–8　2019 年北京市各季度住宿业经营收入情况分析

项目	第一季度	同比增长（%）	第二季度	同比增长（%）
收入合计（万元）	1 117 503	2.26%	1 249 169	0.65%
客房收入	607 988	3.35%	719 225	0.90%
餐费收入	289 260	–0.35%	294 144	–4.90%
商品销售收入	9255	–0.20%	7768	3.34%
其他收入	211 000	2.94%	228 032	7.84%
二星级及以下	23016	6.63%	25 907.6	1.09%
三星级	111 252	–3.03%	121 276.4	–5.32%
四星级	203 891	0.76%	221 660.7	–0.17%
五星级	266 338	–9.24%	293 854.2	–9.69%
其他	513 006	11.35%	586 469	8.61%
项目	**第三季度**	**同比增长（%）**	**第四季度**	**同比增长（%）**
收入合计（万元）	1 341 231	1.82%	1 340 917	4.14%
客房收入	788 600	1.81%	734 515	4.49%
餐费收入	303 476	–3.42%	337 253	3.44%
商品销售收入	17 047	22.43%	8901	–6.50%
其他收入	232 108	8.19%	260 247	4.46%
二星级及以下	26 324	–7.31%	24 640	–8.20%
三星级	129 521	–6.18%	132 115	–4.86%
四星级	236 097	–1.50%	244 643	3.01%
五星级	309 945	–5.89%	331 138	2.56%
其他	639 347	9.89%	608 383	8.34%

从各季度、各酒店类型收入情况来分析，其他（非星级酒店、社会旅馆）类型酒店收入最高，发展态势良好。其中，第三季度收入最高，达到

639 347 万元；五星级酒店收入总额排在第二，较去年相比，收入有所减少。其中，第四季度收入最高，达到 331 138 万元；四星级酒店收入总额排在第三，较去年相比，收入有所减少。全年各季收入较稳定，第四季度收入最高，达到 244 643 万元；三星级酒店收入总额排在第四，较去年相比，收入减少。其中，第四季度收入最高，达到 132 115 万元；二星级酒店收入总额最低，较去年相比，收入减少。其中，第三季度收入最高，达到 26 324 万元，如图 2–9 所示。

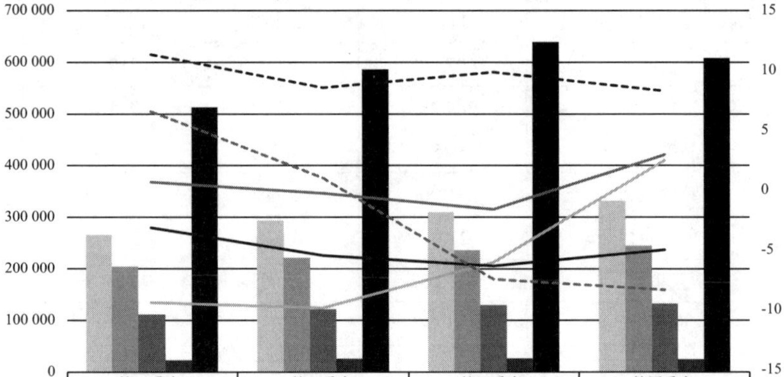

	第一季度	第二季度	第三季度	第四季度
五星级酒店收入（万元）	266 338	293 854.2	309 945	331 138
四星级酒店收入（万元）	203 891	221 660.7	236 097	244 643
三星级酒店收入（万元）	111 252	121 276.4	129 521	132 115
二星级及以下酒店收入（万元）	23016	25 907.6	26 324	24 640
其他收入（万元）	513 006	586 469	639 347	608 383
五星级同比增长率（%）	-9.24	-9.69	-5.89	2.56
四星级同比增长率（%）	0.76	-0.17	-1.5	3.01
三星级同比增长率（%）	-3.03	-5.32	-6.18	-4.86
二星级及以下同比增长率（%）	6.63	1.09	-7.31	-8.2
其他同比增长率（%）	11.35	8.61	9.89	8.34

图 2–9　2019 年各季度北京市住宿业经营收入对比分析

资料来源：根据北京市文化和旅游局网站（http://whlyj.beijing.gov.cn.）2019 年统计信息整理

分析各季度各分项收入情况，客房收入、餐饮收入和其他收入构成了北京市酒店的主要收入来源，商品销售收入所占份额较小。客房收入占比最高，较去年相比，增长平稳。其中，第三季度客房收入最高，达到 788 600 万元；餐饮收入占比第二高，各季度收入在 30 亿元左右，较去年相比，餐饮收入有所减少；其他收入发展态势良好，较去年相比，四个季度的收入均出现增长，其中第三季度涨幅最为明显，达到 8.19%；商品销售收入占总收入比重小，各季度增长幅度波动明显。与 2018 年相比，第三季度增长幅度达到 22.43%，如图 2–10 所示。

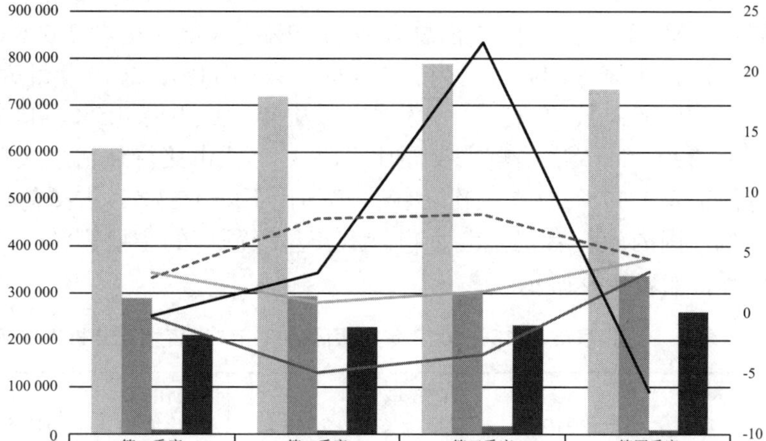

	第一季度	第二季度	第三季度	第四季度
客房收入（万元）	607 988	719 225	788 600	734 515
餐费收入（万元）	289 260	294 144	303 476	337 253
商品销售收入（万元）	9255	7768	17 047	8901
其他收入（万元）	211 000	228 032	232 108	260 247
客户收入同比增长率（%）	3.35	0.9	1.81	4.49
餐费收入同比增长率（%）	-0.35	-4.9	-3.42	3.44
商品销售收入同比增长率（%）	-0.2	3.34	22.43	-6.5
其他收入同比增长率（%）	2.94	7.84	8.19	4.46

图 2–10　2019 年各季度北京市住宿业经营收入各分项分析

资料来源：根据北京市文化和旅游局网站（http://whlyj.beijing.gov.cn.）2019 年统计信息整理

2.3 2015—2019 年发展趋势分析

2.3.1 北京市 2015—2019 年星级酒店接待住宿者分析

2015 年北京市星级酒店共接待住宿人数 20 085 919 人次，较去年同比增加 3.5%。其中，国内住宿者 17 757 159 人次，较去年同比增加 4.8%，占接待住宿总人数的 88.4%。入境住宿者 2 328 760 人次，较去年同比下降 5.5%，占接待住宿总人数的 11.6%；2016 年北京市星级酒店共接待住宿人数 20 171 127 人次，较去年同比增加 0.4%。其中，国内住宿者 17 802 854 人次，较去年同比增加 0.3%，占接待住宿总人数的 88.3%。入境住宿者 2 368 273 人次，较去年同比增加 1.7%，占接待住宿总人数的 11.7%；2017 年北京市星级酒店共接待住宿人数 19 268 006 人次，较去年同比下降 4.5%。其中，国内住宿者 17 104 728 人次，较去年同比下降 3.9%，占接待住宿总人数的 88.8%。入境住宿者 2 163 278 人次，较去年同比下降 8.7%，占接待住宿总人数的 11.2%；2018 年北京市星级酒店共接待住宿人数 19 028 468 人次，较去年同比下降 1.2%。其中，国内住宿者 16 932 391 人次，较去年同比下降 1%，占接待住宿总人数的 89%。入境住宿者 2 096 077 人次，较去年同比下降 3.1%，占接待住宿总人数的 11%；2019 年北京市星级酒店共接待住宿人数 18 174 315 人次，较去年同比下降 4.5%。其中，国内住宿者 16 399 064 人次，较去年同比下降 3.1%，占接待住宿总人数的 89%。入境住宿者 1 775 251 7 人次，较去年同比下降 15.3%，占接待住宿总人数的 9.8%。国内旅行者仍是北京市近五年星级酒店的主要客源，其次是入境住宿者，如表 2–9 所示。

表 2–9　北京市 2015—2019 年星级酒店接待住宿者情况分析（住宿者类型）

项目	2015 年	2015 年同比增长（%）	2016 年	2016 年同比增长（%）	2017 年	2017 年同比增长（%）
星级酒店接待住宿人数（人次）	20 085 919	3.5	20 171 127	0.4	19 268 006	–4.5
国内住宿者	17 757 159	4.8	17 802 854	0.3	17 104 728	–3.9
入境住宿者	2 328 760	–5.5	2 368 273	1.7	2 163 278	–8.7
台湾同胞	125 679	–3.5	128 479	2.2	120 560	–6.2
澳门同胞	9241	11.2	8211	–11.1	7309	–11.0
香港同胞	184 652	8.1	188 829	2.3	174 922	–7.4
外国人	2 009 188	–6.8	2 042 754	1.7	1 860 487	–8.9
星级酒店接待住宿人天数（人天）	37 906 831	3.4	37 040 177	–2.3	35 805 929	–3.3
国内住宿者	32 982 978	5.5	32 181 944	–2.4	31 300 125	–2.7
入境住宿者	4 923 853	–8.3	4 858 233	–1.3	4 505 804	–7.3
台湾同胞	278 446	–6.6	279 492	0.4	253 877	–9.2
澳门同胞	22 483	1.4	18 826	–16.3	16 840	–10.5
香港同胞	373 148	4.1	381 804	2.3	363 929	–4.7
外国人	4 249 776	–9.4	4 178 111	–1.7	3 871 158	–7.3

项目	2018 年	2018 年同比增长（%）	2019 年	2019 年同比增长（%）
星级酒店接待住宿人数（人次）	19 028 468	−1.2	18 174 315	−4.5
国内住宿者	16 932 391	−1	16 399 064	−3.1
入境住宿者	2 096 077	−3.1	1 775 251	−15.3
台湾同胞	109 221	−9.4	85 763	−21.5
澳门同胞	7700	5.3	7322	−4.9
香港同胞	153 897	−12	128 820	−16.3
外 国 人	1 825 259	−1.9	155 346	−14.9
星级酒店接待住宿人天数（人天）	35 495 163	−0.9	33 206 888	−6.4
国内住宿者	31 248 851	−0.2	29 585 985	−5.3
入境住宿者	4 246 312	−5.8	3620 903	−14.7
台湾同胞	229 182	−9.7	179 260	−21.8
澳门同胞	16 615	−1.3	16 594	−0.1
香港同胞	315 734	−13.2	246 955	−21.8
外 国 人	3 684 781	−4.8	3 178 094	−13.8

资料来源：根据北京市文化和旅游局网站（http://whlyj.beijing.gov.cn.）2015–2019 年统计信息整理

逐年分析北京市星级酒店接待人数情况，从接待住宿人数来看，星级酒店的接待住宿者数量随年份变动较为平稳。2016 年星级酒店接待人数最多，达到 20 171 127 人次，是近 5 年接待人数的极大值。从 2016 年开始，星级接待人数呈现逐年下降的趋势，2019 年出现接待人数最小值，接待人数为 18 174 315 人次。从接待住宿人天数来看，北京市近五年星级酒店接待住宿人天数逐年下降，2015 年接待住宿人天数最多，达到 37 906 831 天，增幅为 3.5%。2019 年接待住宿人天数最少，天数为 33 206 888，同比下降 6.4%。北京近五年星级酒店发展状况欠佳，这反映出需求层面的星级酒店市场仍然需要提振，需要进一步恢复，如图 2–11 和图 2–12 所示。

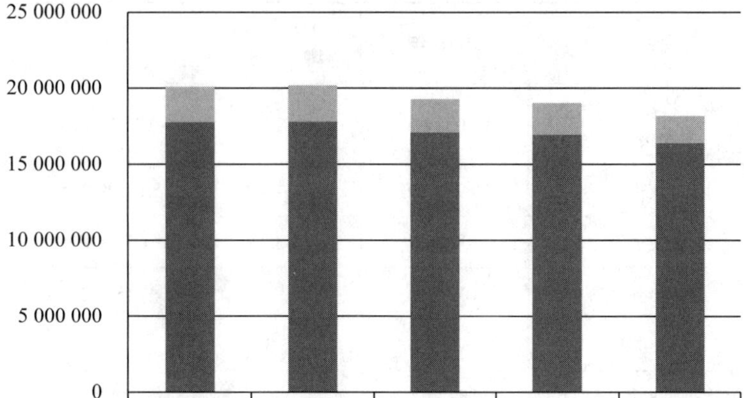

	2015年	2016年	2017年	2018年	2019年
■ 入境住宿者（人次）	2 328 760	2 368 273	2 163 278	2 096 077	1 775 251
■ 国内住宿者（人次）	17 757 159	17 802 854	17 104 728	16 932 391	16 399 064

图 2–11　2015—2019 年北京市星级酒店接待住宿人数分析

资料来源：根据北京市文化和旅游局网站（http://whlyj.beijing.gov.cn.）2015–2019 年统计信息整理

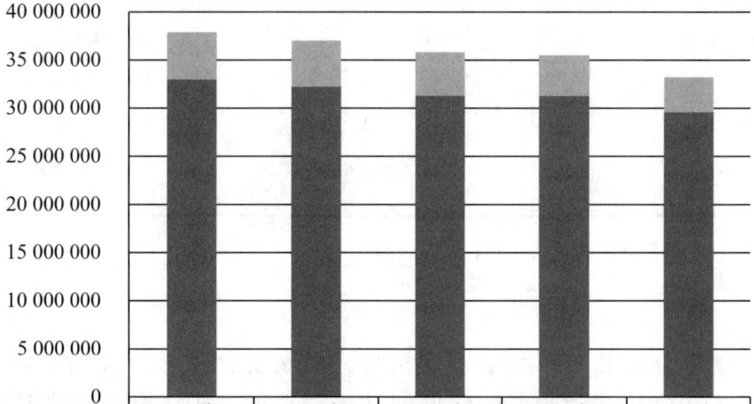

	2015年	2016年	2017年	2018年	2019年
■ 入境住宿者（人次）	4 923 853	4 858 233	4 505 804	4 246 312	3 620 903
■ 国内住宿者（人次）	32 982 978	32 181 944	31 300 125	31 248 851	29 585 985

图 2–12　2015—2019 年北京市星级酒店接待住宿人天数分析

资料来源：根据北京市文化和旅游局网站（http://whlyj.beijing.gov.cn.）2015–2019 年统计信息整理

2.3.2 北京市近五年不同档次星级酒店接待住宿者的人数分析

2015 年北京市星级酒店接待住宿者总量为 20 085 919 人次，同比增加

3.5%。其中，四星级酒店接待人数最多，接待人数为 6 703 505 人，占星级酒店总接待量的 33.37%，较去年同比增加 7.6%。五星级酒店接待人数总量位于第二，接待人数为 5 509 379 人，占星级酒店总接待量的 27.43%，较去年同比增加 6.6%；2016 年北京市星级酒店接待住宿者总量为 20 171 127 人次，同比增加 0.4%。其中，四星级酒店接待人数最多，接待人数为 6 743 439 人，占星级酒店总接待量的 33.43%，较去年同比增加 0.6%。五星级酒店接待人数总量位于第二，接待人数为 6 396 663 人，占星级酒店总接待量的 31.71%，较去年同比增加 16.6%；2017 年北京市星级酒店接待住宿者总量为 19 268 006 人次，同比下降 4.4%。其中，四星级酒店接待人数最多，接待人数为 6 590 770 人，占星级酒店总接待量的 34.21%，较去年同比下降 2.3%。五星级酒店接待人数总量位于第二，接待人数为 6 193 213 人，占星级酒店总接待量的 32.14%，较去年同比下降 3.2%。二星级及以下酒店接待人数降幅更加明显，降幅为 18.4%；2018 年北京市星级酒店接待住宿者总量为 19 028 468 人次，同比下降 1.24%。其中，四星级酒店接待人数最多，接待人数为 6 619 509 人，占星级酒店总接待量的 34.79%，较去年同比增长 0.4%。五星级酒店接待人数总量位于第二，接待人数为 6 263 153 人，占星级酒店总接待量 32.91%，较去年同比增长 1.1%。三星级酒店、二星级及以下酒店接待人数上仍然有所下降，降幅为 2.7% 和 12.8%；2019 年北京市星级酒店接待住宿者总量为 17 669 610 人次，同比下降 7.14%。其中，四星级酒店接待人数最多，接待人数为 6 420 079 人，占星级酒店总接待量的 36.33%，较去年同比下降 3%。五星级酒店接待人数总量位于第二，接待人数为 5 527 799 人，占星级酒店总接待量 31.28%，较去年同比增长 11.7%。在北京市近五年星级酒店的接待人数中，2016 年人数最多，达到 20 171 127 人次，2017—2019 年 3 年连续下降，2019 年星级酒店接待人数达到最小值，接待人数为 17 669 610 人次。

2015 年北京市星级酒店接待入境住宿者总量为 2 328 760 人次，同比下降 5.5%。其中，五星级酒店接待人数最多，接待人数为 1 311 161 人，占星级酒店总接待量的 56.3%，较去年同比下降 6%。四星级酒店接待人数总量位于第二，接待人数为 832 429 人，占星级酒店总接待量 35.75%，较去年同比下降 2.5%；2016 年北京市星级酒店接待入境住宿者总量为 2 368 273 人次，同比增加 1.7%。其中，五星级酒店接待人数最多，接待人数为 1 358 345 人，占星级酒店总接待量的 57.36%，较去年同比增加 3.6%。四星级酒店接待人数总量位于第二，接待人数为 842 251 人，占星级酒店总接待量 35.56%，较去年同比增加 1.2%；2017 年北京市星级酒店接待入境住宿者总量为 2 163 278 人次，同比下降 8.6%。其中，五星级酒店接待人数最多，接待人数为 1 280 905 人，占星级酒店总接待量的 59.21%，较去年同比下降 5.7%。四星级酒店接待人数总量位于第二，接待人数为 744 356 人，占星级酒店总接待量 34.41%，较去年同比下降 11.6%；2018 年北京市星级酒店接待入境住宿者总量为 2 096 077 人次，同比下降 3.1%。其中，五星级酒店接待人数最多，接待人数为 1 228 787 人，占星级酒店总接待量的 58.62%，较去年同比下降 4.1%。四星级酒店接待人数总量位于第二，接待人数为 723 389 人，占星级酒店总接待量 34.51%，较去年同比下降 2.8%；2019 年北京市星级酒店接待入境住宿者总量为 1 749 049 人次，同比下降 16.6%，降幅明显。其中，五星级酒店接待人数最多，接待人数为 973 566 人，占星级酒店总接待量的 55.66%，较去年同比下降 20.8%。四星级酒店接待人数总量位于第二，接待人数为 650 520 人，占星级酒店总接待量的 37.19%，较去年同比下降 10.1%。在北京市近五年星级酒店的接待入境人数上，2016 年人数最多，达到 2 368 273 人次，2017—2019 年 3 年连续下降，2019 年星级酒店接待入境人数最少，接待人数仅为 1 749 049 人次。

按照星级酒店档次类型来分析，各个档次的星级酒店接待情况有所不同。在星级酒店接待总人数上，四星级酒店占比最高，接待人数最多。其次是五星级酒店、三星级酒店、二星级及以下酒店。整个星级酒店发展缓慢，呈现下降趋势，多数年份出现接待人数负增长，三星级和二星级及以下酒店接待人数降幅明显。在星级酒店接待入境人数上，五星级酒店占比最高，接待人数最多，其次是四星级酒店、三星级酒店、二星级及以下酒店。2015 年、2017 年、2018 年、2019 年 4 年接待入境住宿人数出现负增长，其中，三星级和二星级及以下酒店接待人数降幅明显。

表 2-13　2015—2019 年北京市星级酒店接待人数及同比增长率（类型和档次）

项目	2015 年	2015 年同比增长（%）	2016 年	2016 年同比增长（%）	2017 年	2017 年同比增长（%）
接待住宿人数按饭店星级划分（人次）	20 085 919	3.5	20 171 127	0.4	19 268 006	-4.4
二星级及以下	2 303 970	-10.8	1 992 649	-13.5	1 625 981	-18.4
三星级	5 569 065	2.8	5 038 376	-9.5	4 858 042	-3.6

续表

项目	2015 年	2015 年同比增长（%）	2016 年	2016 年同比增长（%）	2017 年	2017 年同比增长（%）
四星级	6 703 505	7.6	6 743 439	0.6	6 590 770	−2.3
五星级	5 509 379	6.6	6 396 663	16.1	6 193 213	−3.2
接待入境住宿人数按酒店星级划分（人次）	2 328 760	−5.5	2 368 273	1.7	2 163 278	−8.6
二星级及以下	44 403	−18.9	33 409	−24.8	34 746	4
三星级	140 767	−12.6	134 268	−4.6	103 271	−23.1
四星级	832 429	−2.5	842 251	1.2	744 356	−11.6
五星级	1 311 161	−6	1 358 345	3.6	1 280 905	−5.7

项目	2018 年	2018 年同比增长（%）	2019 年	2019 年同比增长（%）
接待住宿人数按酒店星级划分（人次）	19 028 468	−1.24	17 669 610	−7.14
二星级及以下	1 418 019	−12.8	1 387 432	−2.2
三星级	4 727 787	−2.7	4 334 300	−8.3
四星级	6 619 509	0.4	6 420 079	−3
五星级	6 263 153	1.1	5 527 799	−11.7
接待入境住宿人数按酒店星级划分（人次）	2 096 077	−3.1	1 749 049	−16.6
二星级及以下	34 858	0.3	34 744	−0.3
三星级	109 043	5.6	90 219	−17.3
四星级	723 389	−2.8	650 520	−10.1
五星级	1 228 787	−4.1	973 566	−20.8

资料来源：根据北京市文化和旅游局网站（http://whlyj.beijing.gov.cn.）2015—2019 年统计信息整理

2.3.3 北京市 2015—2019 年星级酒店经营状况分析

2015 年，北京市星级酒店收入合计 2 593 039 万元，较去年同比上升 1.3%。其中，五星级酒店经营收入最多，达到 1 160 531 万元，占星级酒店总收入的 44.76%，较去年同比增加 4%；2016 年，北京市星级酒店收入合计 2 614 497 万元，较去年同比上升 0.8%。其中，五星级酒店经营收入最多，达到 1 214 492 万元，占星级酒店总收入的 46.45%，较去年同比增加 4.6%；2017 年，北京市星级酒店收入合计 2 684 504 万元，较去年同比上升 2.6%。其中，五星级酒店经营收入最多，达到 1 244 732 万元，占星级酒店总收入的 46.37%，较去年同比增加 2.5%；2018 年，北京市星级酒店收入合计 2 808 758 万元，较去年同比上升 4.6%。其中，五星级酒店经营收入最多，达到 1 284 180 万元，占星级酒店总收入的 45.72%，较去年同比增加 3.2%；2019 年，北京市星级酒店收入合计 2 692 702 万元，较去年同比下降 4.1%。其中，五星级酒店经营收入最多，达到 1 194 870 万元，占星级酒店总收入 44.372%，较去年同比下降 7%。在星级酒店五年经营收入中，2018 年总体经营收入最多，达到 2 808 758 万元。2015 年总体经营收入最低，为 2 593 039 万元。每年，五星级酒店经营收入占比最高，其次是四星级酒店、三星级酒店、二星级及以下酒店，如表 2-14 所示。

表 2-14　2015—2019 年北京市星级酒店经营收入分析

收入合计（万元）	2015 年	2015 同比增长（%）	2016 年	2016 同比增长（%）	2017 年	2017 同比增长（%）
星级酒店收入合计（万元）	2 593 039	1.3	2 614 497	0.8	2 684 504	2.6
二星级及以下	122 723	-8.1	102 263	-16.7	100 696	-1.5
三星级	500 708	0	480 641	-4	488 431	1.6
四星级	809 077	-0.1	817 101	1	850 645	4.1
五星级	1 160 531	4	1 214 492	4.6	1 244 732	2.5

收入合计（万元）	2018 年	2018 同比增长（%）	2019 年	2019 同比增长（%）
星级酒店收入合计（万元）	2 808 758	4.6	2 692 702	-4.1
二星级及以下	102 362	1.7	99 516	-2.8
三星级	520 959	6.7	490 845	-5.8
四星级	901 257	5.9	907 471	0.7
五星级	1 284 180	3.2	1 194 870	-7

资料来源：根据北京市文化和旅游局网站（http://whlyj.beijing.gov.cn.）2015—2019 年统计信息整理

从每年的情况来分析，2015—2018 年，星级酒店总体经营收入出现逐年增长态势，2019年经营收入存在下滑趋势，降幅为4.1%。2015—2018年，五星级酒店、四星级酒店、三星级酒店经营收入较稳定。二星级酒店经营收入状况欠佳，降幅最明显，如图 2-13 所示。

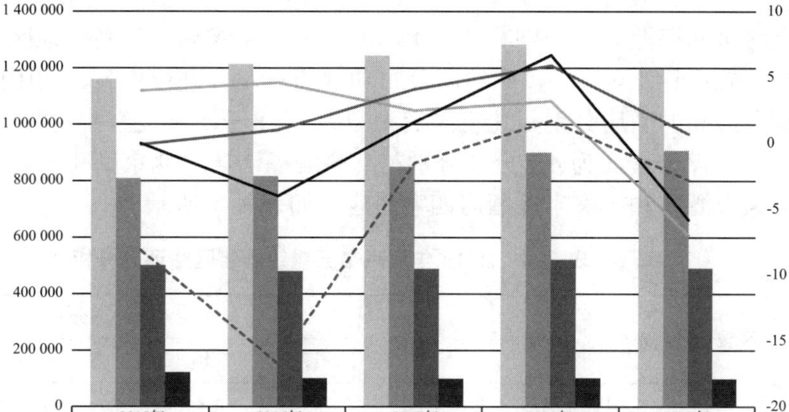

	2015年	2016年	2017年	2018年	2019年
五星级酒店收入（万元）	1 160 531	1 214 492	1 244 732	1 284 180	1 194 870
四星级酒店收入（万元）	809 077	817 101	850 645	901 257	907 471
三星级酒店收入（万元）	500 708	480 641	488 431	520 959	490 845
二星级及以下酒店收入（万元）	122 723	102 263	100 696	102 362	99 516
五星级同比增长率（%）	4	4.6	2.5	3.2	-7
四星级同比增长率（%）	-0.1	1	4.1	5.9	0.7
三星级同比增长率（%）	0	-4	1.6	6.7	-5.8
二星级及以下同比增长率（%）	-8.1	-16.7	-1.5	1.7	-2.8

图 2-13　2015—2019 年北京市星级酒店经营收入对比分析

资料来源：根据北京市文化和旅游局网站（http://whlyj.beijing.gov.cn.）2015—2019 年统计信息整理

3. 2019 年北京市五星级酒店服务质量分析

服务质量是酒店的生命线。在日益激烈的竞争中，五星级酒店的发展越来越注重服务质量，提供全面而优质的服务能够吸引更多顾客而提升竞争力，为酒店企业带来效益。当前，越来越多的顾客选择消费后通过互联网进行评价，大量网络评价沉淀下来所形成的口碑效应，成了潜在消费者进行购买决策的主要参考依据。本报告选择用携程网上客人对北京市文化和旅游局官方网站公布的 59 家五星级饭店的评分，其中有 7 家酒店在携程网上暂无最新信息，因此最终获得了 52 家在携程网上有完整评论数据的五星级酒店信息。

3.1 北京市五星级饭店评分情况

北京市五星级酒店评分共分为总评分和各指标评分两大类，后者有环境、设施、服务和卫生 4 个指标。北京市的五星级酒店主要分布在朝阳区、东城区和海淀区，分别有 25、13 和 10 家五星级酒店，其他地区零星的分布 1~3 个五星级酒店。按照地区分布和酒店总评分进行排名，朝阳区和海淀区评分最高的酒店分别是北京国贸大酒店（4.8 分）和北京泰富酒店（4.9 分），东城区评分最高为 4.7 分，分别是北京丽晶酒店、北京励骏酒店、北京金隅喜来登酒店和王府半岛酒店四家酒店，如表 3–1 所示。

表 3–1　2019 年北京市五星级酒店网络评分分析

区域	饭店名称	网络评分				
		总评分	环境	设施	服务	卫生
朝阳区	北京国贸大酒店	4.8	4.8	4.7	4.7	4.8
	北京中国大饭店	4.7	4.8	4.7	4.7	4.8
	北京昆仑饭店	4.7	4.7	4.6	4.7	4.7
	北京长富宫饭店	4.7	4.7	4.6	4.7	4.8
	北京嘉里大酒店	4.7	4.8	4.7	4.7	4.8
	北京燕莎中心凯宾斯基饭店	4.7	4.7	4.6	4.7	4.7
	北京新云南皇冠假日酒店	4.7	4.7	4.7	4.6	4.8
	北京万达文华酒店	4.7	4.8	4.7	4.7	4.8
	北京昆泰嘉华酒店	4.7	4.7	4.6	4.7	4.7
	金茂北京威斯汀大饭店	4.7	4.7	4.6	4.6	4.7
	北京日坛宾馆	4.7	4.7	4.6	4.6	4.7
	北京瑞吉酒店	4.7	4.7	4.6	4.8	4.8
	丽景湾国际酒店	4.6	4.6	4.5	4.6	4.6
	北京千禧大酒店	4.6	4.7	4.5	4.5	4.6
	北京中奥马哥孛罗大酒店	4.6	4.7	4.5	4.6	4.6
	北京富力万丽酒店	4.6	4.7	4.6	4.6	4.7
	北京伯豪瑞廷酒店	4.6	4.6	4.5	4.6	4.6
	鹏润国际大酒店	4.6	4.7	4.5	4.6	4.7

续表

区域	饭店名称	网络评分				
		总评分	环境	设施	服务	卫生
朝阳区	北京希尔顿酒店	4.5	4.6	4.4	4.5	4.6
	北京北辰五洲皇冠国际酒店	4.5	4.5	4.3	4.4	4.5
	北京名人国际大酒店	4.5	4.6	4.4	4.5	4.6
	北京中航泊悦酒店	4.5	4.6	4.4	4.5	4.6
	北京长城饭店	4.4	4.5	4.3	4.4	4.6
	北京北辰洲际酒店	—	—	—	—	—
	北京康源瑞廷酒店	—	—	—	—	—
东城区	北京丽晶酒店	4.7	4.8	4.6	4.7	4.7
	北京励骏酒店	4.7	4.8	4.7	4.7	4.8
	北京金隅喜来登酒店	4.7	4.7	4.6	4.7	4.8
	王府半岛酒店	4.7	4.7	4.7	4.6	4.8
	北京首都宾馆	4.6	4.7	4.4	4.6	4.6
	北京国际饭店	4.6	4.7	4.4	4.6	4.6
	北京东方君悦大酒店	4.5	4.7	4.4	4.4	4.6
	天伦王朝酒店	4.5	4.6	4.4	4.5	4.6
	北京饭店	4.5	4.7	4.3	4.5	4.6
	北京国际艺苑皇冠假日酒店	4.4	4.5	4.2	4.4	4.4
	北京好苑建国酒店	4.4	4.6	4.2	4.5	4.5
	北京贵宾楼饭店	—	—	—	—	—
	北京华侨大厦	—	—	—	—	—
海淀区	北京泰富酒店	4.9	4.8	4.9	4.8	4.9
	北京京都信苑饭店	4.8	4.8	4.8	4.8	4.8
	北京友谊宾馆贵宾楼	4.7	4.8	4.6	4.7	4.7
	北京香格里拉饭店	4.6	4.7	4.6	4.6	4.7
	北京世纪金源大饭店	4.6	4.6	4.5	4.6	4.6
	北京北大博雅国际酒店	4.6	4.6	4.4	4.5	4.6
	北京中关村皇冠假日酒店	4.6	4.6	4.6	4.6	4.7
	北京世纪金源香山商旅酒店	4.5	4.7	4.3	4.5	4.5

续表

区域	饭店名称	网络评分				
		总评分	环境	设施	服务	卫生
海淀区	北京新世纪日航饭店	4.4	4.4	4.2	4.4	4.4
	北京西苑饭店	4.4	4.5	4.2	4.4	4.5
西城区	北京金融街丽思卡尔顿酒店	4.7	4.7	4.6	4.7	4.8
	北京金融街威斯汀大酒店	4.6	4.6	4.5	4.6	4.7
	北京国宾酒店	4.5	4.5	4.3	4.5	4.5
昌平区	北京龙城温德姆酒店	4.7	4.6	4.6	4.7	4.7
石景山区	北京富力万达嘉华酒店	4.7	4.7	4.6	4.7	4.7
丰台区	北京西国贸大酒店	4.6	4.6	4.6	4.6	4.7
大兴区	北京丰大国际大酒店	4.6	4.6	4.5	4.5	4.6
延庆区	世园凯悦酒店	4.6	4.7	4.6	4.5	4.7
	辉煌松山度假酒店	—	—	—	—	—
顺义区	北京瑞麟湾温泉度假酒店	—	—	—	—	—
	北京新华联丽景温泉酒店	—	—	—	—	—

资料来源：五星级酒店名单来自北京市文化和旅游局官方网站（http://whlyj.beijing.gov.cn.），网络得分来自携程网（https://www.ctrip.com）

从总评分来看，北京市 59 家五星级酒店平均分为 4.613（满分为 5 分），如表 3–2 所示。其中，最高分为 4.9 分，只有北京泰富酒店达到了 4.9 的高分。最低分为 4.4 分，分别是北京长城饭店、北京国际艺苑皇冠假日酒店、北京新世纪日航饭店、北京好苑建国酒店、北京西苑饭店五家酒店。大部分酒店的总评分都分布在 4.7 和 4.6 这两个分值，有 19 家酒店得 4.7 分，16 家酒店得 4.6 分。

从 4 个指标评分来看，环境、设施、服务和卫生的平均分分别为 4.67、4.52、4.59 和 4.67。北京的五星级酒店在环境和卫生方面的整体评分较高，服务次之，设施的评分是各项指标最低。整体而言，顾客对于北京五星酒店的环境和卫生状况都相对满意，最高分分别达到了 4.8 和 4.9，最低分均为 4.4。四项指标中表现最差的是设施，平均分为 4.52，且该指标的离散程度最大，最高分为 4.9 分，但最低分仅有 4.2 分，有 4 个酒店都获得了 4.2 的低分，说明不同酒店间顾客对于设施水平的评分差距较大，北京地区五星级酒店设施水平参差不齐。

表 3-2　2019 年北京市五星级酒店网络评分情况汇总表

	总评分	环境	设施	服务	卫生
平均分	4.613	4.67	4.52	4.59	4.67
最高分	4.9	4.8	4.9	4.8	4.9
最低分	4.4	4.4	4.2	4.4	4.4
方差	0.11	0.09	0.16	0.11	0.11

资料来源：根据携程网评分（https://www.ctrip.com）整理

3.2 2019 年北京市五星级酒店服务质量网络评价分析

五星级酒店评价包含全部评价数、差评数和有图评价数量三类，由此得出酒店的差评率和有图评价率，其中差评率 = 差评数 / 全部评价数，有图评价率 = 有图评价数 / 全部评价数，如表 3-3 所示。差评率显示五星级酒店所有评价中差评的数量比率，差评越高，顾客对于酒店的满意度越低。北京市 59 家五星级酒店中，差评率最高的是北京新世纪日航饭店（6.98%），表明每 100 人中就有将近 7 人打出差评。差评率最低的是北京泰富酒店（0.61%），整体好评度较高，这两家五星级酒店的差评率数据与评分情况中的最高分和最低分酒店情况吻合。有图评价率能侧面反映酒店评价的质量和可信度，尽管带图的评价存在好评和差评两种情况，但一般而言，带有相关图片的评价质量更高，更具真实性。北京市 59 家五星级酒店中，有图评价率最高的是北京国贸大酒店（19.43%），有图评价率最低的是北京丰大国际大酒店（3.30%）。虽然有图评价率和满意度之间没有直接关系，但提高评价特别是好评的有图比率，使评价描述更有说服力，能有效提升评论的参考价值。

表 3-3　2019 年北京市五星级酒店服务质量网络评价分析

酒店名称	全部评价数	差评数	有图评价数	差评率	有图评价率
北京东方君悦大酒店	4519	158	446	3.50%	9.87%
北京首都宾馆	6919	170	757	2.46%	10.94%
北京中国大饭店	2257	38	173	1.68%	7.67%

续表

酒店名称	全部评价数	差评数	有图评价数	差评率	有图评价率
北京香格里拉饭店	5009	155	310	3.09%	6.19%
北京昆仑饭店	4190	99	214	2.36%	5.11%
北京世纪金源大饭店	5333	172	220	3.23%	4.13%
北京世纪金源香山商旅酒店	3576	94	326	2.63%	9.12%
北京友谊宾馆贵宾楼	1425	21	69	1.47%	4.84%
北京京都信苑饭店	7308	81	360	1.11%	4.93%
北京国际饭店	5692	232	394	4.08%	6.92%
丽景湾国际酒店	3975	183	168	4.60%	4.23%
北京长城饭店	8549	413	470	4.83%	5.50%
北京长富宫饭店	4905	81	386	1.65%	7.87%
北京国际艺苑皇冠假日酒店	2849	154	193	5.41%	6.77%
北京新世纪日航饭店	7660	535	316	6.98%	4.13%
北京嘉里大酒店	3044	39	309	1.28%	10.15%
天伦王朝酒店	5071	172	429	3.39%	8.46%
北京希尔顿酒店	1716	90	84	5.24%	4.90%
北京燕莎中心凯宾斯基饭店	2726	97	199	3.56%	7.30%
北京北辰五洲皇冠国际酒店	3453	169	135	4.89%	3.91%
北京丽晶酒店	5953	96	521	1.61%	8.75%
北京千禧大酒店	5318	175	288	3.29%	5.42%
北京名人国际大酒店	2147	78	108	3.63%	5.03%
北京励骏酒店	7841	135	1407	1.72%	17.94%
北京饭店	8812	395	827	4.48%	9.38%
北京金隅喜来登酒店	1395	26	56	1.86%	4.01%
北京好苑建国酒店	2307	115	96	4.98%	4.16%
北京国宾酒店	4046	203	189	5.02%	4.67%
北京金融街威斯汀大酒店	1980	77	69	3.89%	3.48%
北京中航泊悦酒店	3109	136	125	4.37%	4.02%
北京中奥马哥孛罗大酒店	5409	132	224	2.44%	4.14%
北京新云南皇冠假日酒店	1653	29	79	1.75%	4.78%

续表

酒店名称	全部评价数	差评数	有图评价数	差评率	有图评价率
北京万达文华酒店	5084	168	303	3.30%	5.96%
北京富力万丽酒店	3346	89	177	2.66%	5.29%
北京昆泰嘉华酒店	3440	69	226	2.01%	6.57%
北京伯豪瑞廷酒店	3643	124	130	3.40%	3.57%
金茂北京威斯汀大饭店	2914	65	220	2.23%	7.55%
北京国贸大酒店	2594	34	504	1.31%	19.43%
鹏润国际大酒店	5653	126	258	2.23%	4.56%
北京西苑饭店	6386	314	459	4.92%	7.19%
北京北大博雅国际酒店	3727	131	340	3.51%	9.12%
北京中关村皇冠假日酒店	1820	42	97	2.31%	5.33%
北京西国贸大酒店	2901	149	186	5.14%	6.41%
北京龙城温德姆酒店	1349	47	80	3.48%	5.93%
北京丰大国际大酒店	3639	85	120	2.34%	3.30%
北京金融街丽思卡尔顿酒店	1019	23	54	2.26%	5.30%
北京日坛宾馆	2828	82	145	2.90%	5.13%
北京富力万达嘉华酒店	3905	131	193	3.35%	4.94%
北京泰富酒店	3270	20	258	0.61%	7.89%
世园凯悦酒店	865	25	162	2.89%	18.73%
北京瑞吉酒店	410	4	58	0.98%	14.15%
王府半岛酒店	2116	47	330	2.22%	15.60%
北京北辰洲际酒店	—	—	—	—	—
北京康源瑞廷酒店	—	—	—	—	—
北京贵宾楼饭店	—	—	—	—	—
北京华侨大厦	—	—	—	—	—
辉煌松山度假酒店	—	—	—	—	—
北京瑞麟湾温泉度假酒店	—	—	—	—	—
北京新华联丽景温泉酒店	—	—	—	—	—

资料来源：五星级酒店名单来自北京市文化和旅游局官方网站（http://whlyj.beijing.gov.cn.），网络得分来自携程网（https://www.ctrip.com）

3.3 北京市高星级酒店服务问题分析

3.3.1 设施设备亟待更新

从顾客点评中可知，4 个指标中设施部分的评价最低，顾客在对酒店进行评价时多次提到了“酒店设备设施过于陈旧”“酒店设施老旧，需要翻新了”“房间设施陈旧，散发着陈腐的气息”“房间设施都挺破旧的”“设备不完善”等类似的语句。可见，五星级酒店顾客对酒店设施设备十分重视，但是部分五星级酒店由于建成时间较早或者没有及时翻修等原因，普遍存在设施设备老化问题。还有“空调还时好时坏”“卫生间龙头也不灵”“水龙头坏的”“浴室淋浴竟然是坏的”“浴室的灯框掉下差点被砸了”等重要设施设备出现问题极易影响顾客的满意度。因此，五星级酒店应及时对酒店设施设备进行修缮和检修，做好提前发现、预防和改善工作，提升酒店设施设备质量。

3.3.2 服务意识仍需提升

在顾客点评中，大部分差评都是投诉五星级酒店的服务差、态度差，顾客在对酒店进行评价时使用了“缺乏服务意识和礼貌”“根本无法相信是五星级的服务”“酒店服务态度极差”“服务态度和方式完全达不到五星的标准”“酒店的服务态度实在太差”“服务员不热情”等评价进行点评，体现了五星级酒店的服务质量水平远达不到顾客对于高星级酒店的期待。值得注意的是，酒店的前台服务被提及频率最高，“前台工作人员业余得不能再业余态度也差”“前台服务员完全没有专业精神”“前台的速度巨慢且态度差”“前台服务特别差”“前台服务人员态度恶劣”“前台退房入住磨叽的要死”“入住的时候在前台等了很久一个接待压根不理睬”等类似语句被反复提及。除了全面提升酒店服务人员的服务意识和服务质量，更应该加强与顾客进行频繁接触的重要岗位的培训，例如，前台的工作效率低是顾客们频繁投诉的重要原因之一，因此需要通过不断培训提升工作时的服务效率和服务质量。

3.3.3 卫生问题还需改善

卫生是酒店服务最基础和最重要的问题之一，尽管北京五星级酒店卫生方面已经引起足够重视，但在网络差评中仍然出现较多投诉客房卫生问题的评论。用“拉个窗帘能掉石灰下来”“写字台都是油腻”“卫生间还有异味”“床上有上一位客人留下的头发”“房间沙发给我的感觉就是脏”“有蟑螂，投诉了也没啥用”“进房间感觉一股味道”等语句点评酒店卫生服务。客房是酒店卫生清洁的重中之重，除了保证床上和卫生间这些重要区域的清洁工作，还需要及时打扫房间每个角落和不常用区域的卫生，由于每位顾客对于卫生清洁的认知不同，酒店方更要重视卫生清扫的细节问题，力求做到最大程度的干净整洁。

3.3.4 个性化服务欠缺

标准化服务和产品趋于稳定后，酒店能否提供个性化、差异化服务是酒店获得竞争力的关键。顾客由于支付了较高的费用，对酒店个性化服务往往有更高的心理期望，当实际服务达不到心里预期时就容易产生差评，例如，评论中出现“前台服务强势，不帮忙叫车”“酒店大堂不让坐，说是必须消费点东西才可以”“态度一点也不好在大堂给孩子要瓶水都没有”“服务员毫无表情地说，超时加收半天房费，超一分钟也要收半天房费”“客人遗失东西，都不会主动联系客人”“办入住的时候，我们请求尽量安排房间的位置近一点方便照顾老人，被拒绝”“抱着孩子拉着行李，五星酒店门迎居然都不鸟你”等问题。可见，酒店员工的服务流程大多比较刻板，只求做好本职工作，缺乏对个性化服务和主动服务的意识和理解，无法在顾客需要的时候及时进行变通以满足需求。因此，五星级酒店应当培养员工的超前服务和主动服务意识，必要时应提供额外的服务以最大化地满足客户的需求。

4. 对策建议

综上所述，2019 年北京市酒店业总体发展呈现平稳态势，但仍有一部分行业指标与去年同期相比有所下降，其中呈现的问题需要酒店业积极行动并予以解决。本报告根据前文所分析的内容，从政府管理部门和酒店企业两个方面提出对策建议，以期为酒店业高质量发展提供借鉴参考。

4.1 政府相关部门方面

4.1.1 落实基本职能，做好行业发展规划

2019 年全国文化和旅游部局长会议上确定了 2019 年十大工作任务，其中便强调“扎实做好各项基础保障工作”“大力加强市场培育监管”。在旅游业市场全球化如此迅速的今天，政府要在尊重市场规律的前提下，落实好基本职能，通过创建一系列制度来规范、稳定和引导市场发展。

对此，北京市文化和旅游局《关于促进乡村民宿发展的指导意见》指

出，“要坚持政府引导，市场主导原则，强化政府在政策扶持、公共服务、规范管理、环境营造等方面的作用，建立良好的推动乡村民宿发展的体制机制……引导和支持由村集体经济组织统筹，农户和社会资本参与的乡村民宿经营建设，努力打造政府引导、市场主导、全社会参与的乡村民宿发展格局”；同时，《关于推进北京市文化和旅游融合发展的意见》也提到，在文旅产品体系方面，北京将紧扣古都文化、红色文化、京味文化、创新文化四大主题，打造文旅融合新产品新业态。例如，北京的皇家驿站酒店，融合了以四合院为主要特点的北京风格，周围古树列道，古屋环绕，牢牢抓住了顾客的文化体验需求；又如北京的颐和安缦酒店，其酒店设计由一系列院舍结集而成，当中有些更是逾百年历史的建筑。其客舍及套房汲取了传统中国建筑的美学特征，以及颐和园一脉相承的庭院风格，还会定期举办传统工艺活动，传承经典的传统文化，真正将“文化”和“旅游”融合在一起。上述两个酒店都紧扣首都文化的内涵特征，突出酒店特色，展现大国首都形象和中华文化魅力，抓住了来京旅游顾客住宿的文化需求。

4.1.2 提升行业监管水平，完善治理体系和能力

政府需要及时制定、更新和落实好一系列发展旅游业、住宿业的政策，科学的政策有利于宏观调控的规范化运行。政府政策具有权威性，政策推行过程中，旅游业、住宿业会呈现出蓬勃发展的势头，长远来看，住宿业发展需要全方位的集目标、组织、规划开发、促销等要素于一体的政策支持体系，提高行业监管，为旅游业发展提供一个良好的生态环境。同时，政府要及时制定、更新旅游市场法规、条例和规定，加强监管，提供公共性服务，收集和发布旅游信息。例如，2019 年底，北京出台了《关于推进北京市文化和旅游融合发展的意见》，指出在市场治理上，聚焦百姓关注的非法一日游、核心区旅游降密、行业秩序监管等问题，也将出台具体举措，为市民和游客打造更为贴心、舒心和安心的旅游住宿环境。

在完善治理体系和能力方面，要按照“综合监管、部门联动、属地落实”思路，持续开展市场治理专项行动，全力遏制非法“一日游”；深化“放管服”改革，规范审批业务制度和营商环境。以星级饭店、A 级旅游景区、等级旅行社的复核评定为手段，加大行业日常管理力度，加强信用监管和诚信体系建设，建立数据共享平台，推动信用联合奖惩机制，提高事中事后监管能力；提升公共服务水平，深入推进旅游公共服务设施提升改造工程，继续实施“厕所革命”新三年计划，完善旅游公交和智慧旅游配套政策，健全旅游志愿者法规制度体系，推进旅游及住宿企业进社区活动，倡导企业承担相应社会责任。

4.2 住宿企业方面

4.2.1 乘上东风——拥抱数字化，注重精准营销，提高收益管理能力

前文分析指出，2019 年北京市星级酒店市场出现了负增长的情况。对于此，不仅仅是星级酒店，非星级酒店和社会旅馆也需要引起重视，提升企业的经营能力和收益管理能力。

在数字化转型开展得如火如荼的今天，依赖传统渠道搜集信息的方式已经落伍，数字化时代的到来使酒店能够更快、更轻松地降低成本并获取利润，从而酒店开展精准营销、展开收益管理必须以大数据为依托。依靠数据，酒店可以对海量的客户信息数据进行挖掘、分析，得出客户对酒店的需求和订购习惯，根据用户的兴趣爱好、在某一时间点的需求，做到细分用户实施一对一的营销，让业务的营销做到有的放矢；依靠数据可以统计大量历史数据，预计定价趋势，收集酒店周边重大赛事、会议活动，提高收益管理能力。

例如，旅悦旗下酒店的门店管理主要是利用旅悦集团自主研发的 XPMS 系统实现，根据非标住宿行业的特点，旅游集团的 XPMS 在智能定价等方面都在标准酒店的基础上做了较大的改进。既参照酒店自身的数据，如日常价格波动、去年同期价格，又参照酒店外部数据，如周边竞争对手、市场流量分析，并通过大数据技术实时更新自身和市场的信息数据，及时并精准地调整价格。华住酒店集团一直致力于用技术“让天下没有难管的店”，其推出智能化收益管理系统之后，解放了酒店店长的工作量，并且提高收益；同时，美团点评也致力于用数字化赋能于包括酒店业在内的生活服务业，从而成立了美团大学，课程主要分为公开课、金牌店长班、酒店互联网营销师、收益管理师等，其中美酒学院公开课和酒店互联网营销师为具有公益性质的免费课程。

4.2.2 百花齐放——积极发展行业新业态，提高整体服务质量

根据前文的分析得出，2019 年北京市非星级酒店、社会旅馆等住宿业态总体形势向好。其中，民宿是最具代表性的一个细分业态，其原因之一在于正在崛起的新生代的消费理念和消费方式越来越注重个性化，过去几年住宿新业态的发展在满足住宿消费市场的这类需求上发挥了重要作用。随着近几年北京乡村旅游发展浪潮，企业可配合政府乡村扶贫攻坚、实现乡村振兴和发展乡村旅游，支持各地盘活空置农房、闲置集体资产等，分

门别类，打造一批富有吸引力的片区特色民宿集群。例如，延庆区借助世园会、冬奥会等重大发展契机，在推进美丽乡村建设的同时也升级乡村旅游民宿产业，124 家独具世园园艺特色的品牌民宿——“世园人家”为世园会提供了充足的支持，其山楂小院、原乡里等 7 家民宿荣获首批“中国好民宿”称号，到冬奥会召开前，延庆将打造一批具有地方特色的乡村民宿，形成“奇迹长城”“缤纷世园”“激情冰雪”“生态画廊”四大民宿集聚区；怀柔区也大力盘活闲置农宅，扶持高端精品民宿产业建设，支持农家院或农户升级改造，全区已经形成了以渔塘、老木匠、坚果农庄为代表的一批高端精品民宿；门头沟区也设立了连续 4 年总额 8 亿元的专项资金，集成 6 个相关部门 23 项政策，推出“10+1+N”《精品民宿政策服务包》，涌现出了“槐井石舍”“爨舍”“一瓢客栈”等一批深受游客喜爱的精品民宿。

除民宿之外，长租公寓也是近几年北京住宿业快速发展的新业态。北京市十五届人大二次会议上陈吉宁提出：2019 年要更好解决群众住房问题。完善住房市场体系和住房保障体系，保持房地产市场平稳健康发展。完成 1200 公顷住宅供地，加快已供地住宅项目开工建设和入市步伐。随着相关利好政策陆续出台、个体居住者的消费升级和住房租赁领域的金融创新等一系列改革发展，开发商、机构投资者、中介等各路人马纷纷抢滩长租公寓市场。在北京的长租公寓市场排名前十的企业中，乐乎公寓摘得“已开房源”和“已开门店”双料榜首，稳居门店数达到 31 家，总房源达到 8440 间，较排名靠后的企业有明显优势。当前北京市已开业的门店，以中资产、轻资产的运营模式为主。

此外，据前文分析，服务质量是北京住宿行业的一大痛点。随着人们收入和消费水平的持续提高，以及中产阶层人群的不断扩大，人们对中高端生活服务需求也将相应扩大，对住宿的需求也将从早期阶段的经济型消费转向舒适型、品质型的中高端消费，同时北京“四个中心”战略定位、北京东奥会的举办等都将对北京住宿业提出更高要求，进一步改善服务质量是重中之重。酒店要以优质核心服务为前提，必须以优质的核心服务满足来店客人的最基本需求，在此前提下才谈得上提供个性化、优质化服务。

从当前北京市住宿业现状来看，优质的核心服务需要围绕设施设备更新、员工服务意识提升和卫生状况改善三大方面。首先，从硬件上来看，相对较高的住宿价格若无法匹配与之对应的设施设备，极易影响消费者的住房体验感，而这也是北京住宿业存在的通病。其次，从软件上来看，良好的服务态度和服务意识是服务业生存发展的重中之重，对经济型酒店和中高端酒店都十分重要，例如，以经济型酒店为主的时光漫步主题酒店奉行“大度经营、服务致胜”经营理念，力求打造“酒店界的海底捞”，广受消费者好评。最后，酒店要明确、挖掘、发展自身优势，形成酒店自己的经营特色，个性化服务可给客人留下深刻、独特的印象，取得良好的营销效果；再如北京宴，其董事长说服务的本质就是“为他人做事情，做他人需要的事情”，北京宴凭借着自身的专业、用心、热情、敬业、团队、亲情和执着打造了一流的“中国服务”。

4.2.3 居安思危——增强忧患意识，提高危机管理能力

酒店作为公共场所，人流量大、安全管理涉及范围较广，几乎包括酒店的各个部门和每项工作，酒店安全管理工作应体现以预防为主的方针。

在所有危机中，卫生安全事故尤其要注意警惕，酒店最基础的职能便是给客人提供住宿服务，酒店内来往人员复杂且密集，而北京这一特殊的地理位置又提高了北京往来人员的复杂性，容易滋生卫生安全事故。因此，北京的住宿企业尤其要注意卫生安全管理。例如，在员工管理方面，要敦促勤洗手，咳嗽、打喷嚏时捂住口鼻，防止将病菌传染给顾客；工作人员上岗前进行健康摸排，若出现发热症状的员工，要立即停工，及时就医。在房间区域管理上，注意开窗通风，保持室内空气流通；中央空调具备新风功能，需关闭回风、使用全新风运行；打扫房间时要先清洁，再消毒；酒店布草严格做到一客一换一消毒，必要时可采买密封客耗品。在公共区域的管理上，对于电梯、通道、大堂、前台、公共卫生间使用1∶30稀释后的84消毒液，对酒店出入口及各通道门拉手、楼梯扶手、电梯按键、地面地板等公共设施进行喷洒、擦拭消毒；对于工作间，每日对布草存放点、清洗消毒间等工作间做紫外线消毒处理不低于30分钟。只有时时刻刻保有安全意识，酒店业在面对不可抗的风险时才能尽可能大地减少损失、平稳度过。

2019 年北京市民宿业发展报告[①]

谷慧敏，李亚莉，刘　艳，黄　伟

民宿作为旅游休闲和现代服务业的新型业态，在北京四个中心建设和乡村振兴中发挥着重要作用。而随着城镇化进程的加快、京津冀协同发展的持续推进、京郊旅游的大力发展和乡村旅游政策扶持力度的不断加大，民宿已经成为北京市现代旅游发展体系中的重要部分，并创造了大量就业机会。同时，冬奥会相关项目的承办带动了冰雪旅游的发展，尤其为延庆区等地民宿业在冬季的发展提供重要契机，北京民宿业有望加速迎来新一轮提质升级。

本报告对 2019 年北京市民宿业的市场规模、市场结构、房东结构和客源市场结构等基本情况、政策环境、现存问题进行了全面分析和总结，并针对相关问题，提出相应的对策和建议。

1. 2019 年北京市民宿业基本情况

本报告中的民宿是以互联网平台为依托，整合共享海量、分散的住宿资源，满足多样化住宿需求的住宿形态[②]，这其中既包含城市民宿，也包括乡村民宿。

---

① ［作者简介］谷慧敏，女，湖北钟祥人，博士，北京第二外国语学院旅游科学学院、北京旅游发展研究基地教授，主要从事旅游和酒店管理研究；李亚莉，女，河北秦皇岛人，北京第二外国语学院旅游科学学院、北京旅游发展研究基地 2019 级硕士研究生，研究方向为旅游和酒店管理；刘艳，女，湖南衡阳人，北京第二外国语学院旅游科学学院、北京旅游发展研究基地 2019 级硕士研究生，研究方向为旅游和酒店管理；黄伟，男，安徽合肥人，小猪民宿公共事务负责人，首部民宿行业标准《共享住宿服务规范》主要起草人，兼任国家标准委共享经济标准化技术委员，研究方向为旅游和酒店管理。本项目受国家社科基金后期资助项目（19FGLB002）资助。

② 国家信息中心分享经济研究中心，《中国共享住宿发展报告 2020》，2020 年 7 月。

1.1 民宿市场规模

2019 年北京民宿市场规模居全国首位，三大经营指标（入住率、平均房价、RevPAR）超全国平均水平，北京地区民宿搜索指数远超全国其他城市。

（1）市场规模

北京是全国各城市中规模最大的民宿市场，2019 年北京房源量、间夜量、订单量均为全国第一。

2019 年房源量 TOP10 城市为北京、上海、成都、广州、三亚、重庆、厦门、杭州、西安、青岛，如图 1–1 所示。

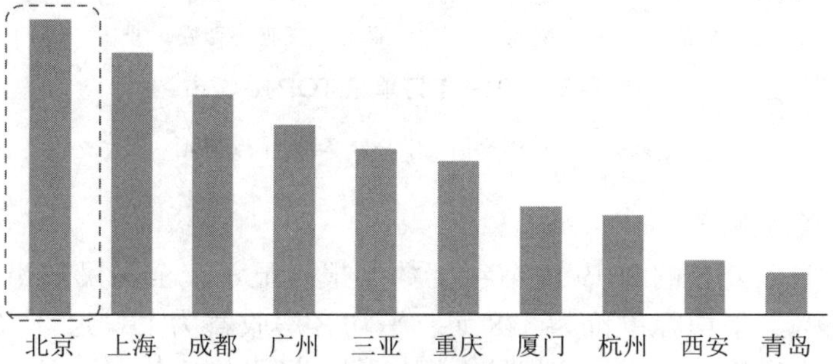

图 1–1　2019 年房源量 TOP10 城市

数据来源：国家信息中心分享经济研究中心

2019 年间夜量 TOP10 城市为北京、成都、重庆、上海、厦门、三亚、广州、西安、丽江、杭州，如图 1–2 所示。

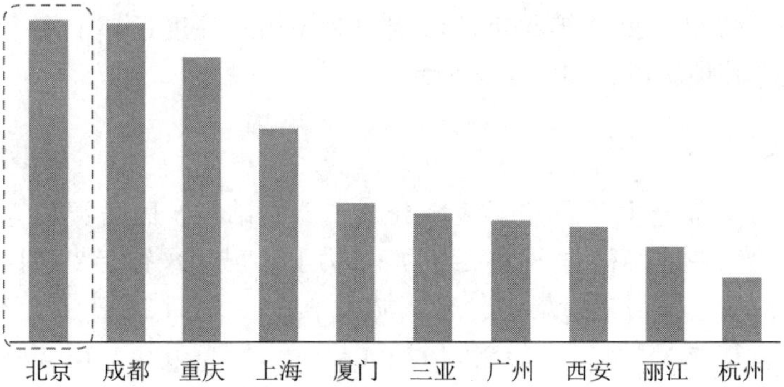

图 1–2　2019 年间夜量 TOP10 城市

数据来源：国家信息中心分享经济研究中心

2019 年订单量 TOP10 城市为北京、成都、广州、杭州、上海、丽江、三亚、西安、重庆、厦门，如图 1–3 所示。

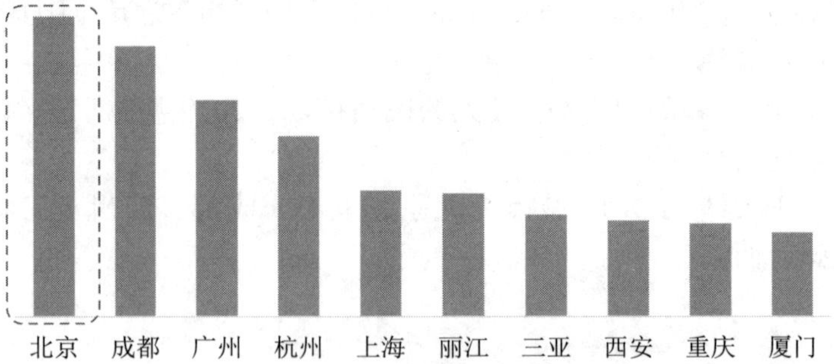

图 1–3　2019 年订单量 TOP10 城市

数据来源：国家信息中心分享经济研究中心

（2）经营情况

据云掌柜公布的 2019 民宿年度数据报告显示，全国民宿市场平均入住率为 39%、平均客单价为 348 元、平均客房收益为 136 元[①]。2019 年北京民宿平均房价为 356 元，相较全国民宿市场平均房价高 8 元，平均入住率 76.5%，较全国平均入住水平高 37.5%，每间可售房收入（RevPAR）为 272.34 元，是全国平均客房收益的两倍[②]。

（3）搜索指数

北京地区用户民宿搜索指数远超其他城市位列全国第一，民宿搜索指数排名前十城市依次为北京、上海、成都、杭州、重庆、广州、深圳、武汉、西安、郑州。2019 年北京地区用户对民宿关注度远超上海、成都、杭州、重庆等其他城市，如图 1–4 所示。

1.2 民宿市场结构

民宿市场部分主要研究了区域分布、档次结构、民宿类型等内容。具体来看，北京在线民宿总房源数约为 3.6 万套，城市民宿与乡村民宿数量比约为 3∶1，城市民宿主要集中分布在城市中心，乡村民宿主要分布在延庆、怀柔、密云等京郊地区；民宿价格整体呈金字塔型分布，以 200~399 元价

① 云掌柜,《2019 民宿年度数据报告》，2020 年 2 月。
② 数据来源：小猪民宿。

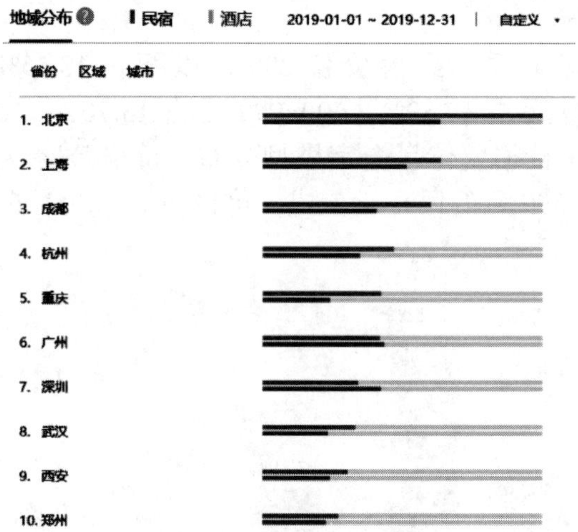

图 1–4　百度搜索地域分布

数据来源：百度

格区间为主，但整体价格水平较高；民宿房屋装修风格多样，以一居或二居房型整体出租居多。

（1）区域分布

从区域分布来看，朝阳区、海淀区、丰台区的民宿数量位居北京前三，朝阳区民宿数量最多，接近一万套。其中，城市民宿主要集中分布在朝阳、海淀、丰台、东城等城市中心地区，乡村民宿主要分布在延庆、密云、怀柔、房山、平谷等京郊地区，如图 1–5 所示。

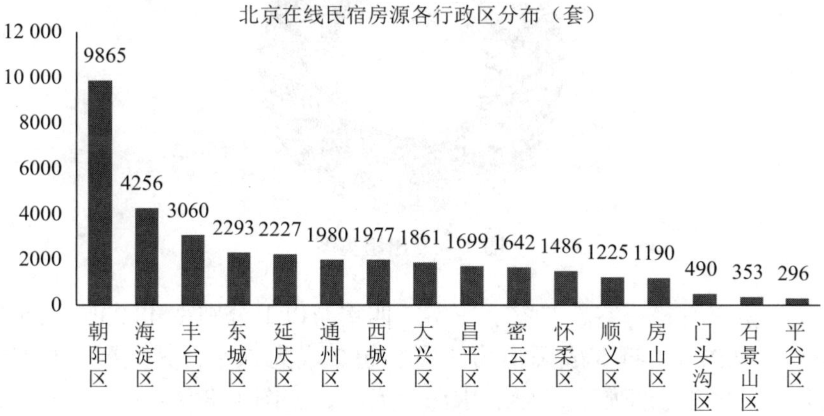

图 1–5　北京在线民宿房源数各行政区分布

（2）档次结构

从价格区间来看，民宿价位 200 元以下占 13.55%，200~399 元占 46.22%，400~599 元占 17.89%，600~999 元占 13.70%，1000 元及以上占 8.64%。北京民宿价格整体呈金字塔型分布，价格跨度较大、整体价格偏高，价格为 200~399 元的民宿近 5 成，价格 400 元以上的民宿近 4 成，如图 1–6 所示。

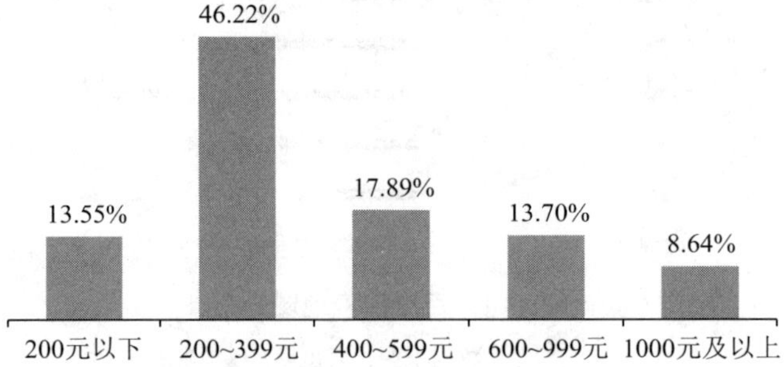

图 1–6　北京民宿价格分布

（3）民宿类型

整套出租占 80.21%，独立单间或合住房间占 19.79%。整套出租民宿超 8 成，如图 1–7 所示。

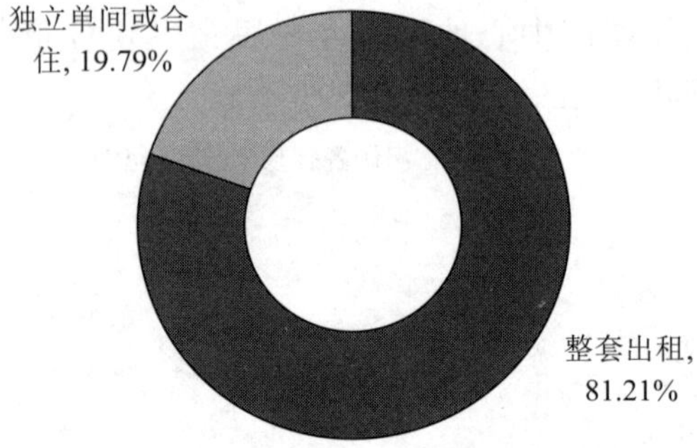

图 1–7　出租类型

从户型来看，一室、二室、三室、四室及以上分别占 48.23%、25.12%、13.68%、12.97%，近 5 成民宿为一室、超 2 成为二室，其主要目标群体为家庭亲子、情侣、商旅、求学、求医等人群，如图 1–8 所示。

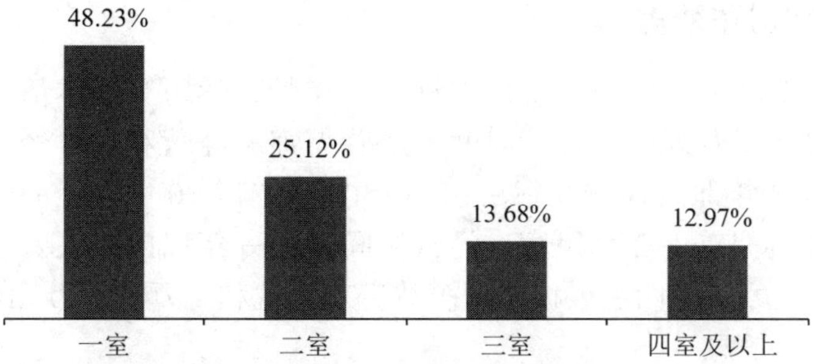

图 1–8　民宿户型

从城乡民宿数量来看，城市民宿占 73.66%，乡村民宿占 26.34%，城市民宿占比较大，城市、乡村民宿比约为 3∶1，如图 1–9 所示。

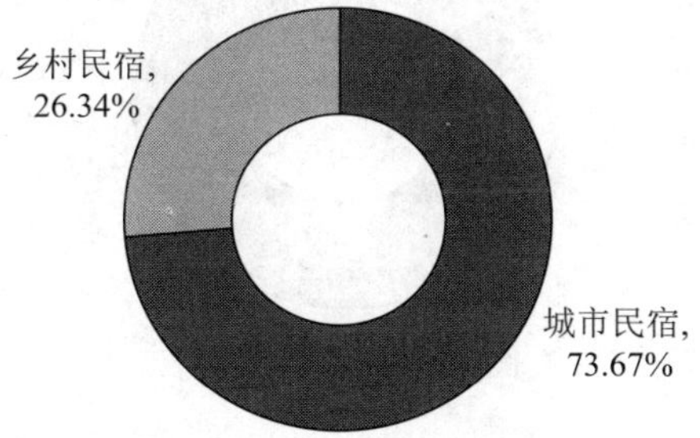

图 1–9　城乡民宿数量比

房屋风格方面，民宅、乡村民宿、精品民宿、别墅、轰趴房、四合院分别占 65.74%、23.54%、2.36%、4.96%、0.88%、2.52%，其中民宅最多近 7 成，乡村民宿超 2 成，四合院占比不大但独具北京地方特色，如图 1–10 所示。

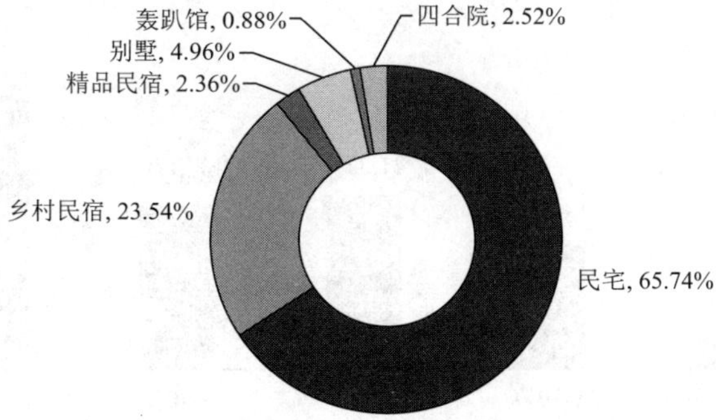

图 1–10　房屋风格

1.3 民宿房东结构

民宿房东部分主要研究了房东性别、年龄、学历等基本情况和工作性质、所有权、经营规模、经营时间、经营渠道、经营利润等经营情况。具体来看，2019 年北京在线民宿房东约 8500 人，以 30 岁以上的兼职女性房东居多，普遍拥有 1~2 套民宿，经营时间多为一年以内，主要经营平台为小猪民宿、途家、美团、爱彼迎，多数房东年盈利 1 万 ~10 万元。

（1）基本信息

性别方面，男性占 40.82%，女性占 59.18%，男女性别比约为 2∶3，如图 1–11 所示。

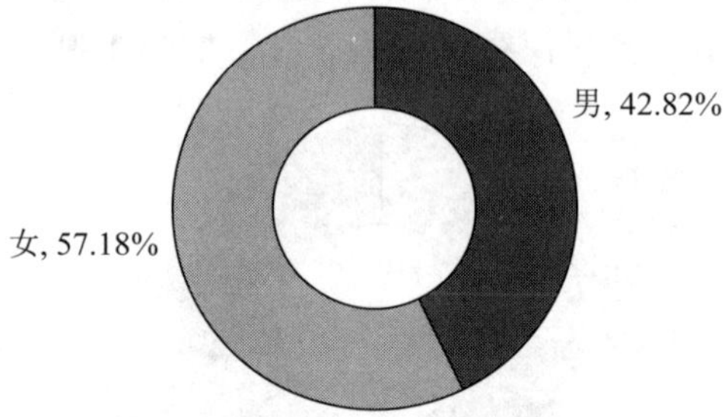

图 1–11　房东性别

年龄结构方面，25 岁以下、25~30 岁、31~35 岁、36~40 岁、40 岁以上的用户占比分别为 4.02%、15.23%、21.23%、20.02%、39.50%。其中，35 岁以上房东超 5 成，北京地区房屋租金偏高，经营民宿的资金成本等硬门槛相对较高，需要一定的经济基础，因此，相较全国其他城市，北京房东年龄偏大，如图 1–12 所示。

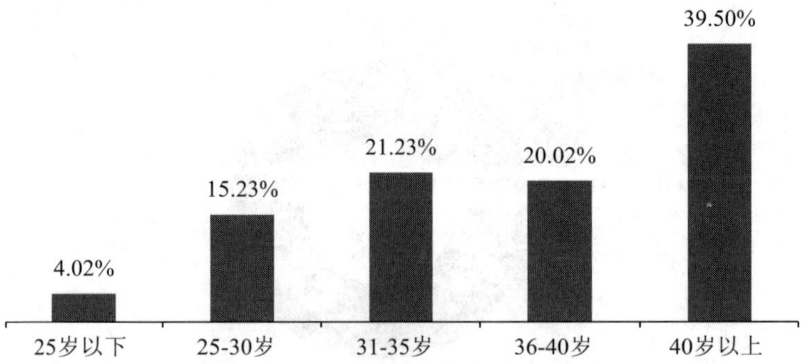

图 1–12　房东年龄

教育背景方面，高中及以下学历占 15.50%，大学专科学历占 29.53%，大学本科学历占 45.42%，硕士及以上学历占 9.55%。总体上，大学本科及以上学历约占 5 成，可以看出北京民宿房东学历普遍较高，如图 1–13 所示。

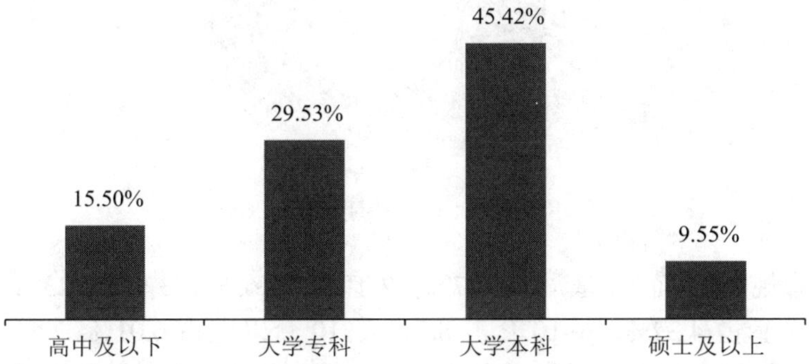

图 1–13　房东学历

（2）经营情况

工作性质方面，全职房东占 36.52%，兼职房东占 63.48%，全职和兼职房东比为 2∶3，如图 1–14 所示。

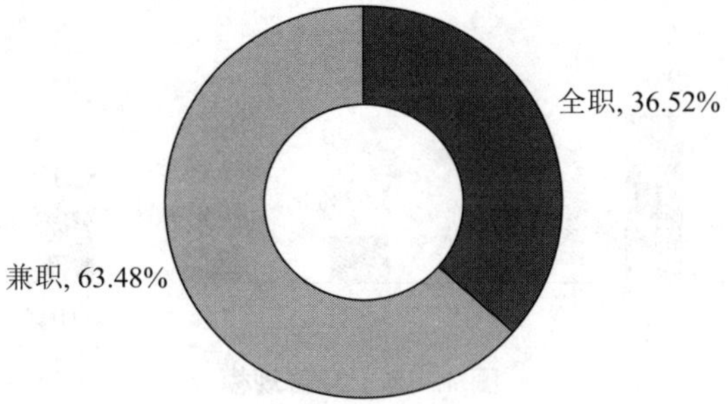

图 1–14 工作性质

房屋所有权方面，个人房东占 20.07%，非个人房东占 79.93%。北京民宿房东中，以二房东为主，约占 8 成，个人房东的房东总量小，如图 1–15 所示。

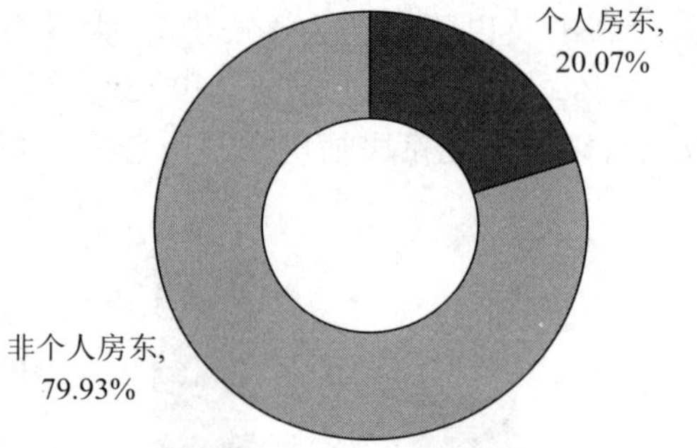

图 1-15 房屋所有权

经营规模方面，1 套占 46.07%，2 套占 19.63%，3 套 10.23%，4 套占 5.53%，5 套占 4.32%，6~10 套占 8.21%，10 套以上占 6.01%。不同规模的房东均有涉及，其中主要集中在 1~2 套，约占 66%，6 套及以上约占 14%，如图 1-16 所示。

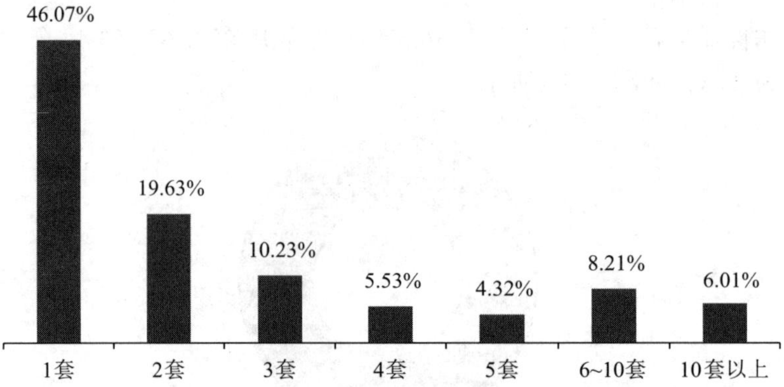

图 1-16 经营规模

经营时间方面，经营时间半年以内占 37.64%，半年到 1 年占 16.34%，1~3 年占 34.38%，3 年及以上占 11.64%。民宿房东普遍经营时间较短，平均经营时间约一年半，经营半年以内房东人数最多约占 4 成，其次为经营 1~3 年房东超 3 成，经营 3 年及以上房东数量最少仅 1 成，如图 1-17 所示。

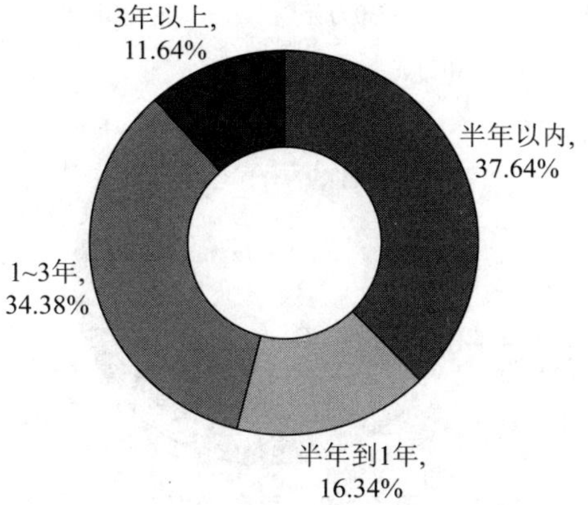

图 1–17　经营时间

经营渠道方面，民宿经营平台中小猪民宿占 79.02%，途家占 74.12%，美团占 66.23%，爱彼迎占 47.02%，其他为 33.61%。北京房东主要经营平台为小猪民宿、途家、美团、爱彼迎等，其中不乏多平台经营的情况，如图 1–18 所示。

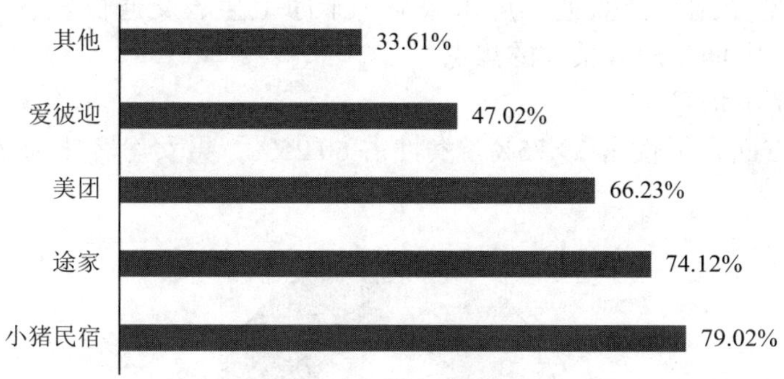

图 1–18　经营渠道

从盈利情况来看，盈利小于 1 万元占 33.74%，1 万 ~10 万元占 53.67%，10 万 ~30 万元占 7.19%，30 万元以上占 5.40%。民宿房东普遍盈利 1 万 ~10 万元，头部房东赚取更多利润，如图 1–19 所示。

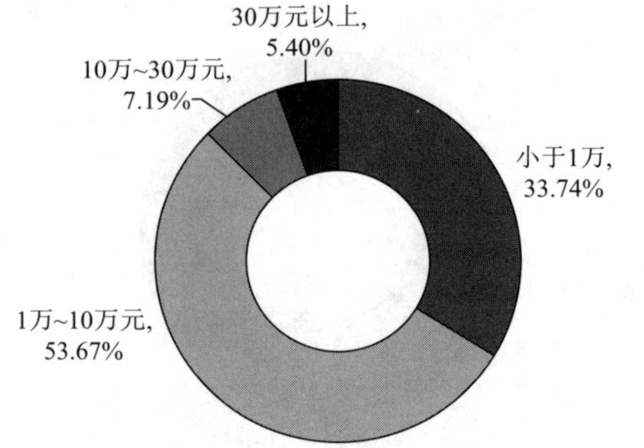

图 1-19　盈利情况

1.4 民宿客源结构

民宿客源部分主要研究了性别、年龄等基本信息和入住房型、出游目的、满意度、用户关注、评论关键词等用户偏好。具体来看，北京民宿房客以 18~35 岁青年女性为主，出游目的以家庭亲子或情侣出游为主，一室或二室房型受到广泛欢迎，房东服务、干净卫生、交通位置、服务设施、装修风格等方面是房客关注的焦点①。

（1）基本信息

性别方面，男性占 39.75%，女性占 60.25%，男女房客比为 2∶3，如图 1-20 所示。

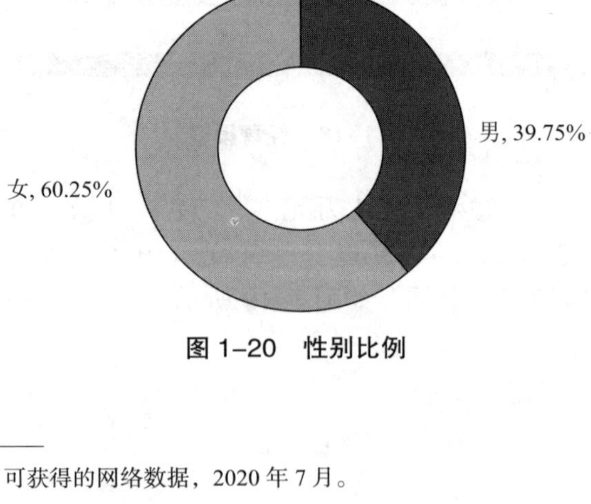

图 1-20　性别比例

① 数据来源：可获得的网络数据，2020 年 7 月。

年龄方面，18 岁以下、18~25 岁、26~35 岁、36~45 岁、45 岁以上的房客占比分别为 1.46%、41.27%、35.01%、15.64%、6.62%，主要客群为 18~35 岁的青年人，如图 1–21 所示。

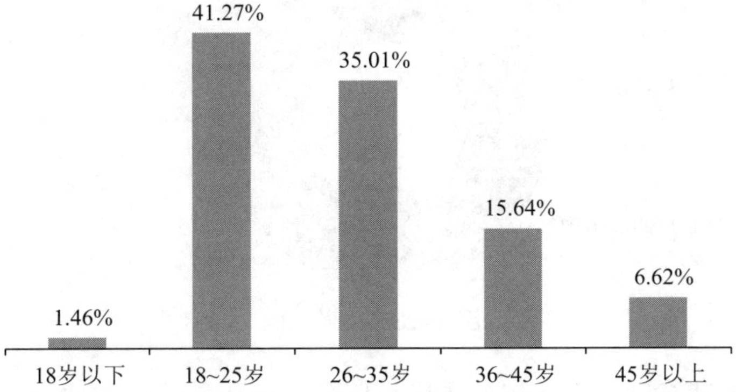

图 1–21　年龄结构

（2）用户偏好

从入住房型来看，一室、二室、三室、四室及以上分别占 56.56%、27.79%、6.42%、9.23%，超过 5 成房客选择入住一室，超 3 成房客入住二室或三室民宿，入住四室及以上民宿近 1 成，如图 1–22 所示。

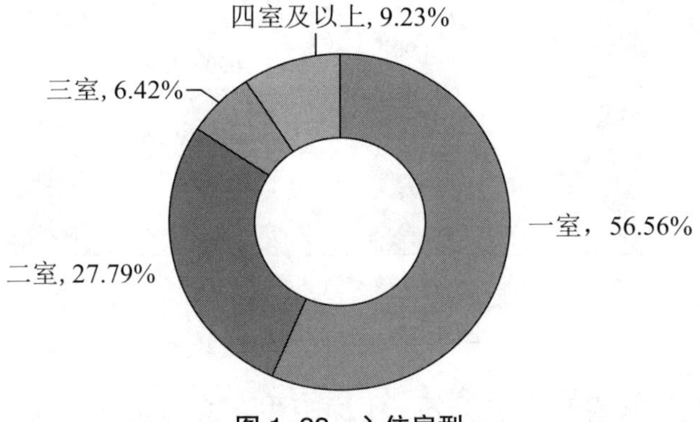

图 1–22　入住房型

出游目的方面，家庭亲子、情侣出游、聚会团建、商务出差、独自旅行和其他的房客分别占 57.98%、16.91%、8.85%、8.63%、3.07%、4.56%。家庭出游占大多数，近 6 成；其次为情侣出游，约 2 成；聚会团建、商务出差和独自旅行的房客近两成，如图 1-23 所示。

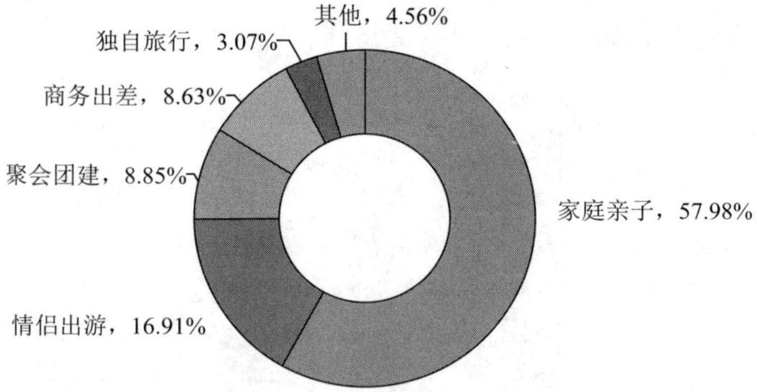

图 1-23 出游目的

从房客满意度来看，依次是房东服务、房屋装修、房间卫生和交通位置，其中对房东服务最为满意，对交通位置满意度较低，房屋装修、房间卫生相差不大。说明北京部分民宿无法很好地满足房客对交通位置的需求，且房间卫生和房屋装修仍有一定的进步空间，如图 1-24 所示。

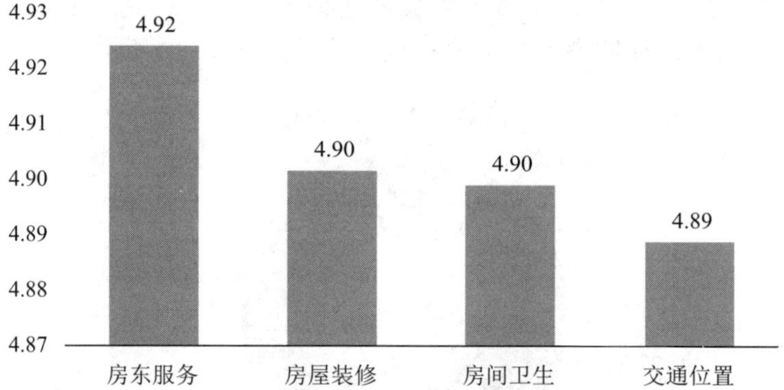

图 1-24 整体满意度

从房客关注来看，房东服务、干净卫生、交通位置、服务设施、装修风格、环境安静分别占 30.66%、27.04%、18.18%、11.36%、8.12%、4.64%。其中房东服务和干净卫生是房客关注的重点，约占 5 成，并且干净卫生是房客长期关注的问题；其次是交通位置，北京主要依靠地铁、公交等交通工具，因此房客极其关注交通是否便利，而京外地区的游客更加关注周边是否临近景点、是否有餐饮购物等配套设施，如图 1–25 所示。

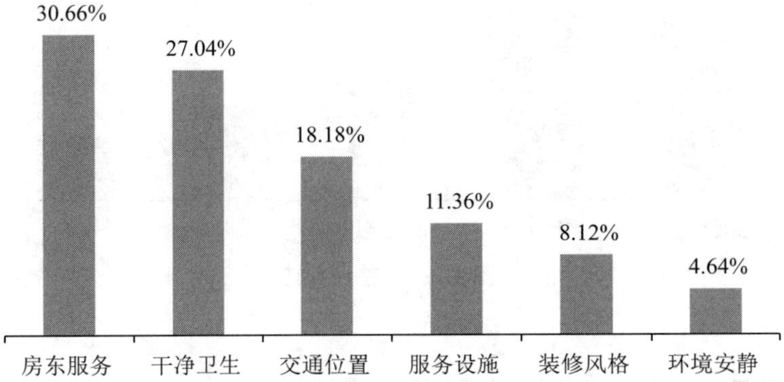

图 1–25　用户关注

房客好评主要集中在房间干净、老板服务、交通位置、房间设施、房屋装修，如图 1–26 所示。差评主要集中在房间空间小、交通不便、设施老旧、环境噪声和房间卫生差，如图 1–27 所示。表明大多数房客对民宿房东的服务比较认可；一部分房客对入住的民宿房间卫生较为满意，但仍有部分房客对房间卫生不满意；交通位置是房客较为关注的问题，房客对此看法不一；民宿服务设施参差不齐，还需进一步完善；此外，部分房屋装修风格虽然受到了房客的好评，但仍有房客认为所住民宿房间空间较小。

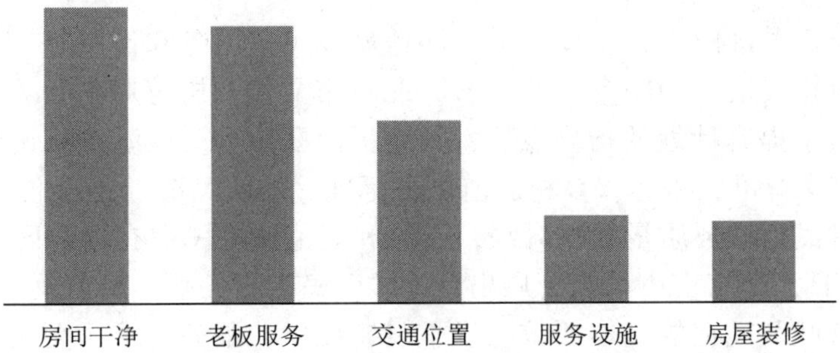

图 1–26　好评关注

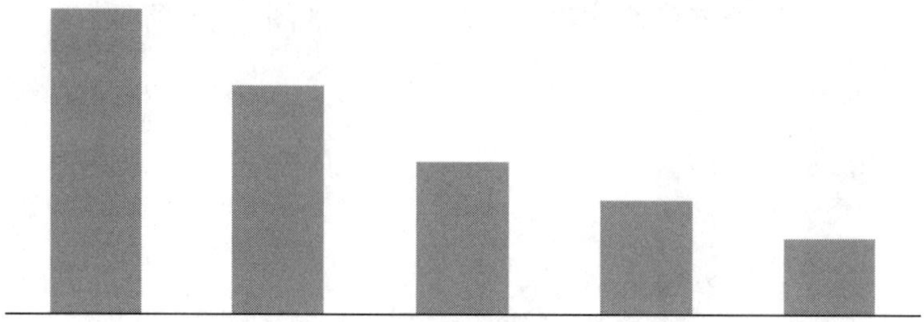

图 1–27 差评关注

2. 北京民宿市场相关规范和促进措施

随着国务院办公厅关于促进全域旅游发展的指导意见和国务院办公厅关于进一步激发文化和旅游消费潜力的意见等先后出台，国内旅游实现快速发展，我国民宿产业逐渐发展壮大。

北京市也积极出台民宿发展相关措施，既让民宿的发展不断走向规范之路，又进一步推动城乡民宿蓬勃发展，其内容主要包括制定标准、产业促进和活动举措三个方面。

2.1 制定标准

政府相关部门出台多项标准，涵盖城乡民宿服务和设施等方面，促进民宿规范化发展。2019 年 3 月 6 日，北京市文化和旅游局发布关于实施旅游服务质量提升计划的指导意见，其中提出要出台《旅游民宿设施与服务规范》国家标准，来完善乡村旅游服务标准，加快民宿行业标准全面实施，推动乡村民宿服务质量提档升级，引导和规范城市民宿有序发展。2019 年 10 月 29 日，北京市市场监管局出台《城区民宿服务基本要求及评定》，规定了北京城区民宿的基本要求、设施设备要求、服务要求、文化特色和评定条件，来塑造北京旅游品牌，规范北京城区民宿的服务、提升其服务质量，满足旅游者深度体验需求。

2.2 产业促进

政府相关部门出台多项产业促进政策，主要针对消费活力和新业态等方面，加快民宿发展步伐。2019 年 3 月 6 日发布的关于实施旅游服务质量提升计划的指导意见不仅制定了民宿相关标准，其中还指出要加强对旅游住宿新业态的引导和管理，进一步提高汽车露营地、汽车旅馆等住宿新业态的服务水平。2019 年 4 月 28 日，2019 年北京市文化和旅游促消费措施十二条中指出以全域旅游示范区促进京郊旅游消费升级，在 1.5 亿元年度旅游产业专项资金中重点支持京郊发展精品民宿、乡村民宿和自驾驿站。2019 年 8 月 23 日，国务院办公厅关于进一步激发文化和旅游消费潜力的意见提出要着力丰富产品供给，规范旅游民宿市场，推动星级旅游民宿品牌化发展。2019 年 12 月 23 日，北京市文化和旅游局发布关于促进乡村民宿发展的指导意见，重点解决了乡村民宿经营合法性和审批监管等难题，并将乡村民宿界定为新型业态。同时，进一步指出，到 2022 年，实现北京市乡村民宿从规模到质量的全面提升，力争在全市推出一批乡村精品民宿，打造一批乡村民宿特色乡镇，提升全市乡村民宿接待能力和服务水平，使乡村民宿规划更加合理、发展更加有序、产品更加丰富、特色更加鲜明、服务更加规范、市场体系更加健全。

2.3 活动举措

政府相关部门推出多种项目活动，包括主题线路、联合行动和工作方案等，促进北京民宿业蓬勃发展，如表 2–1 所示。2019 年春节期间，北京市文化和旅游局推出民宿乡里话新年，“住民宿过大年”系列主题线路，通过甄选京郊特色民宿资源，隆重推出系列春节主题线路，将京郊年味儿最红火、最美味、最新意、最时尚的精品民宿推介给广大市民及游客。2019 年 12 月 10 日，京津冀三地文旅部门共同发布《京津冀促进冬季文旅发展区域合作联合倡议书》，其中北京延庆区着重推进整合“冰灯 +”“世园 +”“住宿 +”等惠民套餐，形成“宿”延庆旅游产品，打造冰雪度假目的地。2019 年 12 月 27 日，京郊精品酒店建设试点工作推进方案首次明确了郊区精品酒店的四种开发模式。其中，老旧设施改造模式意味着京郊废弃工业厂房和仓储用房将被鼓励盘活再利用成为特色旅游住宿业态。

表 2–1　北京市民宿发展相关措施

发布时间	发布机构	相关措施	重点内容
2019 年 01 月 28 日	北京市文化和旅游局	民宿乡里话新年，“住民宿过大年”系列主题线路	甄选了京郊特色民宿资源，隆重推出系列春节主题线路，将京郊年味儿最红火、最美味、最新意、最时尚的精品民宿推介给广大市民及游客

续表

发布时间	发布机构	相关措施	重点内容
2019 年 03 月 6 日	北京市文化和旅游局	关于实施旅游服务质量提升计划的指导意见	（1）提出出台《旅游民宿设施与服务规范》国家标准，推动乡村民宿服务质量提档升级，引导和规范城市民宿有序发展。 （2）加强对旅游住宿新业态的引导和管理，进一步提高汽车露营地、汽车旅馆等住宿新业态的服务水平
2019 年 04 月 28 日	北京市文化和旅游局	2019 年北京市文化和旅游促消费措施十二条	以全域旅游示范区促京郊旅游消费升级，在 1.5 亿元年度旅游产业专项资金中重点支持京郊发展精品民宿、乡村民宿和自驾驿站
2019 年 08 月 23 日	国务院办公厅	国务院办公厅关于进一步激发文化和旅游消费潜力的意见	着力丰富产品供给，规范旅游民宿市场，推动星级旅游民宿品牌化发展
2019 年 10 月 29 日	北京市市场监管局	《城区民宿服务基本要求及评定》	规定了北京城区民宿的基本要求、设施设备要求、服务要求、文化特色和评定条件
2019 年 12 月 10 日	京津冀三地文旅部门	《京津冀促进冬季文旅发展区域合作联合倡议书》	推进整合“冰灯 +”“世园 +”“住宿 +”等惠民套餐，形成“宿”延庆旅游产品，打造冰雪度假目的地
2019 年 12 月 23 日	北京市文化和旅游局	关于促进乡村民宿发展的指导意见	（1）重点解决了乡村民宿经营合法性和审批监管等难题，将乡村民宿界定为新型业态。 （2）到 2022 年，实现全市乡村民宿从规模到质量的全面提升，力争在全市推出一批乡村精品民宿，打造一批乡村民宿特色乡镇，提升全市乡村民宿接待能力和服务水平
2019 年 12 月 27 日	市文化和旅游局会同市发展改革委、市规划自然资源委	京郊精品酒店建设试点工作推进方案	《试点方案》首次明确了郊区精品酒店的四种开发模式其中，老旧设施改造模式意味着京郊废弃工业厂房和仓储用房将被鼓励盘活再利用成为特色旅游住宿业态

资料来源：北京市人民政府及文化和旅游局

与此同时，北京市各区纷纷响应政府，积极开展相关活动，不断推动民宿行业发展，激发行业发展活力。

各区活动主要包括改造项目、交流和考察、旅游帮扶、宣传活动、民宿建设等方面，具体如表 2-2 所示。

表 2-2　北京市各区民宿发展相关活动

北京市各区	项目活动	活动时间	主要内容
东城区	申请式改善推动共生院改造	2019 年 1 月 15 日	以青年公寓的形式引入新青年，或者以院落体验式酒店或民宿引入游客
西城区	韩国首尔中区学生民宿交流团访问西城区	2019 年 9 月	推出具有中韩两国特色的节目，通过文艺联欢，加深了对彼此文化的了解
朝阳区	朝阳区文旅局随朝阳区委宣传部赴河北省康保县开展扶贫工作	2019 年 12 月 23 日至 24 日	组织旅游企业赴卓资实地考察民宿产业建设发展情况，为当地旅游发展出谋划策
丰台区	2019 北京 · 丰台夏季旅游京津冀（天津）推介活动	2019 年 7 月	涞源县白石山景区管委会携旅游企业参加活动，推介旅游资源，包括田园式的民宿白石山舍，涵盖了登山、戏水、亲子、美食、康养、娱乐多个方面
石景山区	北京石景山区文化和旅游局到顺平县考察旅游资源	2019 年 9 月	对该县旅游资源、尧文化、庄园文化、红色文化、顺平非遗、农业采摘、民宿体验等进行了推介
海淀区	海淀区、延庆区深化结对帮扶，推动生态保护和绿色发展	2019 年 11 月 15 日	海淀区旅游相关部门和 30 余家企业宣传推广延庆区旅游资源，为延庆区民宿实现效益近 70 万元，促进规范延庆区农业产业联合体发展，打造品牌知名度，带动农民增收
顺义区	“住民宿，游京郊”五一精品主题线路	2019 年 5 月	为市民提供吃、住、行、娱、健等全方面旅游攻略指南与服务，大力引导市民及游客走进京郊，在畅游京郊的过程中提升生活的幸福感与满足感
通州区	通蒙文化旅游帮扶宣传活动	2019 年 7 月 23 日	把农田种成风景、把农业体验做成旅游体验、把民房改成民宿，并与通州旅行社资源对接，实现深度合作、资源共享，达到两地共赢目的
大兴区	美丽乡村建设	2019 年 2 月	将闲置院落改造成时尚民宿，传统农宅风貌与现代设计碰撞出新火花，颠覆了人们对“乡村”的固有印象

续表

北京市各区	项目活动	活动时间	主要内容
房山区	关于房山区民宿发展的提案及办理情况	2019 年 10 月 29 日	提出将民宿建设作为美丽乡村建设的重要手段，应在保护乡村环境的基础上开发，进行科学的规划与管理，实现民宿建设带动乡村发展、农民致富
门头沟区	共话减税降费，为精品民宿发展助力	2019 年 10 月 30 日	在雁翅镇政府联合开展“共话减税降费服务绿水青山——门头沟区精品民宿税收座谈会”主题活动，面向辖区 20 余家精品民宿经营者开展税收政策宣讲并倾听意见建议，推出个性化纳税服务措施，助力精品民宿发展
昌平区	“爱上昌平・踏雪寻莓”品牌活动	2019 年 2 月	推出康陵春饼、仙人洞素食等乡村旅游特色家宴，印象山庄、后院驿站、湖门村舍等精品民宿也相继推出“品佳宴民宿之旅”
平谷区	开展乡创文化和民宿建设情况调研	2019 年 1 月 17 日	提出在民宿的发展上，一是民宿装饰要有文化特色，以文化吸引游客；二是要做好民宿主人，加强与客人的交流和互动，广泛搜集客人意见；三是要改造好民宿周边环境，增加娱乐互动的项目；四是在建筑材质上尽量减少现代建筑材料，充分体现地方农村风格
密云区	2019 北京密云文化旅游季活动	2019 年 9 月 1 日至 10 月底	关注密云区文化和旅游局官方微信公众号，享受 18 家精品民宿 9 折起的优惠，密云万象汇购物中心也为民宿游客推出特惠产品
怀柔区	北京怀柔渤海镇召开民宿公约发布会，助力民宿产业长足发展	2019 年 8 月 13 日	《民宿行业自治公约（试行）》的制定和发布，将对渤海镇域内的民宿从基本条件、消防安全、住宿经营、治安安全、环境保护、食品安全等八方面做详细规定，打造有文化、有主题、有内容、有活动的渤海民宿特色
延庆区	打造民宿产业观察	2019 年 07 月 30 日	推出亲子、汽车、世园、骑游、长城、红色、山水、花海、古城、冰雪十大主题民宿，给游客个性化的暑期度假体验

续表

北京市各区	项目活动	活动时间	主要内容
延庆区	发布民宿产业发展白皮书	2019 年 9 月 6 日	到北京 2022 年冬奥会召开前，延庆将打造一批具有延庆地方特色的乡村民宿，形成“奇迹长城”“缤纷世园”“激情冰雪”“生态画廊”四大民宿集聚区
	“乡村的荣耀”2019 年第三届北方民宿大会	2019 年 9 月	充分展示延庆民宿产业发展成果，进一步促进京津冀地区资源融合及交流合作，推动区域民宿产业快速有序发展

资料来源：北京市各区人民政府及文化和旅游局

3. 存在问题

3.1 市场增长乏力，利润空间降低

投资热潮过后，北京民宿市场整体房源增速明显放缓，投资红利期已过，利润明显下降。一方面，市场增长速度放缓。2015—2018 年，民宿行业高速发展，增速迅猛，2019 年保持稳定，增速放缓。据 Trustdata 移动大数据检测平台数据显示，2019 年我国在线民宿房源数预计增长到 134.1 万套，比2016年增加一倍多①，民宿市场已趋于饱和。另一方面，利润空间缩减。北京城市民宿大多为租赁房源，城市房屋价值大、房租高，且偶尔受到相关政策影响导致暂停营业，因此相比成都、重庆等地，北京城市民宿利润更低。2019 年年底，北京民宿市场出现供大于求的情况，北京城市民宿的投资红利期已过，必须转向精细化运营才能赚取更多利润。

3.2 民宿产品质量参差不齐，服务质量提升空间较大

大批投资者的涌入导致市场发展过快，民宿市场鱼龙混杂、质量参差不齐。“美丽新乡村”的北京京郊民宿调查中，2015 年北京民宿院子有 15 家左右，而 2019 年底，京郊民宿数量超过 1000 个，整个行业进入快速扩

① Trustdata，《2019 年中国在线民宿预订行业发展研究报告》，2019 年 4 月。

张期[①]。但在2019年下半年，已经出现因同质化和经营不善等问题而退出的案例。因此，疫情并没有违背行业整体发展趋势，只是加速了行业洗牌的速度。

一方面，民宿产品参差不齐。一是品牌民宿和个体民宿产品质量两极分化严重。乡村民宿中不乏高端的精品民宿，但京郊民宿未能形成民宿集群，自营产品品质难有保障，农家乐、家庭旅社式等低端产品普遍存在。城市民宿中虽然不乏四合院等高端民宿，但大学、医院、车站周边的小旅馆、日租房等仍屡见不鲜。二是产品功能单一。民宿是以住宿为核心提供社交、娱乐等多种功能的空间和场所，但目前许多民宿提供的产品功能较为单一。例如，部分民宿只提供单一的住宿功能，缺乏对其他产品功能的探索和开发；三是同质化现象严重。市面上缺少特色民宿，并没有与市场上的其他民宿产品形成差异化。例如，部分地区的相邻民宿提供相同的餐饮、住宿，无法体现当地特色或主人文化，无法吸引消费者；特别是民宿产品呈现出“酒店化”趋势，部分精品民宿装修风格、运营模式模仿酒店，民宿“小而美”的特色荡然无存。

另一方面，服务水平仍有一定的提升空间。一是京郊民宿集群匮乏，未能形成标准化品质服务体系。南方民宿集群众多，如浙江莫干山民宿集群、广州佛山集群、常州民宿集群等，大多形成了统一运营和标准化服务体系，整体服务水平较高。然而，京郊仅有延庆“合宿·姚官岭”集群，除此以外，其大多属于分散经营，未能形成规模化，无法实现中心向周围辐射，带动乡村民宿整体发展。二是目前民宿行业职业化程度较低，自营或兼职的民宿房东普遍没有接受过专业化的训练，导致服务水平和服务质量无法得到保障。例如，部分乡村民宿以家庭为单位开办，服务水平和管理的理念上与专业民宿管家相比会有很大的差别，用户入住体验差。

3.3 市场缺乏有力的规范管理和标准化

目前，国内并未出台强制性法律法规，北京市虽发布多个政策性指导意见，但是民宿市场依旧存在管理不够规范、标准化缺乏的问题。首先，关于民宿经营合法化问题，部分民宿发展仍处于灰色地带，经营管理主体模糊，利益得不到有力保障，同时，也存在审批程序不规范等问题，导致

① 中国民商网. 民宿重启之后［EB/OL］.（2020–05–06）［2020–07–30］. http://www.ce–china.cn/ce_china/vip_doc/17099396.html###.

民宿市场良莠不齐，发展秩序混乱。其次，由于没有明确行政部门进行发展规划，多数为当地居民受市场需求引导、自发投资建设，公共服务设施配套和服务质量达不到相关要求。再次，市场监管主体不明确，甚至存在多头监管现象，民宿在经营过程中出现监管缺失、标准化建设不足的问题，在卫生安全、治安管理等方面存在较大难度。

3.4 城乡民宿发展政策不对等

近年来，北京市鼓励乡村民宿发展，并陆续出台一系列政策性指导意见，加强对乡村民宿管理和扶持，积极推动乡村民宿提质升级，将其纳入乡村振兴战略的重要组成部分，结合京郊旅游发展态势，大力打造乡村精品民宿，以实现全市乡村民宿从规模到质量的全面提升，推动规划合理、发展有序、产品丰富、特色鲜明、服务规范、市场体系健全的乡村民宿建设。

以“隐居乡里”为例，成立于2015年的“隐居乡里”是中国民宿界一个标杆性的存在，拥有不同村落经营院落形式的系列民宿，如“山楂小院”“麻麻花的山坡”“姥姥家”等众多民宿品牌。自陆续开业以来，即吸引了来自北京城区源源不断的客源，焕发远郊地区活力，成为乡村民宿的重要借鉴模式，得到了各级政府的肯定。截至2019年7月，隐居乡里已经拥有105个院子，平均每年开30个，并且2019年底意图扩张到200个院子，在激烈的民宿市场中展现了惊人的成长速度，其背后离不开相关政策的支持。

相比之下，关于城市民宿的相关立法还在逐步完善，城区内民宿开设并未得到大力鼓励和合理监管，城市民宿发展与居民生活产生一定冲突，相关法律规定的缺失导致无法实现对经营的有力监管和合法保障，导致在发展过程中，存在安全隐患，造成发展动力不足、市场增长乏力。

以“掌宿”为例，其成立于2017年，旨在城市中打造一个融入生活的艺术民宿。由于相关规定不明确，存在交叉空白，掌宿虽作为行业中体量偏大的城市民宿运营商，依旧在不断探索阶段，长期发展后劲不足。尤其是在疫情冲击下，在春节旺季期间，遭遇大量退订，2月份短租房源空置率达到95%以上，整个城市民宿行业面临着重大危机，暴露出城市民宿在长期发展过程中潜藏的各种问题，既缺乏行业协会、社团进行统一组织，也没有平台建立沟通机制和提供一定支持，又受到相关政策约束，导致资金运转出现严重问题，行业发展信心受挫。

4. 对策建议

4.1 加强民宿集群化发展，拓展新业态发展空间

目前，京郊旅游发展态势迅猛，乡村民宿得到大力推进，发展实现进一步推进，针对当前北京市民宿市场，应当充分利用规模优势，实现集群效应，充分发挥北京民宿带动作用，并有效探索民宿新业态内容。

一是打造民宿集群优势，促进地区资源融合，实现区域有效辐射。近年来，随着京郊旅游相关政策的不断推行，京郊旅游日益向特色化、市场化、产业化、集群化和国际化方向发展，为城乡民宿发展提供良好的发展环境。一方面，充分发挥北京优势，带动京津冀地区乡村旅游，进一步深入打造民宿集群，促进京津冀地区资源融合及交流合作，快速推动区域民宿产业有序发展，有效实现北京民宿产业对其他地区的经济辐射，增强民宿规模化效应。另一方面，在把握北京民宿整体发展格局的基础上，挖掘各区域民宿产品特色，加强个性化和主题化形象打造，释放内部集群多元化活力。二是搭建城乡民宿协同发展平台，促进城乡融合发展。随着北京民宿快速蓬勃发展，以及城乡一体化进程的加快，城市和乡村之间的联系不断加强，产业间资源逐渐实现自由流动，为进一步优化民宿产业结构，可以加强乡村民宿与城市民宿之间的产业联动，实现相互促进，优势互补。三是积极探索民宿新业态，有效推动产业升级。基于消费市场需求的多元化，民宿发展增速放缓，为进一步开拓市场发展空间，一方面，大力鼓励“民宿 + ”发展思路，逐步延伸产业链，以文创融入、业态重构、品牌塑造、农业附加值提升等方式构建独特的北京民宿产业体系，并进一步拓展果蔬种植技术培训、民俗故事表演、文化节庆、旅游商品等综合旅游生态，丰富民宿业态内容。另一方面，随着新兴旅游市场的发展，以及疫情带来的深刻影响，人们对个性化、私密性的产品表现出明显偏好，应当开发和完善房车、营地、帐篷、树屋等非标性民宿新业态，进一步增强北京民宿市场活力。

4.2 民宿市场提质升级，科技助力创新发展

疫后用户对民宿质量的要求会更高，因此，民宿主需要从产品和服务本身提升竞争力，多种渠道进行营销宣传。

一是加大清洁投入，切实保障安全卫生。疫情发生后，美团民宿平台用户对“卫生、消毒、清洁”等关键词的搜索量激增 470%，表明用户对民

宿的安全卫生提出了更高的要求。疫后民宿主不但需要重视清洁消毒工作，增加对卫生间、门把手等公共区域的消毒清扫频次，还应将清扫过程公开透明化，公开清扫过程。例如，采用直播或短视频的形式在平台上将每日清扫过程公布，以备用户监督和随时检查。

二是促进产品多元化，丰富产品功能。民宿核心竞争力是产品。一方面利用自身资源优势，开发新产品，扩充收入来源。其一，重视产品组合，打造民宿套餐产品。随着用户对于民宿的品质和体验关注度提升，一价全包形式的民宿产品更加契合当下用户的旅行住宿需求。相较于传统日历房，民宿套餐组合多样、内容丰富，可同时满足出住行游购娱等多种需求，集特色餐食、景区门票、特色体验项目等为一体。其二，瞄准细分市场做好产品延伸，做好差异化。疫后用户出行目的以健康休闲为主，特别是以康养、生态、亲子、野奢为主题的民宿产品会受到市场的广泛欢迎。另一方面，垂直深耕产业链，开发“民宿+”二销产品。住宿只是民宿的基础功能，疫情迫使民宿主挖掘住宿以外的产品，丰富产品功能和类别。例如，北京知名乡村民宿“隐居乡里”通过售卖民宿自产的特色农副产品，打造独具特色的“民宿IP”。

三是发展无接触服务，促进服务升级。疫情加快了民宿业数字化进程。一方面，全面提升服务质量和水平。消费者出游需求恢复较为缓慢，市场供大于求，未来民宿行业红利的争夺、盈利效率的提升，将取决于服务水平。因此，民宿服务标准化必不可少，需要通过加强工作人员培训，提升服务的整体水平。另一方面，智能家居助力无接触服务发展。无接触服务既能有效避免交叉感染，又大大减轻用户顾虑，十分契合用户需求。例如，智能门锁、智能猫眼帮助用户实现快速入住和零秒退房，智能音箱、智能管家为用户入住提供更好的入住体验。

四是多渠道营销，促销形式创新。一方面，直播、社群营销等方式颠覆了传统的营销方式，在疫情期间得到有效推广，将成为疫后主要营销手段。其一，利用互联网平台引流。民宿主不仅可以通过抖音、小红书等平台发布视频、图片等内容对民宿进行宣传，还可以充分利用直播功能吸粉。疫情期间，小猪、飞猪、爱彼迎等平台纷纷做起民宿直播，取得了良好的效果。其二，通过微信建立垂直私域流量。疫情逐步好转，跨省旅游逐渐恢复，通过微信社群与曾经入住的客人保持长期的沟通和联系，并适当给予优惠，可提高顾客回头率或带来新用户。另一方面，新的促销形式满足疫后用户需求。预售、通兑房券等促销形式，充分迎合了疫后消费者心理，价格实惠、消费灵活、退订自由、选择丰富，对消费者吸引力极强。

4.3 加强行业规范管理，引导标准化建设

随着北京民宿市场的扩大，其在经营发展过程中的各种问题也逐渐突出，同时也存在有关政策落实不足，无法真正惠及民宿主的现象。为了促进民宿行业健康良性发展，有关部门需要进一步加强行业的规范，推动行业标准化建设。

一是优化证照办理，加强民宿行业相关证照审核，确保合法化经营。合法化经营是民宿行业实现长期健康发展的重要保障，有利于维护市场稳定，保障消费者合法利益。一方面，加速开放民宿行业许可证办理，完善准入条件，保障民宿主经营的合法化身份，规范民宿市场。另一方面，明确和优化办理流程，保证过程有序高效，同时严格审核有关证照的发放和定期考核。二是建立民宿业管理的长效机制，健全日常经营规范。民宿业的管理作为发展的重要环节，有利于推动民宿业有序发展和规范管理。相关部门要加强对民宿行业基础设施建设、服务质量、资金管理、治安消防等各个方面的有效监管，明确各自职责，优化行业秩序。三是严格推行民宿等级评定管理，借助内部竞争激发行业更新活力。通过出台具体的等级划分与评定标准，明确民宿在经营场地、配套设施、安全管理、环境保护等多方面的量化和考核标准，并结合不同类型民宿制定标准细化，扩充特色的标准内容，促进民宿管理标准体系化和专业化。四是加强政策对民宿的资金支持，引导合理化投资和建设。资金运营在民宿发展中发挥着重要作用，尤其是受疫情影响，大部分民宿都面临着资金运转问题。一方面，提升旅游融资担保服务水平，降低贷款准入门槛，满足民宿企业融资需要。同时，实行旅游发展基金补助，帮助民宿企业应对重大突发紧急事件，有效提高民宿行业风险应对能力。另一方面，加强政府与民宿企业对话，引导民宿行业制定科学的资金规划。五是提高整个行业的标准化水平，制定公共卫生标准。卫生问题一直是住宿行业的重要关注点，新冠疫情更加速了大众卫生意识的提高，民宿行业要不断完善标准化安全卫生配套，在食品安全、住宿环境等方面制定严格标准，实现民宿行业的安全和品质保障。

4.4 充分协调城乡民宿发展，优化行业发展整体态势

北京市乡村民宿发展整体形势向好，需要抓住发展机遇，进一步实现优化升级，城市民宿则需要加快推进规范合法管理，并积极挖掘市场，激

发市场发展活力，通过推动两者的协调发展，进而提升北京市民宿的整体水平和质量。

一是推动乡村民宿优化升级，立足于行业发展整体动向，聚焦旅游动机，实现市场的丰富化和精准化。为了满足人民群众日益增长的休闲旅游需求，北京市针对休闲农业与乡村旅游提出相应转型升级措施，推动京郊旅游快速持续发展，因此，乡村民宿要积极利用京郊旅游政策优势，进一步优化自身基础设施，加强规范管理，强化服务能力，实现跨越式发展。同时，随着京郊旅游的不断推进，乡村旅游市场得到深入开发，乡村民宿要抓住市场发展动态，结合乡村度假、亲子游、周边游和团建活动等趋势，在精准定位的基础上，丰富业态内容和产品，提升人们的民宿体验。

二是加快城市民宿合法化进程，完善经营管理，依托城市建设目标，激活发展活力。面对城市民宿在发展上处于灰色地带的现状，首先，要加快落实城市民宿相关立法工作，保障城市民宿规范有序发展，加强在经营、服务和监管等方面的政策引导，实现其市场地位的提升。其次，随着城市化进程的不断推进，要以北京市老旧小区改造为抓手，加快城市民宿的更新步伐，改善相关发展配套设施，提高城市民宿的质量和水平。最后，借助智慧城市建设，构建智能化、精细化的城市民宿管理平台，实现线上线下集中统一的规范运营，促进城市民宿市场的合理有序化建设。

综上所述，2019 年北京民宿成为全国最大民宿市场，总体经营情况超过全国平均水平。北京在线民宿总房源数约 3.6 万套，城市、乡村民宿占比约为 3∶1；北京在线民宿房东约 8500 人，以经营时间一年以内、拥有 1–2 套民宿的 30 岁以上兼职女性二房东为主，多数年盈利 1 万 ~10 万元；北京民宿客源以 18~35 岁青年女性为主，出游目的多为家庭亲子或情侣出游，一室或二室房型受到广泛欢迎，房东服务、干净卫生、交通位置、服务设施、装修风格等方面是房客关注的焦点。

此外，北京市积极出台标准制定、产业促进和项目活动等措施，既推进民宿规范化发展进程，又进一步推动民宿业在北京的四个中心建设和乡村振兴战略中发挥重要作用。

针对 2019 年日益凸显的市场增长乏力、产品服务质量、市场监管不规范、城乡民宿政策不均衡等问题，本文提出既要加强市场监管，推动民宿合法化和规范化，加强对民宿政策支持，促进其良性发展，又要抓住乡村旅游发展趋势，加快民宿市场拓展，进一步加强北京民宿集群化、品牌化、标准化、品质化发展。

第三板块——旅行社与旅游电商篇

2019年北京市旅行社行业发展报告[①]

李　宏，张亚南，赵　敏

1. 2019年中国旅行社行业概况[②,③]

2019年，旅游经济继续保持高于GDP增速的较快增长。国内旅游市场稳步增长，旅游收入进一步升高，国内旅游人数60.06亿人次，比上年同期增长8.4%；国内旅游收入5.73万亿元，比上年同期增长11.7%。入境旅游市场基础更加稳固，入境旅游人数1.45亿人次，比上年同期增长2.9%，其中外国人入境人数最多，为3188万人次，增长4.4%；国际旅游收入1313亿美元，比上年同期增长3.3%，其中：外国人在华花费增长5.4%；澳门同胞在内地花费增长9.4%；但香港同胞在内地花费下降2.0%；台湾同胞在大陆花费下降0.2%。出境旅游市场稳步增长，中国公民出境旅游人数达到1.55亿人次，比上年同期增长3.3%。截至2019年12月31日，全国旅行社总数为38 943家，比2018年增长8.17%。

---

① ［**作者简介**］李宏，女，北京第二外国语学院教授，博士，硕士研究生导师，北京市中青年骨干教师，北京市拔尖创新人才，北京旅游发展研究基地研究员，主攻领域为旅行社管理与旅游分销渠道研究、旅游目的地营销研究。张亚南，北京第二外国语学院旅游管理专业硕士研究生、北京旅游发展研究基地学生助理，主要研究方向为旅行社管理与旅游目的地营销。赵敏，北京第二外国语学院旅游管理专业硕士研究生、北京旅游发展研究基地学生助理，主要研究方向为旅行社管理与旅游目的地营销。

② 文化和旅游部.2019年旅游市场基本情况［EB/OL］https://www.mct.gov.cn/whzx/whyw/202003/t20200310_851786.htm，2020.03.10

③ 2019年度全国旅行社统计调查报告［EB/OL］http://zwgk.mct.gov.cn/auto255/202008/t20200824_874310.html?keywords=，2020.08.24

1.1 行业规模

旅行社数量排名前十位的地区依次为广东、北京、江苏、浙江、山东、上海、辽宁、河北、安徽、湖北，排名前十位的旅行社数量占全国旅行社总量的 57.05%。除云南省旅行社数量减少，减幅为 7.22% 外，其余 31 个地区旅行社数量都有不同程度的增长，增幅最大的新疆为 33.33%，贵州、青海、海南、重庆、甘肃、四川、湖北、湖南、宁夏、陕西、广东 11 个地区涨幅均在 10% 以上，如表 1–1 所示。

表 1–1　2019 年度全国旅行社数量

序号	地区	2019 年度	2018 年度	增长率
1	广东	3281	2949	11.26%
2	北京	3062	2796	9.51%
3	江苏	2943	2732	7.72%
4	浙江	2769	2599	6.54%
5	山东	2613	2413	8.29%
6	上海	1758	1654	6.29%
7	辽宁	1524	1482	2.83%
8	河北	1513	1446	4.63%
9	安徽	1487	1393	6.75%
10	湖北	1267	1124	12.72%
11	四川	1242	1094	13.53%
12	福建	1181	1084	8.95%
13	河南	1156	1117	3.49%
14	内蒙古	1147	1098	4.46%
15	湖南	1143	1014	12.72%
16	云南	1105	1191	–7.22%
17	山西	927	874	6.06%
18	江西	909	859	5.82%
19	陕西	862	774	11.37%
20	广西	850	785	8.28%
21	黑龙江	837	805	3.98%

续表

序号	地区	2019 年度	2018 年度	增长率
22	甘肃	723	628	15.13%
23	吉林	701	690	1.59%
24	重庆	673	580	16.03%
25	贵州	594	498	19.28%
26	新疆	540	405	33.33%
27	青海	515	437	17.85%
28	天津	502	459	9.37%
29	海南	483	411	17.52%
30	西藏	310	307	0.98%
31	宁夏	164	147	11.56%
32	兵团	162	158	2.53%
合计		38 943	36 003	8.17%

数据来源：文化和旅游部官网——2019 年度全国旅行社统计调查报告

1.2 经营情况

2019 年度全国旅行社营业收入 7103.38 亿元，营业成本 6512.90 亿元，营业利润 32.10 亿元，利润总额 43.28 亿元，税金及附加 7.26 亿元，所得税 13.10 亿元，旅游业务营业收入 5165.72 亿元，旅游业务利润 233.27 亿元。

其中，具有出境旅游业务资质的旅行社旅游业务营业收入 3960.01 亿元，占全国旅行社总量的 76.66%；旅游业务利润 172.82 亿元，占全国旅行社总量的 74.08%；实缴税金 34.89 亿元，占全国旅行社总量的 70.39%；全国外商投资旅行社旅游业务营业收入 94.35 亿元，占全国旅行社总量的 1.83%；旅游业务利润 5.29 亿元，占全国旅行社总量的 2.27%；实缴税金 0.96 亿元，占全国旅行社总量的 1.93%。

全国旅行社主要经济指标（旅游业务营业收入、旅游业务利润、实缴税金三项综合）排名前十位的地区依次为上海、广东、北京、江苏、浙江、福建、山东、重庆、湖南、湖北。

1.3 三大市场

按照入境外联人次、国内组织人次、出境组织人次三项指标，入境旅游、国内旅游、出境旅游市场人次所占份额依次为 5%、70% 和 25%，如图 1-1 所示。

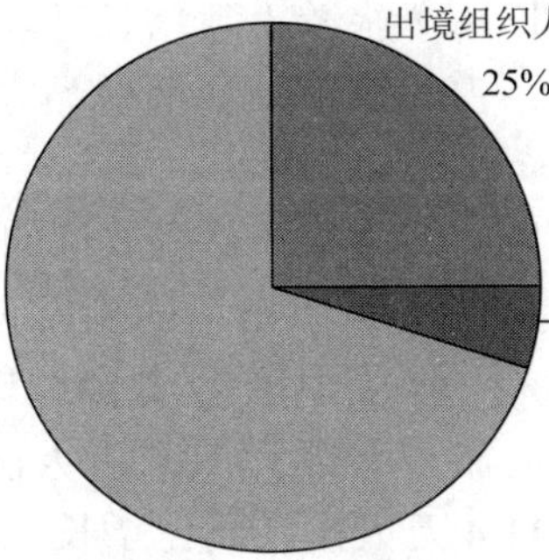

图 1-1　2019 年度三大旅游市场人次情况

数据来源：文化和旅游部官网——2019 年度全国旅行社统计调查报告

按照入境外联人天、国内组织人天、出境组织人天三项指标，入境旅游、国内旅游、出境旅游市场人天所占份额依次为 5%、59% 和 36%，如图 1-2 所示。

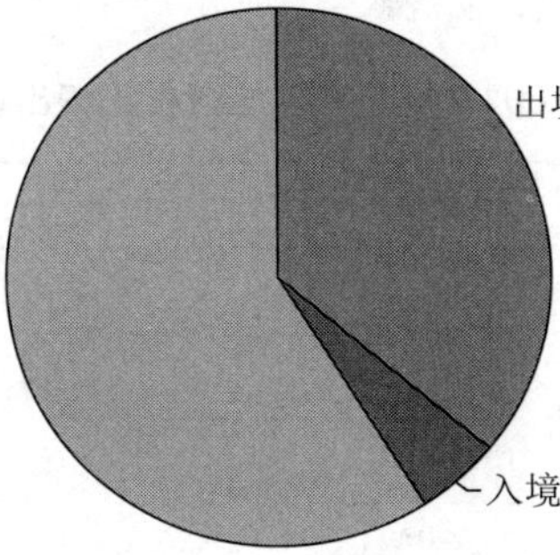

图 1-2　2019 年度三大旅游市场人天情况

数据来源：文化和旅游部官网——2019 年度全国旅行社统计调查报告

2. 2019 年北京市旅游市场和旅行社行业发展状况

2.1 2019 年北京市旅游市场发展状况 ①

2019 年，北京市旅游市场总体向好，保持增长，旅游总收入 6224.6 亿元，与 2018 年同期相比增长 5.1%；接待游客总人数 3.2 亿人次，同比增长 3.6%；实现了旅游收入增长高于旅游人数增长。除此之外，北京市旅游餐饮和购物总额 3281.9 亿元，占北京市社会消费品零售额比重为 27%，与去年持平。

2.1.1 出境旅游市场下降，日本成为最受欢迎的出境游目的地

2019 年全年，北京市旅行社组织出境的旅游人数为 484.5 万人次，与 2018 年同期相比下降 5.2%。前往中国港澳台地区的旅游人数同比下降 1.8%，其中前往中国香港的旅游人数为 10.5 万人次，同比下降 13.0%；前往中国澳门的旅游人数为 11.4 万人次，同比增长 6.9%；前往中国台湾的旅游人数为 4.9 万人次，同比增长 7.8%。

从目的地国家分布来看，日本、泰国、韩国、法国和意大利是 2019 年旅行社组织出境游人数最多的 5 个国家，其中日本以 95.6 万人次的出境人数成为北京市最热门的出境游目的地，泰国虽比 2018 年同期出境游人数下降 31.2%，但仍以 50.8 万人次的出境游人数居于第二，韩国、法国、意大利紧随其后。与 2018 年同期相比，澳大利亚增长 74.2%，是出境游人数同比增长最多的旅游目的地，如表 2–1 所示。

表 2–1　2019 年北京市旅行社组织出境旅游情况

	项目	2019 年（万人次）	同比增长（%）
	出境旅游人数	484.5	–5.2
地区	中国澳门	11.4	6.9
	中国香港	10.5	–13.0
	中国台湾	4.9	7.8
国家	日本	95.6	16.3
	泰国	50.8	–31.2

① 北京市文化和旅游局_统计信息_2019 年北京旅游市场总体向好 保持增长.［EB/OL］http://whlyj.beijing.gov.cn/zwgk/zxgs/tjxx/202002/t20200209_1885489.html 2020.02.09

续表

	项目	2019 年（万人次）	同比增长（%）
国家	韩国	20.7	2.0
	法国	19.3	15.1
	意大利	17.6	10.5
	瑞士	15.8	16.6
	澳大利亚	15.6	74.2
	德国	15.4	15.1
	美国	14.9	-5.5
	新加坡	13.1	26.8
	马来西亚	11.9	1.7

数据来源：北京市文化和旅游局官网——2019 年北京旅游市场总体向好保持增长

2.1.2 入境旅游市场下跌，美、日游客为入境游主力

2019 年北京市累计接待入境游客 376.9 万人次，与 2018 年同期相比下降 5.9%；其中接待外国人 320.7 万人次，同比下降 5.6%，占接待入境游客总数的 85.1%；接待中国港澳台游客 56.2 万人次，同比下降 7.3%，如表 2–2 所示。

从主要客源国来看，美国、日本、韩国、德国和英国是 2019 年入境游人数最多的 5 个客源国。其中北京市累计接待美国游客 62.9 万人次，下降 12.6%；接待日本游客 24.7 万人次，微降 0.8%；接待韩国游客 24.2 万人次，下降 2.1%；接待德国游客 19.8 万人次，增长 1.9%；接待英国游客 15.3 万人次，下降 4.2%，如表 2–3 所示。来京游客人数减少最多的 5 个客源地依次为美国、加拿大、中国香港、中国台湾和澳大利亚。2019 年来京入境游客人数较去年减少 23.5 万人次，其中美国游客减少 9.1 万人次，占总减少人数的 38.7%。这 5 个客源地合计减少人数超过总减少人数的 83.8%。

表 2–4 所示为 2019 年北京市入境游洲际市场分布表，其中亚洲、欧洲分别以 35% 和 31% 的比例位列第一、第二位，其他地区入境游人数由高到低依次为美洲、大洋洲、非洲和其他地区。与 2018 年入境游人数相比，其他地区同比增长 6.4%，其余洲际均有所下降，其中美洲同比下降 14.4%，减少规模最大。

2019 年北京市国际旅游收入 51.9 亿美元，下降 5.9%。人均消费 1378 美元 / 人次，与去年持平。入境游客花费构成中，各项花费所占比例如图 2–1 所示：长途交通占比最高，达 28.4%，其次是购物和住宿，占比分别为 24.5% 和 19.0%，餐饮占比 9.4%，景点游览占比 4.5%，市内交通和娱乐占比分别为 4.0% 和 1.4%，邮电通信占比最低，为 0.4%。

表 2–2　2019 年北京市入境旅游情况

项目	2019 年（万人次）	同比增长（%）
入境旅游人数	376.9	–5.9
接待外国人人数	320.7	–5.6
港澳台同胞	56.2	–7.3
中国澳门	1.8	8.7
中国香港	32.2	–7.4
中国台湾	22.2	–8.3

数据来源：北京市文化和旅游局官网——2019 年北京旅游市场总体向好保持增长

表 2–3　2019 年北京市外国游客入境情况

主要客源国（地区）	2019 年来京人数（万人次）	同比增长（%）
美国	62.9	–12.6
日本	24.7	–0.8
韩国	24.2	–2.1
德国	19.8	1.9
英国	15.3	–4.2
澳大利亚	14.1	–5.9
新加坡	12.7	3.2
法国	12.0	–5.2
加拿大	10.0	–34.1
新西兰	2.2	10.6
其他小计	1.6	6.4

数据来源：北京市文化和旅游局官网——2019 年北京旅游市场总体向好保持增长

表 2-4　2019 年北京市入境游洲际市场分布表

地区	2019 年来京人数（万人次）	所占比例（%）	同比增长（%）
亚洲	112.5	35.0	–1.6
欧洲	99.6	31.0	–1.6
大洋洲	16.6	5.0	–4.5
美洲	83.0	26.0	–14.4
非洲	7.4	2.0	–12.5
其他	1.6	1.0	6.4

数据来源：北京市文化和旅游局官网——2019 年北京旅游市场总体向好保持增长

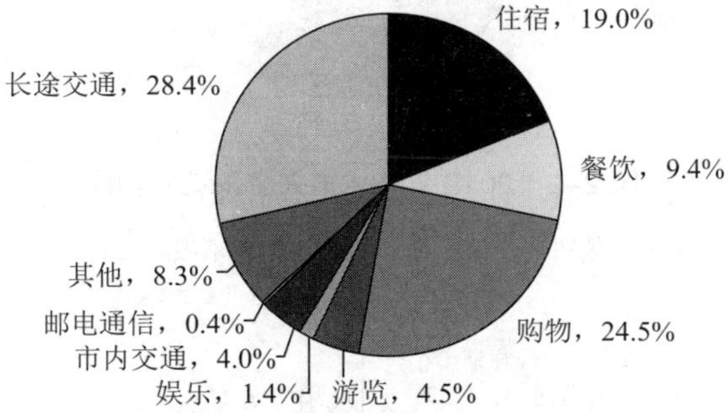

图 2–1　2019 年来京入境游客花费构成

数据来源：北京市文化和旅游局官网——2019 年北京旅游市场总体向好保持增长

2.1.3 国内旅游市场保持增长，在京游发展相对较好

国内旅游总人数 31 833.0 万人次，与 2018 年同期相比增长 3.7%；国内旅游总收入 5866.2 亿元，同比增长 5.6%。市民在京游市场增长高于外省市来京游市场。

外省市来京旅游人数 19 267.2 万人次，同比增长 1.5%；旅游收入 5306.9 亿元，同比增长 4.5%；人均消费 2754.4 元，同比增长 2.9%。外省市来京游客花费构成中，购物占比最高，达 31.8%，其次是餐饮和住宿，占比分别为 21.1% 和 19.1%，三者合计占比为 72.0%；长途交通占比 11.8%，景点游览占比 9.2%，市内交通占比 4.2%，娱乐占比 2.0%；邮电通信和其他占比较低，分别为 0.2% 和 0.8%，如图 2–2 所示。

北京市民在京游人数 12 565.7 万人次，同比增长 7.2%；旅游收入 559.2 亿元，同比增长 16.9%；人均消费 445.0 元，同比增长 9.0%。市民在京游客花费构成中，购物占比最高，达 35.1%；其次是餐饮，占比为 28.0%；景区游览和交通占比相对较高，分别为 12.8% 和 11.1%；住宿和娱乐占比接近，分别为 6.5% 和 5.9%；邮电通信占比最低，仅为 0.5%，如图 2-3 所示。

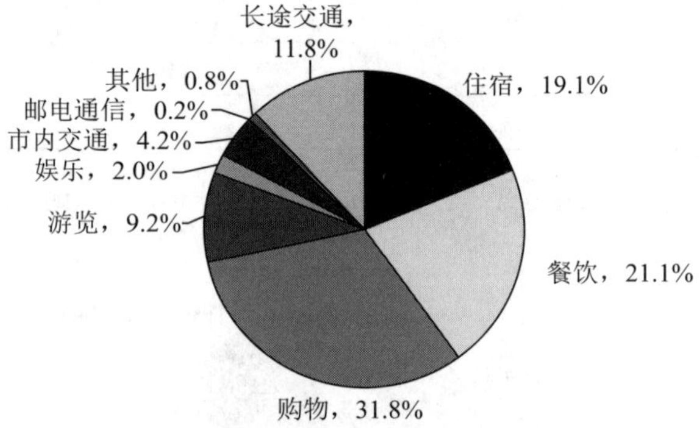

图 2-2　2019 年外省市来京游花费构成

数据来源：北京市文化和旅游局官网——2019 年北京旅游市场总体向好保持增长

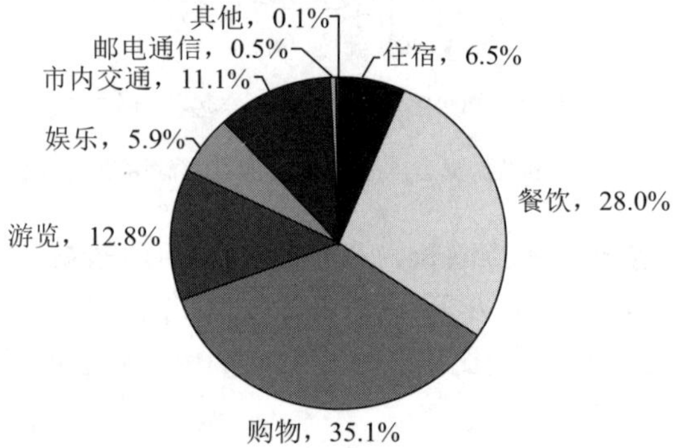

图 2-3　2019 年市民在京游花费构成

数据来源：北京市文化和旅游局官网——2019 年北京旅游市场总体向好保持增长

2.2 北京市旅行社行业发展状况

2019 年北京市共有 1440 家旅行社，与 2018 年同期相比增加 248 家，营业收入为 10 394 925.9 万元，同比增加 10.1%，从业人员平均数为 39 779 人，同比增加 10.1%[①]。

2.2.1 旅行社外联（组团）旅游者人数同比增长 16.8%，外联（组团）旅游者天数同比增长 39.5%

外联（组团）旅游者人数是指报告期内旅行社自组外联（组团）的旅游者人数，反映旅行社对外招徕的能力。2019 年外联（组团）旅游者总人数 635.8 万人次，其中外联国内旅游总人数为 524.6 万人次，较 2018 年同期增长 16.2%，外联入境旅游总人数为 111.2 万人次，同比增长 19.8%。入境旅游者中，外国人 103.0 万人次，同比增长 21.8%，港澳同胞 3.1 万人次，同比下降 24.4%，台湾同胞 5.0 万人次，同比增长 20.7%，如表 2–5 所示。

外联（组团）人天数是指旅行社外联（组团）的入境游客中在中国大陆实际停留的人夜数。2019 年旅行社外联（组团）人天数总计 3046.5 万人天，其中，国内旅游者 2551.0 万人天，较 2018 年同比增长 48.7%，入境旅游者 495.4 万人天。入境旅游者中，外国人总计 457.0 万人天，同比增长 7.4%，港澳同胞 13.0 万人天，同比下降 34.9%，台湾同胞 25.4 万人天，同比增长 12.9%。

表 2–5　2019 年北京市旅行社外联（组团）情况

项目		外联（组团）旅游者人数		外联（组团）人天数	
		2019 年（万人次）	同比增长（%）	2019 年（万人天）	同比增长（%）
国内旅游者		524.6	16.2	2551.0	48.7
入境旅游者	总数	111.2	19.8	495.4	5.8
	港澳同胞	3.1	–24.4	13.0	–34.9
	台湾同胞	5.0	20.7	25.4	12.9
	外国人	103.0	21.8	457.0	7.4
合计		635.8	16.8	3046.5	39.5

数据来源：整理自北京市统计局官网——旅游年度统计资料发布计划

① 北京市统计局官网 . 旅游年度统计资料发布计划 .［EB/OL］http://tjj.beijing.gov.cn/tjsj_31433/tjbmfbjh/ndtjzl_31437/2020ndtjzl_31678/202003/t20200325_1735601.html 2020.07.21

2.2.2 旅行社接待旅游者人数同比增长 20.6%，接待人天数同比增长 25.1%

接待旅游者人数是指报告期内旅行社接待的人数，包括本社组团本社接待和其他旅行社组团本社接待的游客人数。2019 年北京市旅行社共接待旅游者 455.7 万人次，较 2018 年同期相比增长 20.6%，其中，接待国内旅游者 359.5 万人次，同比增长 31.5%，接待入境旅游者 96.2 万人次，同比下降 7.8%。所接待的入境旅游者中，外国人 88.1 万人次，同比下降 7.2%，港澳同胞 4.3 万人次，同比下降 22.7%，台湾同胞 3.8 万人次，同比下降 1.5%。

2019 年北京市旅行社接待人天数总计 1833.9 万人天，较 2018 年同期相比增长 25.1%，其中接待国内旅游者 1439.9 万人天，同比增长 37.9%，接待入境旅游者 394.0 万人天。所接待的入境旅游者中，接待外国人 356.3 万人天，同比下降 4.9%，接待港澳同胞 20.6 万人天，同比下降 26.1%，接待台湾同胞 17.1 万人天，同比下降 –9.7%，如表 2–6 所示。

表 2–6　2019 年北京市旅行社接待情况

项目		接待旅游者人数		接待人天数	
		2019 年（万人次）	同比增长（%）	2019 年（万人天）	同比增长（%）
国内旅游者		359.5	31.5	1439.9	37.9
入境旅游者	总数	96.2	–7.8	394.0	–7.0
	港澳同胞	4.3	–22.7	20.6	–26.1
	台湾同胞	3.8	–1.5	17.1	–9.7
	外国人	88.1	–7.2	356.3	–4.9
合计		455.7	20.6	1833.9	25.1

数据来源：整理自北京市统计局官网——旅游年度统计资料发布计划

2.2.3 2019 年北京地区旅行社旅游服务质量投诉工作情况

第一季度旅行社投诉情况同比去年减少 15%①。2019 年第一季度旅游投诉情况公示 421 件，同比去年减少 30%，其中：涉及旅行社投诉 338 件，

① 北京文化和旅游局.［EB/OL］http://whlyj.beijing.gov.cn/zfxxgkpt/zdgk/gzxx/201904/t20190404_1784805.html 2019.04.04

同比去年减少 15%；涉及景区投诉 50 件，同比去年增加 11%；涉及四、五星级饭店投诉 13 件，同比去年减少 54%；涉及三星及以下饭店投诉 1 件，同比去年增加 100%；涉及社会旅馆投诉 14 件，同比去年减少 55%；涉及民俗村户投诉 0 件，同比去年减少 100%；涉及“一日游”投诉举报 5 件，投诉数量总体上呈下降趋势。如图 2–4 所示，第一季度投诉类型集中在旅行社、景区、住宿业。旅行社作为旅游市场的重要经营主体，其市场作用也使其成为主要的被投诉对象。

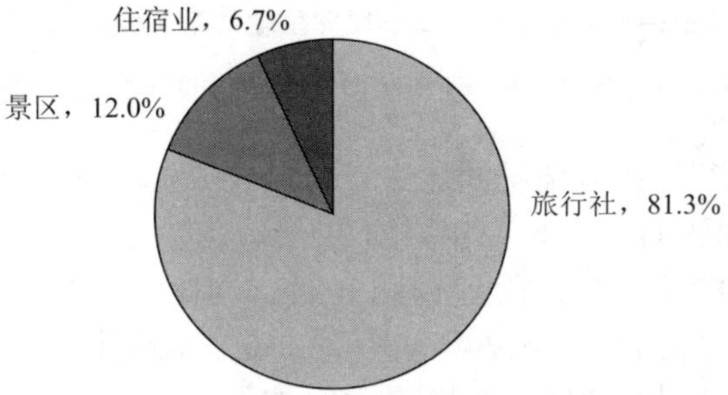

图 2–4　2019 年第一季度北京地区旅游投诉情况

数据来源：北京市文化和旅游局官网——2019 年第一季度北京地区旅游投诉工作情况

第二季度旅行社投诉情况同比去年增加 27.3%[①]。2019 年第二季度旅游投诉情况公示 571 件，同比去年减少 3.1%，其中：涉及旅行社投诉 443 件，同比去年增加 27.3%；涉及景区投诉 103 件，同比去年增加 3.0%；涉及四、五星级饭店投诉 12 件，同比去年减少 45.5%；涉及社会旅馆投诉 11 件，同比去年减少 59.3%；转办“一日游”投诉举报 2 件，投诉数量总体上呈下降趋势。如图 2–5 所示，第二季度投诉类型集中在旅行社、景区、四五星级饭店、社会旅店。旅行社的市场作用仍然是投诉的主要原因。

① 北京文化和旅游局 .[EB/OL] http://whlyj.beijing.gov.cn/zfxxgkpt/zdgk/gzxx/201907/t20190705_1784701.html 2019.07.05

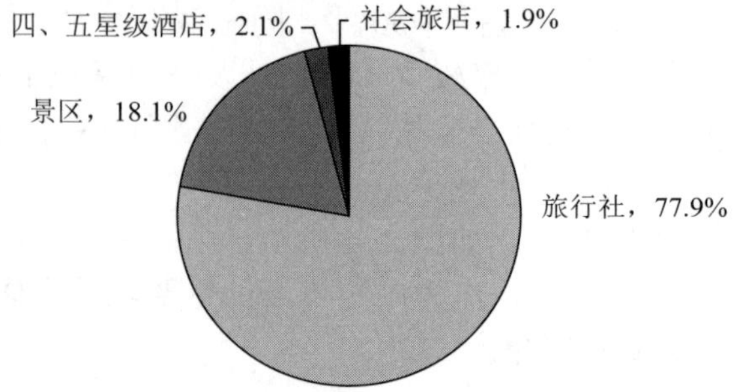

图 2-5　2019 年第二季度北京地区旅游投诉情况

数据来源：北京市文化和旅游局官网——2019 年第二季度北京地区旅游投诉工作情况

第三季度旅行社投诉情况同比去年增加 69.2%①。2019 年第三季度旅游投诉情况公示 1018 件，同比去年增加 32.6%，其中涉及旅行社投诉 863 件，同比去年增加 69.2%；涉及景区投诉 130 件，同比去年增加 11.1%；涉及四、五星级饭店投诉 16 件，同比去年减少 23.8%；涉及社会旅馆及民俗村户投诉 9 件，同比去年减少 71%；投诉数量总体上呈上升趋势。如图 2-6 所示，第三季度投诉类型集中在旅行社、景区、四五星级饭店、社会旅店及民俗村户。对旅行社的投诉从数量和占比上都增加幅度明显，旅游服务质量纠纷成为第三季度投诉的重点问题。

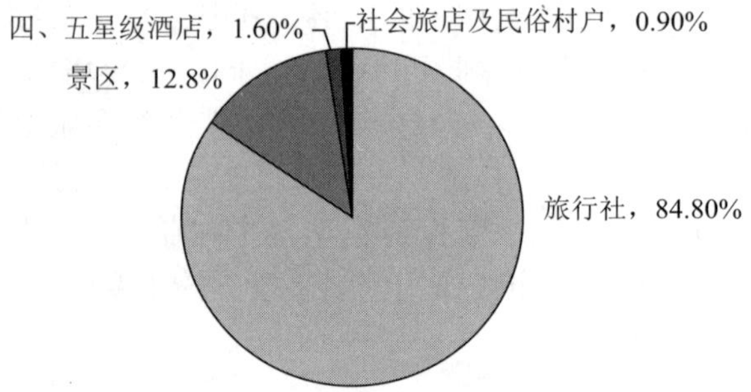

图 2-6　2019 年第三季度北京地区旅游投诉情况

数据来源：北京市文化和旅游局官网——2019 年第三季度北京地区旅游投诉工作情况

① 北京文化和旅游局.［EB/OL］http://whlyj.beijing.gov.cn/zfxxgk pt/zdgk/gzxx/201910/t201 91012_178 4791.html 2019.10.12

第四季度旅行社投诉情况同比去年增加102.5%[①]。2019年第四季度旅游投诉情况公示932件，同比去年增加63.5%，其中：涉及旅行社投诉820件，同比去年增加102.5%；涉及景区投诉65件，同比去年减少43.5%；涉及四、五星级饭店投诉21件，同比去年增加40%；涉及三星及以下饭店1件，同比去年减少50%；涉及社会旅馆投诉25件，同比去年减少66.7%；投诉数量总体上呈上升趋势。如图2-7所示，第四季度投诉类型集中在旅行社、景区四、五星级饭店、社会旅店、三星及以下饭店。对旅行社的投诉数量和投诉比重均有增加，其中主要涉及旅行社的服务质量问题。

2019年第四季度质监所共受理旅行社服务质量投诉820件，共涉及187家旅行社。其中国内游占比41.7%，出境游占比58.3%。在投诉类型方面：降低质量标准问题527件，占比64.3%；导游领队服务问题28件，占比3.4%；购物及自费项目问题98件，占比12%；行前解约问题166件，占比20%；其他问题1件，占比0.1%。

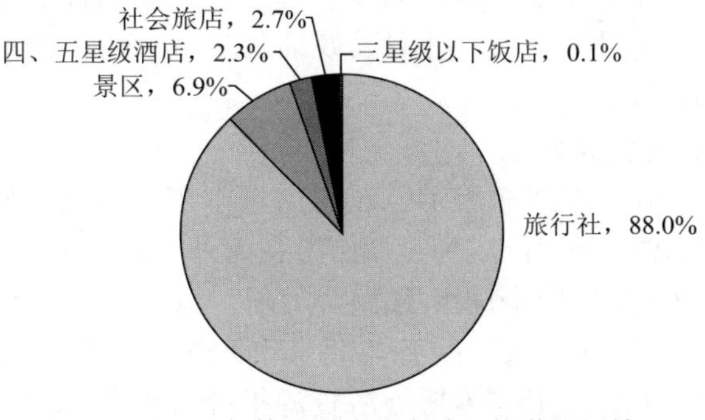

图2-7　2019年第四季度北京地区旅游投诉情况

数据来源：北京市文化和旅游局官网——2019年第四季度北京地区旅游投诉工作情况

3. 2019年北京市旅行社典型企业发展动态

3.1 凯撒旅游

3.1.1 企业简介

凯撒旅游创始于1993年，总部设在北京。经过27年的稳健发展，相

① 北京文化和旅游局.［EB/OL］http://whlyj.beijing.gov.cn/zwgk/xwzx/gzdt/202001/t20200115_1744568.html 2020.01.15

继在汉堡、巴黎、伦敦、洛杉矶等 7 个海外核心城市设有分支机构，在中国的北京、上海、广州、成都、沈阳等近 50 个口岸及核心商业城市设有子公司，经营范围包括出境旅游、国内旅游、入境旅游、会奖旅游、旅游电子商务等业务。

凯撒旅游沿袭国外先进的旅游管理理念，依托其特有的品牌优势、服务优势、产品优势和资源优势，构建与中国高速发展的旅游业相结合的具有专业品牌特点的国际旅行社。发展至今，凯撒旅游面向政府、企业及个人三大类型客户提供全方位旅游服务，在团队游、定制游、自由行、商旅会奖等领域深耕细作，成功推出明智优选、凯撒度假、凯撒邮轮、极地探险、签动全球、入境国内、海外生活、凯撒研学、凯撒户外、凯撒体育、凯撒康养及凯撒甄选 12 个专业子品牌，产品涉及艺术、节庆、亲子、婚礼、旅拍等 28 个旅游主题。截至目前，凯撒旅游旗下拥有覆盖全球 120 多个国家和地区、超过 20 000 种服务于不同人群的高端旅游产品。

凯撒旅游凭借其健康可持续的发展理念、创新的商业模式、国际化的运营管理思路，赢得了公众、业界及媒体的广泛认可，已然成为中国出境旅游的卓著品牌[①]。

3.1.2 2019 企业大事记

2019 年 6 月 6 日，凯撒旅游已获得由日本东京市政府发放的旅游行业经营许可证。日本分公司已成为凯撒旅游在海外开设的第 8 家分支机构。凯撒进驻日本，为凯撒拓展全球市场提供了条件[②]。

2019 年 8 月 13 日，凯撒旅游与北京市东城区文化和旅游局在东四胡同博物馆举行发布会，正式签署旅游资源推介合作备忘录。凯撒旅游将成为东城区文旅局“故宫以东”文化行旅项目特约合作伙伴，以“故宫以东”品牌进行资源整合和产品开发，融入国际视野，为国内文化与旅游的融合发展贡献力量[③]。

2019 年 8 月 27 日，凯撒旅游在北京月坛雅集召开“53 天环游南太”文化讲师媒体见面会暨中国非遗作品南太巡展募集项目启动仪式。以文化为纽带，以旅游为载体，此举或为中国和南太平洋岛国间的文化旅游互动按

---

① 凯撒旅游简介 – 关于凯撒 – 凯撒旅游网 http://about.caissa.com.cn/info/

② 坚定“出海”步伐 凯撒旅游全球布局敲定日本 – 新服务新体验 – 凯撒旅游网 http://about.caissa.com.cn/20190611/371765.shtml

③ 凯撒旅游成“故宫以东”文化行旅项目特约合作伙伴“文化主理人”烹制“地道京式文化大餐” – 新服务新体验 – 凯撒旅游网 http://about.caissa.com.cn/20191018/372193.shtml

下“快进键”[①]。

2019年8月30日，由凯撒旅游与走遍布列塔尼联合打造的国内首家法国布列塔尼旅游主题店于北京正式亮相。未来，凯撒旅游将搭载全新升级的亲子产品，开辟出更多适合亲子出行的布列塔尼目的地和主题，让更多的消费者了解法国、走进法国西部，走进布列塔尼[②]。

2019年9月26日，凯撒世嘉旅游文化发展集团股份有限公司宣布与阿拉丁控股集团有限公司达成全面战略合作伙伴关系。此次合作将依托阿拉丁控股集团在金融投资、科技创新领域的技术与资源优势，以及凯撒集团在旅游、文化、信息技术、金融和投资等领域的行业积累及在海南地区的产业布局，建立五年全面战略合作关系，推进优势互补、共同发展[③]。

2019年10月10日，由凯撒旅游与中国出国人员服务有限公司（简称中出服）联合推出的“天津国际邮轮母港进境免税店”，正式开业，这是自2016年进境口岸免税店经营权全国统一招标后，国内第一家开业的邮轮港进境免税店[④]。

2019年10月15日，海航凯撒旅游集团股份有限公司召开2019年第四次临时股东大会，会上审议了董事会、监事会换届选举，新董事会任命陈小兵为董事长兼CEO，此举也意味着时隔8年，凯撒告别海航系重回创始管理团队手中[⑤]。

2019年10月18日，凯撒旅游正式获批加入国际南极旅游组织协会（IAATO），成为国内极少数拥有这一国际极地组织会员资格的旅行社[⑥]。

2019年11月10日，凯撒旅游发布公告称，与凯撒集团共同出资设立海南凯撒世嘉旅文发展集团有限责任公司。海南凯撒集团在整体集团规划

---

① 中国非遗作品南太巡展项目启动募集 凯撒旅游按下“文化旅游”快进键－新服务新体验－凯撒旅游网 http://about.caissa.com.cn/20191018/372195.shtml

② 首家布列塔尼旅游主题店落地北京 凯撒旅游深挖法国西部旅游精华－新服务新体验－凯撒旅游网 http://about.caissa.com.cn/20191018/372197.shtml

③ 凯撒集团与阿拉丁控股集团达成战略合作，打造社群旅游新模式 https://mp.weixin.qq.com/s/0zTA18OTU2z-ENizyviWnw

④ 国内首个邮轮港进境免税店10日开业 凯撒旅游首度联合中出服布局“免税业”－新服务新体验－凯撒旅游网 http://about.caissa.com.cn/20191018/372200.shtml

⑤ 告别海航系 凯撒旅游控制权时隔8年重归创始团队 https://mp.weixin.qq.com/s/hQX0blwe7Gu8_oTcux2gaQ

⑥ 凯撒旅游正式加入国际南极旅游组织协会－新服务新体验－凯撒旅游网 http://about.caissa.com.cn/20191018/372192.shtml

中，定位为第二总部，将与北京总部协同发展[①]。

3.1.3 凯撒旅游战略分析

协同三大市场，蓄力文旅主业。基于对旅游产业链条的掌控，凯撒旅游在出境游、入境游、国内游“三大市场”协同发力，已构建起“渠道+产品+资源”一体化发展网络。以出境游来说，这是凯撒旅游的主要业务之一，其营销及服务中心已经覆盖全球 50 余座城市的 200 余个高端商业中心或核心社区，并在团队游、定制游、自由行、商旅会奖等领域有所深耕。在入境游方面，凯撒旅游在 2017 年发布了十二大“入境游”主题路线，之后成立“国内入境公司”，成为其发展入境游业务的一个节点。在国内游方面，凯撒签约海南文旅厅、北京东城区文旅局，与国投源通达成战略合作，以文化和康养为主题词开拓客群、试行综合文旅业务。在业务板块方面，面对旅游客群需求的多样化及个性化，凯撒旅游深入细分市场，譬如体育、研学、定制等，均崭露头角。三大市场的协同发展，细分业务板块的迅速成长，让凯撒旅游的文旅主业有了更多的发展可能。

占据巨阔免税市场，补全旅游全产业链版图。早前，凯撒旅游宣布与中出服达成合作，共同组建天津中服免税品有限公司，进军免税领域。2019 年 10 月 10 日，凯撒旅游与中出服合作的“天津国际邮轮母港进境免税店”正式开业。这被认为是自 2016 年进境口岸免税店经营权全国统一招标后，国内第一家开业的邮轮港进境免税店。凯撒与中出服或将还有其他项目陆续落地，并进一步研究双方全面、多样化的合作模式。天津母港进境免税店的落地，乃至后续凯撒与中出服更多免税业务的合作，都将做长其邮轮旅游产品的服务及体验链条，并对其旅游全产业链的既有业务和版图进行完善和补强。

拓展航食新领域，创新旅游金融新业务。在凯撒旅游的业务链条中，航食、铁路配餐业务及旅游金融科技，都是重要环节。航食、铁路配餐业务方面，凯撒旅游继续利用公司多年来发展食品业务的经验，巩固航空及铁路配餐业务，同时积极发展地面配餐、中央厨房的业务，包括对学校配餐的业务延伸。旅游金融方面，凯撒旅游旗下的易生金服通过在整个旅游场景环节中，解决航旅产业用户面临的传统旅行社客户无法沉淀、支付盲点和客户黏度差不能进行二次复购等痛点；国际支付市场、跨境旅游中 C

① 第二总部落地海口，凯撒集团全面布局海南 https://mp.weixin.qq.com/s/u1z0Ok5AmrFz9uPTMyw0mg

端用户存在的付款难题；B 端旅行社如何通过最简单、快捷的方式完成最复杂的一对多跨境支付等问题，竭力创新旅游金融新业务，全方位满足用户需求[①]。

3.2 中国旅游集团旅行服务有限公司

3.2.1 企业简介

中国旅游集团旅行服务有限公司（以下简称“中旅旅行”）是中国旅游集团旗下旅行服务业务的全资子公司。2018 年 10 月，中国旅行社总社有限公司与中国国际旅行社总社有限公司实施战略重组，共同组成中国旅游集团旅行服务有限公司。重组后的中旅旅行旅游产业要素更加齐全，是集旅行社业务（包括入境业务、出境业务、国内业务、定制业务、创新业务等）、会展业务、商旅及航票业务、签证及证件业务等综合业务于一体的大型旅游企业，也是国内最具规模实力和品牌影响力的旅行社央企。

中旅旅行在全国范围内拥有分支机构近 3000 家，在全球 28 个国家和地区拥有分支机构 60 家；年均接待旅游者超过 2000 万人次；证件业务在 25 个国家和地区运营中国境外签证中心，市场份额第一；受公安部委托，在香港地区独家办理“港澳居民来往内地通行证”和“台湾居民来往大陆通行证”。

中旅旅行以打造以产品和服务为核心竞争力的世界一流的全球化旅游综合服务运营商为目标和愿景，努力成为中国旅游业界的资源整合者、创新驱动者、产业引领者和责任担当者。通过打造消费者满意、具有核心竞争力的自有产品；构建标准统一、服务优质的客户服务体系；打造线上线下一体化的全渠道批零销售体系；树立安全信赖、服务卓越的品牌形象；建立行业领先的数字化支撑体系，成为以产品和服务为核心竞争力的、世界一流的全球化旅游综合服务运营商[②]。

3.2.2 2019 企业大事记

2019 年 2 月 14 日，中旅旅行最新公布的消息显示，经公司董事会审议同意，由中免全资子公司中免国际将以自有资金在香港设立中免香港市内

---

① “凯撒系”重掌实控权，凯撒旅游新文旅集团版图逐渐显现 https://mp.weixin.qq.com/s/As2gN9AxWhhtBFVJLtPo5A

② 中国旅游旅行服务有限公司 https://aboutus.ourtour.com/ourtour/aboutus/about_jituan.htm

免税店有限公司，注册资本为 5000 万港币[①]。

2019 年 3 月 18 日，中国旅游集团暨中免（海南）运营总部有限公司揭牌仪式在海口市举行[②]。

2019 年 5 月 13 日，中旅旅行子公司中免集团发布消息称旗下青岛、厦门市内免税店双店齐开，专门为境外游客提供购物服务[③]。

2019 年 11 月 6 日下午，中国旅游集团第二届进口博览会签约仪式在上海举行。集团与包括雅诗兰黛、轩尼诗、人头马、保乐力加、卡慕、歌帝梵等在内的 25 家海外供应商签约，签约项目涵盖香水、化妆品、进口烟酒、食品等品类。与 2018 年举行的首届进口博览会签约仪式相比，本次集团与全球合作伙伴达成了更广泛的合作意向，签约金额较去年增加近 20%[④]。

3.2.3 中国旅游集团旅行服务有限公司战略分析

依托丰富的业务资源，激活全产业链价值。中国旅游集团已成为中国目前旅游产业链条完整、旅游要素齐全、经营规模大的旅游企业集团。业务资源已覆盖旅行社、酒店、景区、免税、旅游地产、旅游金融、房车、邮轮等多个领域，渗透至出行、住宿、购物、旅游保险等丰富的旅游场景体验之中。围绕“旅游+”，中国旅游集团加大产业链一体化及上下游的纵向融合，以提供旅游综合解决方案为目标，加快在旅游产业链的投资布局，深化与相关领域、相关产业横向融合，全面激活和开拓每一个产业链元素在整个大生态的互相赋能和协同能力。积极参与全产业链布局，打造更开放的旅游产业生态圈和价值链[⑤]。

“旅游 +”跨界合作，延伸产品服务。中旅旅行以“旅游 +”跨界合作为理念，将产品服务延伸至红色、教育、体育、康养等领域。其中，红色旅游旨在推进爱国主义和革命传统教育大众化、常态化，形成红色旅游、红色教育、红色文化三位一体的发展格局；研学旅游为培养学生文化认同、科学素养、国际视野，提供个人研学、企业研学与亲子教育等不同类型专属研学课程与活动；体育旅游专注打造体育旅游产品，开展与体育赛事之

① 中国国旅寻求海外扩张：拟设立香港市内免税店 https://mp.weixin.qq.com/s/5z5PIkZ52E6DJl3MYC3XbA

② 中国旅游集团有限公司欢迎您 http://www.ctg.cn/news/teamnews/11016611.html

③ 中国国旅新开两家免税店，重操旧业的时机 https://mp.weixin.qq.com/s/vXZcTQY8X3kFuVekjWXeJQ

④ 中国旅游集团有限公司欢迎您 http://www.ctg.cn/news/teamnews/11017482.html

⑤ 六大业务重整启新，“中旅 +”大生态意图长远 https://mp.weixin.qq.com/s/rQQym1Ei40FGy1WKCXdOtQ

间的合作，形成以中旅旅行为中心的体育旅游产品产业链；康养旅游致力于为健康养生旅游体验提供服务，打造中国康养旅游品牌。

打造全新旅行社业务，全方位满足旅游者需求。中旅旅行针对中高端消费者的个性化需求和体验感受，提供定制旅游方案及相关服务，满足中高端消费者对旅游和服务的更高要求。根据客户需求，为其提供一对一咨询、个性化定制和全行程管家式服务，探索和研发个性化、新颖的、全方位的服务产品。中旅旅行注重深度体验为旅游带来的满足感，并以健康养生、高端研学、兴趣爱好和人生重要时刻等生活场景，为中高端消费者打造一种独特的生活方式，全方位满足游客需求①。

3.3 中青旅控股股份有限公司

3.3.1 企业简介

中青旅控股股份有限公司（以下简称“中青旅”）的前身为中国青年旅行社总社，成立于 1997 年 11 月，并于同年 12 月上市，是国内 A 股首家旅行社类上市公司；是共青团中央创立中国改革开放后的第一家旅游类企业。2017 年底，中青旅从共青团中央整体划转到中国光大集团，列入光大集团一级直属企业序列，成为中国第一家拥有中央大型金融控股集团发展背景的旅游类上市公司，公司的实际控制人也由共青团中央变更为国务院。

创立 40 年来，中青旅将国有背景与市场化机制有机融合，以创新发展为根本动力，不断推进旅游产业价值链的整合与延伸，在景区运营、整合营销、观光度假、差旅管理、酒店运营、旅游客运等领域具有较强的竞争优势。旗下拥有中青旅、乌镇、古北水镇、遨游网、中青博联、山水时尚酒店、耀悦、中青旅联科、中青旅博汇等一系列知名企业和业务品牌，在北京、上海、杭州、南京、广州、重庆、天津、深圳、成都、西安、乌鲁木齐、厦门、青岛、太原、南宁、香港、东京、大阪、温哥华、亚的斯亚贝巴等海内外核心城市均设有分支机构。

目前，中青旅拥有总资产超过 160 亿元，营业收入突破 140 亿元，品牌价值突破 270 亿元，年服务游客突破 2000 万人次。作为与国家改革开放同生共长的行业龙头企业，中青旅按照高质量发展要求，依托中国光大集团金融控股平台，发挥产融合作优势，以优质的文化旅游产品和服务，不断满足人民对美好生活的新需求，做品质生活的系统提供者，力争建设成

① 中国旅游旅行服务有限公司 https://aboutus.ourtour.com/ourtour/aboutus/about_jituan.htm

为全球领先的综合旅游服务商[①]。

3.3.2 2019 企业大事记

2019 年 3 月 29 日，中青旅控股股份有限公司与上海市崇明区人民政府在京签署战略合作协议。双方将以崇明区承办第十届中国花博会为契机，打造崇明生态旅游品牌，共同推进崇明文化旅游事业发展[②]。

2019 年 4 月 26 日，中青旅重庆国际旅行社有限公司正式成立。作为中青旅在成渝地区设立的首家直属分支机构，中青旅重庆公司围绕旅行社业务、签证业务、旅游目的地营销发力，积极拓展旅行社业务以外的其他旅游业态，加速布局国内旅游西南片区龙头市场，增强旅行社业务拓展能力，推动旅行社板块全国化的战略布局[③]。

2019 年 7 月 25 日，中青旅控股股份有限公司与中华联合保险集团股份有限公司签署战略合作框架协议，为双方进一步合作奠定基础[④]。

2019 年 10 月 15 日，中青旅与中关村科技园东城园管委会在中青旅大厦签署战略合作协议[⑤]。

2019 年 11 月 6 日，中青旅控股股份有限公司与全球顶尖基础设施全方位服务企业 AECOM 举行了隆重的战略合作签约仪式。今后双方将充分发挥各自在文旅产业链的差异化竞争优势，聚合行业内的优质资源与专业力量，共同为中国文旅行业做出贡献[⑥]。

2019 年 11 月 14 日，中青旅收到正式通知，确认中青旅中标中国驻埃塞俄比亚使馆签证申请中心项目。该项目的中标，意味着国内领先的中青旅签证业务正式走向海外，迈上从服务中国公民到服务海外游客的新台阶，也标志着中青旅在践行“一带一路”倡议、国际化业务拓展等方面取得新突破[⑦]。

---

① 中青旅简介 – 中青旅介绍 – 中青旅控股股份有限公司 http://www.cyts.com/about/brief/

② 以花为媒 共筑中国梦 | 中青旅与上海崇明区签署战略合作协议 – 中青旅控股股份有限公司 http://www.cyts.com/News/GetDetail?id=1096

③ 中青旅设立重庆公司 布局西南旅游市场 https://mp.weixin.qq.com/s/lzJ2RVA4Tlf81GtICXUk–g

④ 中青旅与中华保险签署战略合作协议 – 中青旅控股股份有限公司 http://www.cyts.com/News/GetDetail?id=1170

⑤ 中青旅与中关村科技园东城园管委会签署战略合作协议 – 中青旅控股股份有限公司 http://www.cyts.com/News/GetDetail?id=2436

⑥ 中青旅与 AECOM 达成战略合作 – 中青旅控股股份有限公司 http://www.cyts.com/News/GetDetail?id=2457

⑦ 中青旅中标中国驻埃塞俄比亚签证申请中心项目 签证业务实现海外布局新突破 – 中青旅控股股份有限公司 http://www.cyts.com/News/GetDetail?id=2466

3.3.3 中青旅战略分析

细分市场，精准布局“旅游+”业务板块。近年来，中青旅理性分析市场发展形势，围绕人的价值提升，在原有业务板块基础上，大力拓展“旅游+教育”“旅游+体育”“旅游+康养”三大战略领域。针对不同年龄层的游客群体量身定制旅游服务和产品，致力于成为品质生活的系统提供者。针对青少年成长需求，中青旅实施“旅游+教育”战略。目前已成立“少年智强研学”等品牌，取得了良好的育人效果。针对中青年，中青旅实施“旅游+体育”战略，致力于重塑中青年的健康生活方式。为了满足人们对于体育健身运动的需求，中青旅与国家体育总局合作，承接“世界传统武术锦标赛”等活动，已在国内各地产生了较大的社会影响。针对退休以后有钱有闲的老龄群体，中青旅实施“旅游+康养”战略。为此中青旅不仅创立了“钧安旅居”康养品牌，还在遨游网上线康养旅游频道，提供候鸟式养老服务，探索实施景区开发与康养休闲结合的新项目。

稳中求进，巩固四大核心业务。中青旅集团拥有旅行社业务、整合营销业务、景区业务、酒店业务四大业务板块，在四大业务板块继续追求业务规模和经营损益的稳健增长，打造“全球领先的综合旅游服务商”是中青旅不变的追求。在旅行社业务上，坚持规模与效益并重，大力培育跨界融合业务，打造多元化、高品质、创新型的旅游产品。在整合营销业务上，坚定落实、巩固、协同、整合核心优势的战略，提升行业竞争力、客户黏性与抵御风险能力，保持稳定、高质量发展态势。在景区业务与酒店业务上，持续升级转型，在打造优质旅游产品、提升服务口碑、完善服务设施、增加住宿及商务会议接待能力等方面继续发力，提升“复合景区”的综合盈利能力①。

3.4 众信旅游集团股份有限公司

3.4.1 企业简介

北京众信国际旅行社有限公司于2005年成立，2016年组建众信旅游集团，公司更名为众信旅游集团股份有限公司（以下简称“众信旅游”），开始了集团化运作。众信旅游是国内领先的大型出境旅游运营商，主要从事出境游批发、出境游零售、整合营销服务业务，在欧洲、大洋洲、非洲、美洲等长线出境游及亚洲短线出境游上具有较强的竞争优势。众信旅游有

① 【行业榜单】旅行社品牌20强——中青旅 https://mp.weixin.qq.com/s/FJIzcfbe8E3RppWbh7QPGg

2000 多家同业合作客户及数万家合作经营网点，在北京、上海、天津、武汉、西安、昆明、杭州、南京、苏州、河北、内蒙古、江西等省市，拥有超过 350 家零售实体门店。

近年来，公司坚持从旅游到旅行的发展路径，业务从出境游到出境游 + 国内游、周边游，从北京、上海等主要出境口岸城市到覆盖国内各主要城市，从跟团游到定制游，从常规旅游到专项、主题旅游，从出发地组团到目的地参团，公司产品不断丰富，持续引领着市场发展，每年为 200 万人次以上的游客提供旅游服务。目前公司旗下拥有奇迹旅行、众信游学、北京优达与杭州四达、悠联货币、优贷小贷等多家专项旅游及出境服务公司，初步形成了出境综合服务平台的战略布局。未来，众信旅游将在继续加强批发业务领先优势的基础上，加大零售业务开拓力度，将众信旅游零售品牌拓展至全国①。

3.4.2 2019 企业大事记

2019 年 9 月 3 日，众信旅游与中国移动国际旗下出境旅行服务平台无忧行 APP 及易游集团在北京进行战略合作协议签约，三方将在出境游目的地旅行产品、欧洲通信、“退多多”电子退税卡等方面展开深度合作，共同为中国旅行者提供更加便捷、快速、安全、可追踪的欧洲电子购物退税及全方位的出境游综合服务②。

2019 年 9 月 19 日，众信旅游集团控股子公司 U-Top 集团与北马里亚纳群岛联邦政府公共土地部签订特许经营协议，取得塞班军舰岛独家特许运营权。本次取得塞班军舰岛的运营权，使得众信旅游集团直接进入景区资源运营领域，是公司目的地资源战略的进一步布局③。

2019 年 10 月 15 日，众信旅游与马耳他旅游局达成战略合作，此次签约标志着众信旅游集团与马耳他旅游局战略合作关系正式达成。双方将整合优势资源，在马耳他目的地营销和旅游产品制造上全面推进，共同在华打造马耳他群岛中高端欧洲海岛目的地的形象，推广马耳他丰富多彩的历史文化、自然风光及特色旅游项目④。

2019 年 11 月 13 日，众信旅游集团股份有限公司与厦门建发国际旅行社集团有限公司在厦门市文化旅游会展产业发展大会现场签署战略合作协

---

① 公司简介 —众信旅游悠哉网 https://www.uzai.com/AboutUs/CompanyProfile
② 公告详情 —众信旅游悠哉网 https://www.uzai.com/aboutus/dynamicdetails?id=4339
③ 公告详情 —众信旅游悠哉网 https://www.uzai.com/aboutus/dynamicdetails?id=4342
④ 公告详情 —众信旅游悠哉网 https://www.uzai.com/aboutus/dynamicdetails?id=4348

议，双方将加强优势互补，围绕会议展览、邮轮旅游、大型包机、出境旅游等方面开展深度合作。这是众信旅游继零售品牌正式落地福建之后，再次重磅布局东南市场，将有力地提升产品和运营本地化效率[①]。

2019 年 12 月 18 日，众信旅游集团控股子公司悠联货币与全球最大的退税代理服务商环球蓝联集团签署退税代理合作协议。这是悠联货币除了核心的个人本外币兑换特许业务之外，在退税服务业务方面的又一布局，也是众信旅游集团在"旅游 + 金融"领域战略升级、加快发展的重要标志[②]。

3.4.3 众信旅游战略分析

聚焦主营业务，开启双品牌运营格局。众信旅游聚焦主营业务，实施目的地均衡策略，在长短线市场均努力扩大公司各区域口岸市场的份额；发挥规模优势和业务协同效应，提高资源获取能力，降低资源采购成本；以省为单位进行产品本地化落地和产品升级，细分各区域消费偏好，进一步丰富直飞产品和国内国际联运航班产品。除此之外，众信旅游正式推出"优耐德旅游"作为众信下属的批发业务新品牌独立公司运营，与竹园国旅"全景旅游"品牌在出境游批发领域进行双品牌运营，开启众信旅游出境游的双品牌运营格局。

拓宽基础业务，打造出境综合服务商。众信旅游坚持从旅游到旅行的发展路径，加快产业链一体化布局。公司业务由出境游拓展至国内游、"旅游 +"出境服务，逐步向国内游、高端旅游、游学留学、移民置业、旅游金融、健康医疗、目的地服务等一系列旅游及出境综合服务延伸。在继续加强批发业务领先优势的基础上，加大零售业务开拓力度，将众信旅游零售品牌拓展至全国。在国内领先的出境旅游运营商基础上实现战略升级，力争成为国内外具竞争力的全方位出境综合服务商[③]。

4. 旅行社行业发展趋势

我国经济正处于高质量发展阶段，消费不断升级，在疫情影响下，习总书记提出"两个循环"，以国内大循环为主体、国内国际双循环相互促进

① 公告详情 —众信旅游悠哉网 https://www.uzai.com/aboutus/dynamicdetails?id=5361
② 公告详情 —众信旅游悠哉网 https://www.uzai.com/aboutus/dynamicdetails?id=5363
③ 公告详情 —众信旅游悠哉网 https://www.uzai.com/aboutus/dynamicdetails?id=5364

的新发展格局，扩大内需，发挥国内超大市场规模的优势，同时以国内大循环吸引国际循环发展；同时旅游主管部门不断加强对旅游业的监管，建立黑名单制度，加快标准化建设，提升旅游社产品质量；另外，青年市场逐渐成为市场主体，旅游需求更加个性化、品质化，提升旅游服务质量，优化旅行社发展格局，转型升级，推动旅游业高质量发展已是必然趋势。

4.1 旅行社行业垂直化、纵深化发展

旅行社分工体系主要有垂直分工体系和水平分工体系两种，西方国家经过市场化的发展后，旅行社形成了旅游经营商、旅游批发商和旅游零售商三类，或是批发旅游经营商和旅游零售商两类的垂直分工体系，分工专业层次分明；而我国由于历史和制度原因，形成了水平分工体系，由一开始的一类、二类、三类旅行社的“三分法”转向国际旅行社、国内旅行社的“二分法”，后在 2009 年出台的《旅行社条例》中取消了对旅行社的分类，并缓慢地向垂直分工过渡。旅行社在部门层面形成了垂直分工体系，但行业在整体上还呈水平分工体系，不同经营模式的旅行社在产品上仍然比较相近[①]。

目前，大型旅行社不断通过资本整合，战略投资，布局上下游产业，推动旅行社集团化发展，春秋旅游向产业链上游延伸，与无锡荡口古镇战略合作，全权负责荡口古镇的门票销售工作，并实施广告、营销、市场活动等旅游推介工作；凯撒着力打造覆盖“游、购、娱、食、宿、行”六大要素的旅游全产业链布局，其旗下的“易食控股”是中国目前唯一一家业务范围同时覆盖航空配餐、铁路餐饮的企业。中型旅行社在 OTA 及大型旅行社的重压下，又面临消费升级和疫情的冲击，推动中型旅行社进行转型升级，向专业化发展，定制、研学、康养等是提高旅行社利润空间的新形式。小型旅行社可以通过成为大型旅行社的代理商等方式谋求新发展。

4.2 线上线下融合加速，私域流量或成新增长点

近年来，线上线下融合不断加速，中青旅自建平台遨游网、众信战略投资悠哉网、凯撒开设自己的品牌官网、飞扬集团自建电商科技公司，通过线上线下一体化，在获得直客方面迸发出强势的劲头；同时，在线旅游

① 曾丽，陈钢华. 以部门为分析单位的旅行社分类研究［J］. 旅游学刊，2013，28（05）：109–115.

平台通过加盟或直营的模式来扩展线下的布局。流量红利见顶，获客成本不断提高，行业从搜索流量时代进入了推荐流量时代，旅游作为低频消费产品，客户黏性较低，盘活私域流量，构建自身私域流量池，获取高质量的客户，稳定销售渠道，是提升利润空间的方式之一。通过社群营销，与客户进行互动，增强关系黏性，同时以KOL、KOC引导顾客，建立彼此间的信任、留住顾客是目前不少企业的选择。2020年新冠肺炎疫情期间，线上优势凸显，不少旅游从业人员通过卖特产、生鲜等方式获得收入，同程国旅通过与咪店合作，利用咪店的私域流量，在原有旅游产品销售的基础之上，增添更多品类，全面满足用户旅游+吃喝玩乐的需求，发掘出高频消费与低频消费之间的互动模式，在一周内产值破亿元，而携程梁建章通过直播的方式，进行预售产品，成绩不菲。凯撒与擅长会员忠诚度管理的华润网络战略合作，致力于健全会员管理体系系统建设，探索行业标准化会员体系系统解决方案。

4.3 旅游产品业态不断丰富

4.3.1 定制旅游

2020年9月1日，中国旅行社协会发布《旅游定制师等级划分与评定》，将旅游定制师分为初、中、高三级，并指出定制游产品是旅行社接受旅游者的委托，根据旅游者的需求，单独设计行程、报价并提供服务的专项产品及服务，包括但不限于单项旅游服务、会议旅游服务、奖励旅游服务、特种旅游服务等；旅游定制师是依托定制旅游产品相关资源、服务、组织，以及供应链体系，提供定制旅游产品设计方案和实施方案的从业人员。

近年来，随着消费升级和旅游市场主体的变化，旅游需求不断变化，个性定制化成为趋势，且定制旅游利润空间较大，越来越多的市场主体涌现，定制旅行从概念走向市场，开始从高端奢华走向大众定制阶段。疫情期间，不少传统旅行社开始转型做定制，规模较小的稻草人旅行和白日梦旅行，进行业务调整，在小包团业务的基础上，推出定制游产品，并将重心转移到国内。6人游也开始调整业务，发力国内定制游的发展。定制游企业主要有专业的定制服务商，如6人游、路书、无二之旅等；OTA的定制游平台；传统旅行社的定制部，如中青旅旗下的遨游定制、凯撒旅游定制游品牌“明智优选”、众信旅游的“优定制”等。近两年，定制旅游发展得如火如荼，但定制旅游行业仍旧存在很多问题，如规模化、ROI和转化率低下、缺乏服务规范等，不少定制旅游服务商开始利用技术转向B端，推动定制旅游规模化发展。在疫情的冲击下，私密性和个性化需求凸显，对于传统旅行社来说，发挥自身丰富可靠的资源优势，发展定制游是其进行转型升级的方式之一。

4.3.2 康养旅游

康养旅游是指通过养颜健体、营养膳食、修心养性、关爱环境等各种手段，使人在身体、心智和精神上达到自然和谐的优良状态的各种旅游活动的总和。国内康养旅游产品类型主要以温泉康养旅游、森林康养旅游、中医药康养旅游和体育旅游为主[①]。

政策推动康养旅游发展，2016 年，原国家旅游局发布《国家康养旅游示范基地标准》，提出了康养旅游的必备条件和基本要求。近年来，各地纷纷出台相关政策支持康养旅游产业发展，广西印发《广西大健康旅游产业工作实施方案》，在土地、金融、税收和市场准入等方面给予优惠[②]。海南省在《海南省健康医疗旅游实施方案》中提出，拟用 10 年左右将海南建成世界一流的健康医疗旅游目的地和世界医疗旅游主要客源地，实现健康医疗旅游总收入 400 亿元。康养旅游市场空间大，康养旅游主要市场是银发市场、亚健康人群及追求生活品质的人，我国 60 周岁及以上人口有 25 388 万人（约 2.54 亿人，2018 年约为 2.49 亿人），占总人口的 18.1%。而我国每年老年人旅游人数占到全国旅游总人数的 20% 以上，且市场规模逐年增长[③]。根据世界卫生组织报告，到2025年，北美、欧洲、中东、亚太60%以上的国家面临着人口老龄化，全球跨境康养旅游需求将迎来爆发式增长[④]；目前我国 70% 的人处于亚健康状态，15% 的人处于疾病状态，同时追求生活品质成为当代年轻人的追求。

在政策和市场利好的情况下，同时在疫情的影响下，消费者更加关注身体健康，传统旅行社积极布局康养旅游，2017 年，中青旅就旅游与教育、体育、康养三大战略业务的深度融合进行布局；2019 年，凯撒旅游与国家体育总局社会体育指导中心达成战略合作，双方将发挥各自优势，通过打造一系列户外徒步赛事和健走活动，力拓潜力巨大的全民健身下沉市场；2020 年，凯撒与博鳌乐城先行区管理局签署战略合作协议，进军医疗旅游。

---

① 李莉，陈雪均. 中国康养旅游产业的发展历程、演进规律及经验启示［J］社会科学家，2020，05：74–78

② 广西：将启动 30 个投资超 50 亿元的康养旅游项目 https://www.pinchain.com/article/211656

③ 母亲节，能否重启疫后银发游市场？ https://www.pinchain.com/article/219719

④ 起风了，海南医疗旅游要成为“风口上的猪”吗？ https://www.pinchain.com/article/222457

4.3.3 红色旅游

红色旅游是文旅融合的重要方面，具有政治、文化和经济作用，近年来，在政策的推动下持续升温。2004—2018 年，中共中央、国务院先后印发 3 期《全国红色旅游发展规划纲要》，2019 年 11 月 12 日，中共中央、国务院印发了《新时代爱国主义教育实施纲要》，提出要推动红色旅游内涵式发展，完善全国红色旅游经典景区体系，凸显教育功能，加强对讲解员、导游等从业人员的管理培训，加强对解说词、旅游项目等的规范，坚持正确的历史观和历史标准。同时，红色旅游人次逐年攀升，客群也逐渐年轻化，14 岁以下的中小学生占比 5.4%，20~39 岁青年群体占比 57.3%，整体青少年及青年人群占绝对多数[①]。2019 上半年，最受用户关注的十个红色旅游目的地分别是嘉兴、徐州、延安、安顺、遵义、锦州、赣州、枣庄、信阳和抚顺[②]，但在红色旅游发展过程中仍旧存在同质化强、文化内涵不够等问题。在发展过程中要注重深挖红色文化的时代内涵，以传承红色基因为核心，创新红色旅游产品，促进红色旅游可持续发展。

4.3.4 研学旅游

研学旅行在政策的鼓励下，发展迅速，2019 年 2 月 26 日，中国旅行社协会与高校毕业生就业协会联合发布《研学旅行指导师（中小学）专业标准》《研学旅行基地（营地）设施与服务规范》，为研学旅行服务市场提供发展契机和规范。同时，不断推出研学旅游活动和精品路线，福州开启“夏一站，趣福州”2020 年研学旅游季，河南发布 10 条暑期研学旅游精品线路。研学旅游市场空间广阔，有数据显示，2018 年中国研学旅行机构数量达 12 000 家[③]，且利润率可观，业内普遍认可的研学项目毛利润率为 20%~30%，比单纯旅游项目 10% 左右的利润率高出一大截[④]。目前，研学旅游市场主要有传统旅行社、专业研学机构、培训机构、留学中介、旅行类企业等，但旅行社的市场份额仅占 10%，同时许多游学机构华而不实，存在“旅而不学，学而不旅”等问题，其商业化模式也模糊了研学旅游的本质。同时在疫情之下，乡下研学产品受到大家的关注，未来研学旅游市场广阔，亟待开发。

表 4–1 所示为研学旅游相关政策。

---

① 同程艺龙与同程旅游：青少年成为红色旅游主力 https://www.pinchain.com/article/201993

② 马蜂窝：发布 2019 十大红色旅游目的地 https://www.pinchain.com/article/196210

③ 研学旅行，还需要多点耐心 https://mp.weixin.qq.com/s/kOv0HmKeZIjXJAKOkocN7w

④ 谌春玲 . 研学旅游市场的挑战与发展问题研究［J］. 经济问题，2020（06）：88–93.

表 4-1 研学旅游相关政策

时间	公布单位	相关文件及内容
2013 年 2 月	国务院	《国民休闲旅行纲要（2013—2020）》，逐步推行中小学生研学旅行
2016 年 11 月	教育部联合 11 部委	《关于推进中小学生研学旅行的意见》，正式将研学旅行纳入中小学教育教学计划
2016 年 12 月	原国家旅游局	《研学旅行服务规范》，对研学旅游中的服务提供方、人员配置、产品、服务项目及安全管理进行了详细规定
2017 年 9 月	教育部	《中小学综合实践活动课程指导纲要》，将研学旅行确立纳入学校教育学分系统
2017 年 12 月	教育部	《关于公布第一批全国中小学生时间教育基地、营地名单的通知》
2018 年 11 月	教育部	《关于公布 2018 年全国中小学生时间教育基地、营地名单的通知》

内容来源：笔者整理

随着市场的不断变化和需求的不断变化，旅游者越来越追求旅游体验，同时品质化诉求也越来越高，旅游产品业态越来越丰富，定制游、房车游、无障碍旅游、云旅游、红色旅游、康养旅游、研学旅游等新业态不断出现。而在疫情的冲击下，旅游者越来越注重旅游过程中的私密性和自身的健康，小团定制游成为趋势，康养旅游也越来越被重视；同时家长越来越注重孩子的教育问题，加上政策推动，未来红色旅游和研学旅游具有较大的发展空间。

4.4 跨界融合，旅游边界模糊化

4.4.1 旅游 + 金融

近年来，在政策利好的情况下，旅游业积极与金融融合发展。旅游互联网金融主要包括消费金融和供应链金融。在线旅游平台同程成立同程金服、去哪儿成立金融事业部、携程成立携程金融，同时途牛和驴妈妈也开设了金融板块，开始针对 C 端切入消费金融，开展旅游分期、现金分期、保险、理财、联名信用卡等服务，但目前，途牛现金贷和驴妈妈消费分期暂停，携程的拿去花也遭到投诉。2019 年，携程与同程开始针对 B 端提供应链金融服务。携程上线“程信链”，帮助微小企业融资，基于携程的大数据、自主研发的指纹识别、风险计算引擎等技术，分析企业的财务状况和偿债能力，将供应链场景融入线上，全程在线操作。同程成立“同驿贷”，为酒店住宿行业的加盟商提供酒店融资服务，同时对于旅游产业细分领域建立不同的风控模型，可服务于不是同程旅游体系内的企业。同时，传统旅行社也针对C端提供消费金融服务，同时也提供签证、退税等服务，中青旅遨游网上线“阳光遨游”金融频道，设有存款证明的开具、货币兑换、出国金融联名借记卡预约、光大永明安游宝旅游意外险等金融产品和服务，为客户办理集旅游产品、签证服务、金融服务为一体的一站式线上旅游金融服务。凯撒集团与亿联银行签署战略合作协议，将在财富管理、个人消费信贷、账户业务、支付结算业务等领域展开全面合作，同时与天风证券战略合作，在企业融资、市场研究、财务顾问、投资并购等方面展开合作。

从旅游者层面来说，旅游业进入大众旅游时代，散客化趋势愈来愈显，移动支付成为不可缺少的支付方式，同时，年轻一代的群体个性化明显，接受消费信贷方式进行旅游。从企业方面来说，旅游企业投融资渠道单一，无有形抵押资产，同时风险评估难度较大，在传统金融机构贷款有难度。旅游与金融的融合有助于提升旅游服务体验解决资金痛点，增强企业竞争力。

4.4.2 旅游 + 免税

2020 年 6 月 1 日，中共中央、国务院印发《海南自由贸易港建设总体方案》(以下简称《总体方案》)，提出“放宽离岛免税购物额度至每年每人10 万元，扩大免税商品种类”。为落实《总体方案》要求，进一步释放政策效应，高质量建设自由贸易港，经国务院同意，财政部、海关总署、税务总局发布《关于海南离岛旅客免税购物政策的公告》，自 2020 年 7 月 1 日起实施。2020 年 7 月 1 日至 31 日，海南省 4 家离岛免税店共实现免税销售额约 25 亿元，人均消费 5527 元，同比分别增长 240% 和 82%[①]。

2018 年 12 月，中国国旅发布公告，把旗下国旅总社转让给自己的控股股东中国旅游集团，正式退出旅行社业务，聚焦免税主业，中国国旅已经率先布局三亚海棠湾、海口美兰机场和博鳌东屿岛免税店等，形成垄断之势。凯撒、众信等也开始聚焦免税业务，2020 年 2 月，众信旅游集团与中免集团签署战略合作协议，双方将依托中免集团在境内外免税业务优势及

① 海南：离岛免税新政“满月”销售额同比增长 240% https://www.pinchain.com/article/224774

众信旅游的旅游综合服务优势，全面整合资源，共同开发境内外旅游零售市场，通过联合投资免税店、旅游购物零售门店等方式，打造中国具有全球竞争力的世界一流旅游零售项目。凯撒旅游于 2019 年在海南设立同盛免税，作为其免税业务的控股管理平台。2020 年，凯撒旅业引入背靠建投华文及三亚发控的文远基金，着力推进在三亚市内及机场的免税项目。

未来“旅游 + 免税”空间广阔，不少省份已经开始布局免税市场，2020 年 9 月 7 日，国务院发布了关于深化北京市新一轮服务业扩大开放综合试点建设国家服务业扩大开放综合示范区工作方案的批复。批复称，将优化市内免税店布局，统筹协调在机场隔离区内为市内免税店设置离境提货点，落实免税店相关政策。同时，与旅行社业务相比，免税业务利润更为可观，以中国国旅为例，2017 年中国国旅营收为 282.82 亿元；净利润为 25.31 亿元。其中，旅游服务业收入为 122.78 亿元，占营收的比例为 43.41%，毛利率为 9.60%。中国国旅的免税业务收入为 148.61 亿元，占营收的比例为 52.55%，毛利率却为 45.72%[①]。

4.4.3 旅游 + 直播

中国电商直播始于 2016 年，电商平台与短视频平台陆续上线直播功能，短视频开始进行电商、付费等多种商业模式的尝试；2017 年，主播身份多元化，从明星网红向俗人拓宽转移，MCN 机构开始出现；2018 年，直播频道在各内嵌平台的重要性逐渐上升；2019 年，行业进入爆发期，交易额高涨，电商直播标配化，主播身份更加多元化，直播已经成为用户娱乐生活的重要内容形式。在 2016 年，飞猪、携程、马蜂窝、同程艺龙等 OTA 就开始尝试直播，与各直播平台进行合作，比如，去哪儿与斗鱼合作，途牛与花椒合作，众信与乐视视频、Club Med 共同打造一款旅行直播真人秀活动。

在疫情的冲击下，旅游直播成为旅游企业自救的渠道之一，根据艾瑞咨询数据显示，用户接触过的内容形式中，“直播”位居第二，仅次于“短视频”；在疫情期间，消费者观看活跃度调研中，“直播”用户观看活跃度明显增加，位居第一[②]。携程进行“Boss 直播”，24 场下来 GMV 累计达到 13.5 亿元[③]；马蜂窝也开始与平台商家及旅游达人进行直播，2019 年 4 月 30

---

① 中免持续领跑，中国免税业积极寻求海外扩张 https://www.pinchain.com/article/187375

② 2020 年中国企业直播应用场景趋势研究报 https://www.iresearch.com.cn/Detail/report?id=3635&isfree=0

③ 4 个月带动近 5 亿元旅行直接消费，携程未来上线直播平台 https://www.traveldaily.cn/article/140169

日至5月5日，马蜂窝就不间断地带来了1500多场直播；飞猪也从2019年2月以来连续推出25 000余场直播，观看人次超7000万人次[①]。2019年11月，携程在国内的投资平台上海科慧创业投资有限公司旅行MCN；2020年6月，众信旅游投资创建的MCN机构“众信方舟”正式投入运营，且参与了淘宝直播秀“817零食节”。众信方舟以网红孵化、直播、短视频、平台级节目制作为主营业务，将搭建全品类的场景式带货生态体系，同时为众信旅游集团的各项业务提供线上流量新入口，推动众信旅游加快数字化改造升级。

利用直播平台生产优质的PGC和PUGC进行内容营销、场景营销，且可利用平台KOL来与客户建立关系，构建企业私域流量池。2019年，电商直播整体成交额达4512.9亿元，同比增长200.4%，仅占网购整体规模的4.5%，渗透率较低，预计2020年直播带货的渗透率可达20.3%[②]。直播营销优势明显且成长空间大，未来旅游直播发展可待。

滴滴关联公司成立旅行社，其经营范围包括境内旅游业务、入境旅游业务、旅游信息咨询、火车票销售代理、航空机票销售代理、会议服务、酒店管理、餐饮管理、汽车租赁（不含9座以上乘用车）等；“华住会”入驻拼多多，拼多多在火车票、机票之后，涉入酒店产品；抖音所属的北京微播视界科技有限公司将企业经营范围进行变更，新增了旅游信息咨询业务，进军旅游业。新玩家不断入局，旅游边界越来越模糊。旅游与房地产、教育、直播、免税、民宿、金融、农业等产业不断融合，充分发挥旅游业的带动作用，同时也优化了旅游业的产业发展格局，增强了竞争力。

---

① 旅游直播哪家强？各花入各眼 https://www.pinchain.com/article/220468

② 2020年中国直播电商生态研究报告 https://www.iresearch.com.cn/Detail/report?id=3606&isfree=0

2019 年北京市旅行电商发展报告[①]

邓 宁，张晓丹，黄佳佩，熊婷婷，娄雯婧

1. 2019 年在线旅游发展总览

相对于 2018 年 5G 应用的方兴未艾，2019 年从某种意义上已成为“5G 商用元年”，移动互联网全面渗入旅游行业，在线旅游发展得如火如荼。同时，旅游大数据的运用也达到了前所未有的高度，但也对在线旅游监管提出了新的要求。伴随着我国旅游市场持续向好发展，在线旅游市场规模整体呈逐年上升趋势，据《2019 年度中国生活服务电商市场数据报告》显示，2019 年中国在线旅游市场交易规模突破“万亿元”，约为 10 866.5 亿元，相比 2018 年 8750 亿元增加了 14.96%，在线旅游用户规模达 4.13 亿人，同比 2018 年 3.92 亿人增长 5.35%。总体来看，“万亿元时代”下，增速持续下降已成为在线旅游市场的常态，用户规模增速保持稳定，高质量发展是未来在线旅游发展的必然趋势。目前我国在线旅游市场存在以下特点：

1.1 在线旅游市场规模持续增长

2019 年，中国移动用户数量突破 16 亿，移动互联网趋于全面普及，用户人均使用时长和 APP 使用数量依然持续上涨[②]。同时，工信部正式发布 5G 商用牌照，标志着中国正式进入 5G 商用元年。在此背景下，2019 年我国在线旅游继续保持增长态势，在线旅游收入突破万亿元大关，整体来看，在

---

① ［作者简介］邓宁，男，湖南湘乡人，博士，副教授，北京第二外国语学院旅游科学学院副院长，北京旅游发展研究基地研究员，北二外旅游数字营销与人工智能研究中心主任，中国旅游景区协会标准化委员会副秘书长，主要研究领域为来旅游大数据及旅游在线营销。张晓丹、黄佳佩、熊婷婷、娄雯婧，北京第二外国语学院旅游管理专业硕士研究生，主要研究领域为旅游市场营销与旅游电子商务。

② 2020 年中国移动互联网行业发展现状分析，小程序成为生活服务类应用重要流量入口 https://bg.qianzhan.com/report/detail/300/200729-ea733d58.html

线旅游标准化、品质化等精细化运作对行业发展发挥促进作用，其增长态势相对于以往下降趋势有所回暖，重归双位数增长，证明市场精细化运作是促进行业健康发展的有效措施。图 1–1 所示为 2015—2019 年中国在线旅游市场交易规模。

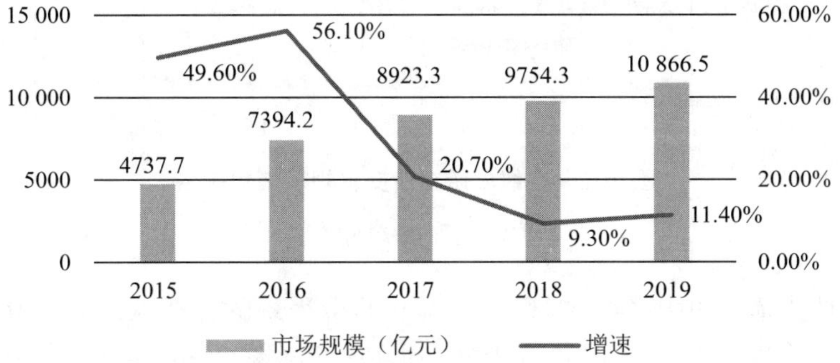

图 1–1　2015—2019 年中国在线旅游市场交易规模

数据来源：中国文化和旅游部

80 后、90 后成为在线旅游市场增长的主要动力。据艾瑞统计“去哪儿”应用数据显示，2019 年去哪儿用户群体中，21~25 岁占比 16.92%，26~30 岁占比 23.7%，31~35 岁占比 20.53%，36~40 岁占比 14.81%，其平均年龄为 31.8 岁[①]。在线旅游呈年轻化趋势，80 后、90 后成为在线旅游主要用户群体。

1.2 在线旅游企业格局呈头部聚集

在线旅游行业表现出高集中度，历经搏杀留下来的头部企业占据着主要市场份额，目前形成了携程系、阿里系、新美大三大实力角逐竞争格局。据《中国在线旅游行业市场前景预测与投资分析报告》显示，2019 年在线旅游厂商分为三个梯队，携程、飞猪、去哪儿为第一梯队，其全年交易规模指数均高于 45，第二梯队为同程艺龙、美团点评、途牛、驴妈妈，全年交易规模指数均低于 45，剩余其他在线旅游厂商位于第三梯队，如图 1–2 所示。

① 2019年中国旅游行业市场现状及发展趋势分析 旅游出行年轻化、青年旅行优势凸显 https://bg.qianzhan.com/trends/detail/506/191115–a2930aae.html

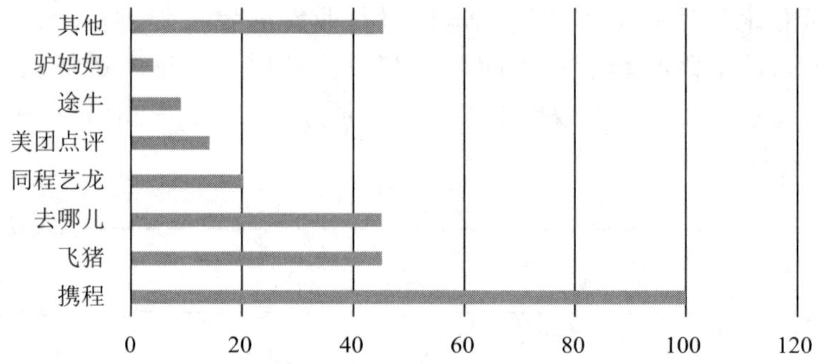

图 1-2　在线旅游企业交易规模指数排名

数据来源：前瞻产业研究院

总体来看，2019 年以携程、去哪儿的携程系的在线旅游企业相对于飞猪、美团有略微优势，但各有千秋，形成了在线旅游市场三足鼎立的竞争格局，加速行业整合。携程营业收入处于较高水平，2019 年总交易额达到 8650 亿元，稳居全球在线旅游行业第一。而美团盈利能力略高一筹，在美团到店、酒店和旅游等方面毛利率均高于携程，成为在线酒店市场第一。飞猪利用阿里流量发力在线交通和在线度假等细分市场领域，紧逼携程。

1.3 自驾游、亲子游市场持续火热

随着交通基础设施日益完善和汽车租赁市场的日益成熟，自驾游在旅游市场迅速发展。截至 2019 年年底，全国小型载客汽车保有量达到 2.2 亿量，新能源汽车保有量达到 381 万辆，有 30 个城市汽车保有量超过 300 万辆[①]。同时，汽车经营租赁市场规模不断扩大，互联网汽车租赁兴起，2019 年我国互联网汽车租赁活跃用户规模达到 2500 万以上[②]。在此背景下，考虑到自驾游的便捷性和舒适性，越来越多的人加入自驾游的行列，据车轮与途牛旅游网联合发布的《2019 上半年自驾游报告》显示，就 2019 上半年而言，有 82.6% 的车主有过自驾游经历。家庭游、亲子游也成为自驾游的最佳组合方式，并且以驴妈妈为代表的 OTA 平台为用户提供亲子自驾游产品，亲子游也成为 2019 年主流消费趋势，据 2019 年携程国庆旅游数据显示，亲

① 全国私家车保有量首次突破 2 亿辆 66 个城市汽车保有量超百万辆 http://paper.people.com.cn/rmrb/html/2020-01/08/nw.D110000renmrb_20200108_5-04.htm

② 十张图了解 2020 年中国互联网汽车租赁行业现状与发展趋势 市场缺口大 https://www.qianzhan.com/analyst/detail/220/200901-45c2402a.html

子游从占比和人均花费方面均位于较高水平，亲子游占比达35%，人均消费达3000元以上，高于平均水平。

1.4 内容和个性化推荐成为在线旅游营销关键

在信息爆炸时代，新奇有趣的内容层出不穷。大唐不夜城不倒翁皮卡晨小姐姐成为继摔碗酒之后的又一个网红IP。一个个性鲜明、有传播力的网红IP是景区营销新的突破口。旅游目的地、旅游局、酒店等纷纷在短视频端口和在线旅游平台进行内容营销，用好的内容构建目的地和品牌的线上资产。同时，随着用户需求、内容体验的变化，在线旅游产品也随之不断升级。在过去内容较少的时代，用户往往通过搜索寻找自己想要的内容。而在信息爆炸时代，人和内容的连接方式从“人找内容”到“内容找人”。在线旅游企业充分利用大数据发现用户需求，实现精准营销，进行个性化推荐。马蜂窝作为UGC型平台，其核心优势在于“内容+交易”。通过大数据，帮助自由行用户制订出行计划、购买旅游产品、获取旅途信息等。因此，好的内容构成线上资产，基于大数据的个性化推荐创造用户需求，从而扩展营销半径。

1.5 在线旅游平台国际化战略部署加强

2019年为携程成立20周年。在携程20周年庆典上，携程宣布集团英文名变更为Trip.com Group Limited.，并提出G2战略，即GreatQuality（高品质）和Globalization（全球化）。梁建章立下豪言：“未来五年，携程要成为全球最大的国际旅游企业。”①在此之前，携程就有走向国际化的倾向。2016年，携程收购天巡网，此举帮助携程切入欧美航空市场。接下来携程将布局印度这一新兴市场，投资印度最大的OTA平台MakeMyTrip，国际化部署将进一步加强。

途牛通过不断增设新的海外目的地服务中心，部署全球化市场，将自营目的地服务网络作为提升用户体验的方式，满足游客不同需求，为消费者提供更全面的目的地服务和保障，进而扩大海外市场。

1.6 科技赋能旅游景区，提升用户体验

5G、VR、门票线上化等带给消费者更多的便利。2019年12月7日，

① 携程走出国门：从本土巨头到全球玩家 https://mp.weixin.qq.com/s/PB0Hx0wOqmO8UJ_0-6u2bg

中国联通等三大运营商获得国家关于 5G 试验频率全国使用许可批复，中国正式跨入 5G 时代。中国联通发布了首个基于 5G 技术的智慧旅游系列应用，并在红旗渠景区成立了“文化旅游 5G 创新应用示范基地”。中国电信与深圳欢乐谷已合作建设“中国首个‘5G+ 体验园’”。此外，大宽带、低延时的 5G 网络可以助力实现全息投影、水幕投影、AR/VR 互动等，此技术将加强目的地服务，提升旅游体验。

“一部手机游云南”成为云南旅游新名片。“游云南”APP 是基于腾讯物联网、云计算、大数据、人工智能等技术，提供手绘地图、在线导游、语音讲解、AI 智能识景等在线导览服务①。此外，许多景区实现线上购票和扫码快速入园服务，多家酒店实现刷脸入住。

1.7 付费会员成 OTA 服务升级新风向

在线旅游领域，付费会员经济“越烧越烈”。限时 99 元的同程艺龙黑鲸会员、108 元的携程超级会员、169 元途牛黑卡、168 元驴妈妈超级会员、268 元马蜂窝金卡 VIP 先后上线，并且已经经历多次“升级”，会员权益越来越有“诱惑力”。付费会员体系是各大平台基于对存量流量的精细化运营及解决用户出行“痛点”而推出的营销策略。随着互联网“人口红利”的消失，在线旅游企业获取流量的成本越来越大，互联网企业开始由粗犷向精细化运营转变，激活存量，致力于提高用户的线上化率。而对于场景化服务创新的投入力度加大，围绕出行“痛点”的场景化创新服务涌现出来，如机场快速安检、酒店免押金入住、旅游意外险等服务。通过付费会员提供权益的方式，给用户提供更好的产品体验。《中国在线旅游会员经济研究报告 2019》显示，与普通会员相比，付费会员拥有更高的活跃度、复购率，以及更高的购买频次。可见，企业面向付费会员推出的丰富权益体系和优质的服务体验持续刺激其复购。

1.8 在线旅游企业抢夺社交平台流量

移动互联网时代，诞生了中国最大的社交平台——微信。而小程序、公众号等，让微信成为一个流量分配机制平台。越来越多的商家抢夺社交电商的存量市场。同程艺龙借助微信平台，更加精准地触及非一线城市用户群。此外，抖音为美团和携程在抖音商家主页中打造了专属的外链。民

---

① 科技改变旅游 https://mp.weixin.qq.com/s/rd05DOsKfAZuUh-_UXg74A

宿预定平台途家、爱彼迎、小猪短租与小红书联合达成战略合作。目前，途家和爱彼迎在小红书上的企业账号首页设置了跳转预定功能；小猪也已打通小红书民宿预订入口，开通直连功能。高流量社交平台能为在线旅游企业提高稳定的流量来源，而寻求稳定的流量来源对于在线旅游企业来说至关重要。OTA 通过引流提高线上预订化率，同时也能起到很好的传播效应。

2. 北京在线旅游电商公司发展情况

2.1 美团点评

在 2019 年在线旅游平台的竞争中，美团点评酒旅业务的表现可圈可点。美团点评 2019 全年营收 975 亿元，较上年同期增长 49.5%，经调整净利润为 47 亿元，全年总交易金额同比增长 32.3% 至 6821 亿元。较 2018 年同期净亏损 84 亿元，实现大幅扭亏为盈，这也是美团自成立以来首次年度盈利。

数据显示，平台年度交易用户达 4.5 亿，同比增长 12.5%。活跃商家数 620 万，同比增长 7.1%。从收入构成上看，美团点评三大业务板块餐饮外卖、到店、酒店及旅游和新业务及其他占比分别为 56.2%、22.8% 和 21%。其中到店、酒店及旅游业务全年实现营收 223 亿元，同比增长 40.6%，占比由 2018 年同期的 24.3% 下滑为 22.8%。毛利率为 88.6%，较 2018 年同期 89% 的毛利率水平小幅下滑，是三大业务板块中唯一毛利率下滑的板块[①]。

目前，美团已经是“一年 3 亿间”的在线酒店预订平台和“一年 1 亿张”的景区门票预订平台，市场占比双双行业第一。在“Food + Platform”战略聚焦下，美团持续把自身的超级平台优势转化为旅游场景的服务优势，以“互联网 +”满足更多人群的旅游消费需求。同时，根据第三方移动互联网大数据监测平台 Trustdata 的相关数据，2019 年上半年，美团酒店订单量占比达到 50.6%，领跑在线酒店预订行业。“手机订酒店，5 成上美团 APP”已成国人酒店预订的普遍习惯。全球酒店预订领域的“3 亿间夜俱乐部”初步成形，Booking、Expedia、美团、携程凭实力构成四极。

2019 年 8 月 2 日，美团门票宣布正式上线“闪入园”功能，首批已覆盖了全国 300 多个城市的超过 2700 个景区。2019 年 10 月 3 日，美团门票创下单日入园人次突破 360 万的新纪录，始终保持行业第一。

① 2019 年美团财报 https://about.meituan.com/investor）

美团点评“必系列”榜单今年首次将评选范围拓展到美食之外的酒店和景区等领域，形成“必吃榜、必住榜、必玩榜、必逛榜、亲子必去榜”等多维度榜单内容，为消费者提供基于大数据、更立体全面的消费决策参考。

2019 年 10 月 15 日，美团在北京召开以“新职业 · 新技能 · 新发展”为主题的发布会，宣布“美团大学”正式成立。美团大学下设八大学院，涵盖餐饮、外卖、美业、酒旅等多个生活服务品类，致力于成为生活服务业数字化人才的大本营。

2019 年 12 月 15 日，中国旅游研究院和中国旅游协会联合主办的 2019 中国旅游集团发展论坛发布了 2019 年中国旅游集团 20 强名单。美团点评作为在线旅游平台的一员入选，这也是美团点评连续两年入选中国旅游集团 20 强。

2.2 去哪儿

2019 年 5 月 28 日，去哪儿网携手国航、东航、南航、海航等 33 家国内外航空公司成立“学生惠”盟，针对大学生群体，推出 3000 余条航线的学生专享价。同时，去哪儿网还推出 6000 余家酒店“学生价”，让学生出行全面享受学生价。继“机酒学生价”之后，去哪儿网瞄准 90 后暑期出游市场，面向非学生年轻用户群体推出的“大玩卡”式上市，以“寻人启事”主题的首批地铁广告在北京东单等地铁站与市民亮相。

2019 年 9 月 9 日，青岛航空原总裁兰翔加入去哪儿网，主管航司业务。兰翔负责去哪儿网与航空公司的业务合作，利用互联网技术优势，提升行业的大数据应用和旅客精细化服务水平，并致力于进一步推动国际航协 NDC（New Distribution Capability）标准在中国的落地。

2019 年 12 月 20 日，去哪儿网联合上海迪士尼度假区推出超级品牌日活动，优惠产品不仅涵盖门票优惠券和餐券，用户预订上海酒店还可以 1 元购买上海迪士尼度假区门票优惠券。

2019 年 12 月 31 日，去哪儿网 CEO 陈刚发布全员信称，要打造“独立估值”，未来“去哪儿”排除独立上市或进一步融资的可能性。陈刚表示，“去哪儿”没有流量干爹，必须要靠不输给任何企业的脑袋和组织来打胜仗。

2.3 马蜂窝

马蜂窝公布的数据显示，2019 年全年中国旅游市场游客数量预计增长约10%，在此背景下，马蜂窝交易用户数量实现了40%的增长①。2019年初，马蜂窝联合创始人、CEO陈罡提出了新旅游“3C”略，即用户（Consumer）、内容（Content）和商业化（Commercialization），三个要素形成闭环，展示了马蜂窝“内容+交易”模式的运行原理。数据显示，2019年全年，马蜂窝供应商平台上的内容产出量是2018年的20倍。

马蜂窝联合10家景区试点了“蜂巢智能营销体系”，将马蜂窝站内的营销能力集中输出给合作伙伴。景区可以通过该体系对线上的内容进行展示和发布、并对POI进行管理和智能化运营，未来，“蜂巢智能营销体系”还将实现语音导览、AR互动、线上购物等功能。

同时，马蜂窝在过去的一年里持续运营和优化金卡会员营销体系，2019年会员开卡量增长35万张，会员复购率和平均客单价均有大幅提升。马蜂窝旅游网作为旅游出行类APP的最佳代表之一，入选“Next World 2019年度风采奖”并登陆美国纽约时代广场的纳斯达克大屏。2019年5月23日，马蜂窝旅游网宣布完成2.5亿美元新一轮融资。融资的完成支持了马蜂窝的持续快速发展，以腾讯内容生态优势助力马蜂窝完成新的跨越。

2.4 穷游网

据悉，穷游在2019年第四季度已实现盈利。经过15年的内容沉淀，挖掘用户痛点，不断进行产品迭代，穷游已形成清晰的商业模式，最终通过“内容+营销”“内容+交易”等方式，挖掘流量价值，实现商业变现。

穷游网持续深耕内容领域，目前，在站内已积累了600多本的穷游锦囊电子书，累积阅读量超5.6亿。2019年穷游推出碎片化内容形式“Biu！”，自推出以来共产出超1000万条，影音化内容占比50%②。大量优质结构化的PGC内容与高活跃度的UGC分享，已成为穷游难以复刻的内容优势。同时，穷游拥有智能化工具“行程助手”，已为旅行者提供超3000万次的行程规划。

2019年，穷游全面发力“内容+”模式，以“内容”为核心，结合精准的用户画像，并借用大数据技术促进交易转化，该模式已成为穷游盈利的基石。基于此，结合专业的整合营销能力及创意能力，穷游成为品牌方

① 马蜂窝陈罡：2019年交易用户数增长40% 将全面释放攻略红利 https://www.sohu.com/a/361552711_100106801

② 穷游2019年Q4已实现盈利，积累600多本穷游锦囊电子书 https://www.meadin.com/ly/209939.html

提升在旅游行业及旅行者中认知度的重要渠道。据悉，穷游 2019 年合作品牌已超百家，旅游局、航司、POI、酒店、金融、3C 等多个领域。此外，穷游也持续打通“内容 + 交易”链路。从酒店业务，整体数据来看，通过“Biu!”中跳转预订酒店，转化率超 6%，远超行业平均水平。而穷游备受欢迎的行程助手的交易转化率为 20%~25%，几乎是业界平均水平的 5 倍。

2019 年 12 月 16 日，穷游在“2019 穷游 TOP 50 年度旅行者大会”上再次强调，从流量、运营、商业三力齐发，将继续强化达人体系，并将其作为内容生态的重要战略之一，足见穷游在“内容 +”模式的决心。

在 2019 年达人商业化方面，2019 年穷游整体合作达人超过 500 位，达人出行足迹遍布全球五大洲，超过 30 个国家、50 个城市，合作品牌超百家，覆盖旅游局、航司、景区景点、酒店、金融、3C 等多个领域。“双 11”期间，穷游与飞猪联手打造“超级推荐”板块，通过聚合达人公域私域能量，以优质内容种草带动商品交易，达人带货总 GMV 占比超过 14%，其中 23 位穷游头部达人获得超百万元收入①。

2.5 同程艺龙

2019 年是同程艺龙高歌猛进的一年。根据同程艺龙发布的 2019 年度业绩公告，收入由 2018 年的 60.91 亿元同比增加 21.4% 至 73.93 亿元。按合并基准，同程艺龙 2019 年 MAU（平均月活用户）同比增加 17.1% 到 2.05 亿人次，MPU（平均月付费用户）同比增加 34.5% 到 2690 万人次。从全年看，同程艺龙 2019 年的年度付费用户数量达到了 1.52 亿。同程艺龙以低成本抵达低线城市用户。注册用户中有 85.6% 来自中国非一线城市，而从微信端新获得的付费用户约 62.4% 来自中国三线及以下城市，高于 2018 年同期的 61.1%。在交易额方面，同程艺龙全年交易额为 1661 亿元，同比增加 26.3%。

同程艺龙的收入始终保持高增长态势，分季度来看，2019 年一至四季度的收入增速持续加快，一季度收入增速为 17.5%，到四季度增速提高到了 24.4%。

此外，受益于间夜量销售增加，2019 年同程艺龙来自住宿预订服务的收入达到了 23.58 亿元，同比增加 27.6%；交通票务方面，基于航段量和火

① 穷游网颁布“2019 年 TOP50 年度旅行者”榜单，再次聚焦内容生态 https://www.donews.com/news/detail/4/3075515.html

车票量的销售增加，来自交通票务的收入同比增加 12.2% 达到了 45.18 亿元；景点门票、广告服务、配套增值服务等其他收入达 5.17 亿元，同比大增 137.3%[①]。目前，同程艺龙拥有多元化的流量渠道，可以通过微信支付入口、小程序、自有 APP 等有效触达用户。

同程艺龙全面升级付费会员产品，着力打造“黑鲸会员”体系，覆盖行前、行中、行后全场景服务，并通过付费会员体系的建立，进一步完善同程艺龙会员忠诚度计划。同时，同程艺龙提出要从 OTA 向 ITA（智能出行管家）战略转型。

2019 年 4 月 24 日，同程艺龙与微信支付达成战略合作，双方将以微信支付分为基础，用户通过微信支付分在同程艺龙预订酒店，可获得“先住后付”“入住免押”等权益。用户从微信支付中的“酒店”“火车票机票”入口和“同程艺龙酒店机票火车”小程序等渠道预订标有“闪住”标签的酒店，系统会自动提醒开通微信支付分评估，当用户分值达到 600 分以上，可以免押金入住酒店，同时用户可获得离店再付费、离店免查房、无须排队的权益，提速入住和退房流程，极大优化用户的入住体验。

2019 年 10 月 21 日，同程艺龙小程序正式上线“高铁游”频道，在此频道内，同程艺龙全面整合了交通、景点门票、酒店等高铁游专享相关资源，用户可以根据自身需求选择旅行产品，实现便捷出行。

2019 年 11 月 19 日，以“构生态 · 建未来”为主题的 2019 软件绿色联盟开发者大会在北京国家会议中心举行。会上，“同程旅游”APP 和“艺龙旅行”APP 均被评为“2019 年度绿色应用”，其中“艺龙旅行”斩获“2019 年度我最喜爱的绿色应用”大奖。

2.6 途家网

2019 年，途家民宿整体增长在 2 倍左右，而高品质民宿“优选 PRO”和豪华民宿实现了 4 倍的增长。途家民宿的“超赞房东”每月进行定期考核，引导房东提供越来越优质的民宿服务。2019 年，途家“超赞房东”的房源数量和订单量增速均在 2 倍以上，70% 的订单量来自“超赞房东”。

截至 2019 年 5 月的统计，途家自营的民宿房源已突破 12 000 套，业务覆盖超过 120 座城市，单周流水接近 2000 万元。现阶段，途家全球房源超过 230 万间，拥有全亚洲最大的民宿流量入口，日平均间夜量达到 15 万间

① 同程艺龙财报：2019 年同程艺龙收入 73.93 亿元 http://www.199it.com/archives/1026547.html

夜，集团年交易量占据全行业交易量的一半以上；而据途家集团对今年 1—8 月平台业务总量的公布数据来看，途家平台国内订单量、交易量同比增速已经超过 100%；境外业务表现抢眼，交易量同比增速达到 280%，订单量增速更是超过 300%，整体表现强劲①。2019 年 2 月 26 日，途家发布内部信，创始人罗军卸任途家集团 CEO，继续担任斯维登集团 CEO 及途家董事，原途家 COO 杨昌乐即日起担任途家集团首席执行官（CEO）。

2019 年 4 月 17 日，2019 年途家民宿"一体两翼，赋能民宿升级"春季发布会在北京举行，这是途家民宿内部完成板块和资源全面整合后的年度战略发布会，备受行业瞩目。在针对长久困扰民宿行业的安全合规与用户体验等难题上，途家 2019 年"一体两翼"新战略重点围绕"让住民宿变得可靠和安全"这一目标投入，即除了保持途家民宿主体的稳定增长，还发力扶持旗下两家业务公司：途家自营与安伴智能，并在商户端、用户端、供应链、产品线等方面全面布局。

2019 年 10 月下旬，有用户投诉在途家上预订的"经济间"实为"阳台"，途家为此全面升级线上房源审核机制，对线上房源进行新一轮核查验证。新功能除了增加对个人房东的人脸识别、信息公安系统校验之外，还重点加入了对房源资质的人工审核，确保房东、房源信息的准确合规性。新系统于 2019 年 10 月研发完毕，2019 年 12 月正式上线。

2.7 小猪短租

2019 年 5 月 17 日，小猪在北京召开发布会，宣布签约影视演员邓伦成为新一代品牌代言人，并在现场启用了全新品牌 Logo。会上，小猪 COO 王连涛透露，截至 2019 年 5 月，小猪全平台共有超过 80 万间房源，分布在全球超过 700 座城市及目的地。这对于成立 7 年的小猪来说，是一个不错的成绩。而在 2018 年，小猪平台的房源突破 35 万间，覆盖国内 395 个城市和海外 225 个目的地，全球拥有超过 2800 万活跃用户，一年来，房源增长 1.5 倍。近两年来，小猪的业务增长 900%，5000 万注册用户。陈驰说："未来 5~10 年，小猪对自己的定位是'品质化的特色住宿提供者'。"

据统计，2019 年，有超过 6000 位小猪管家通过小猪平台，为数以万计的小猪及其他平台的房东提供保洁服务。2019 年 4 月，小猪管家的月订单峰值突破 25 万单，创下了小猪管家上线以来的峰值，已具备独立运营的能

① 途家民宿 8 月份实现盈利，日间夜量破 25 万 https://tech.huanqiu.com/article/9CaKrnKmwqJ

力。有超过万位小猪房东，通过小猪的在线商城购买过包括消防安全套装、智能设备、家电布草、餐厨洗护等在内的住宿配套设施①。

2019 年 5 月 31 日，小猪短租与马蜂窝旅游网在北京宣布达成战略合作伙伴关系，打造针对特色住宿的消费闭环，提升用户从信息获取、房源选择、预订、入住、点评到分享的全流程体验。此外，双方还将着力特色房源及目的地推广，共同推动多元化住宿市场发展。据悉，马蜂窝民宿频道已于日前正式上线，小猪已输送一批优质房源至该频道下，同时还引入了小猪保洁、智能安全设备等配套服务。

2019 年 7 月 10 日，小猪短租与小红书正式达成合作，小猪短租已打通小红书民宿预订入口，开通直连功能，并为小红书带来超 2000 家优质品牌民宿。

在 2019 年 9 月 25 日开幕的云栖大会上，特色住宿平台小猪与天猫精灵共同推出一款面向民宿应用场景的产品——天猫精灵旅住智能管家，基于双方的战略合作，共同打造标准化的民宿服务体验。在天猫精灵常规功能的基础上，产品针对民宿入住相关的上百种场景进行了理解优化，每个场景支持 1000 种以上的问法。

2.8 皇包车

皇包车旅行为北京纯粹旅行有限公司旗下品牌，专注于为中国出境游用户提供中文境外包车游预订服务，诞生于 2015 年初，一端链接出境游国人，另一端链接在海外生活多年的当地华人，为出境游国人提供专业的中文司机 + 导游服务。

作为细分领域领军平台，截至 2019 年 Q1，皇包车旅行拥有境外 10 万余名“当地人”，覆盖全球 90 多个国家、1800 多个城市，累计服务 1000 余万人次中国出境游用户。2019 年 6 月，皇包车完成 C+ 轮 5000 万美元融资，业务突破盈利线，跻身境外包车领域第一梯队②。

一线城市依然是包车游市场主力军，新一线及二线城市异军突起。平台数据显示，本次春节游包车游用户订单来源地主要仍然集中在一线城市，上海地区下单用户占比达 23.5%；与此不相伯仲的是北京地区用户，占比达

① 小猪短租：越来越“重”的民宿平台能否轻盈加速 https://baijiahao.baidu.com/s?id=1634127132294131103

② 皇包车旅行完成 5000 万美元 C+ 轮融资，深创投领投 http://finance.eastmoney.com/a/201906251160301514.html

21.2%；广州第三，占比 6.12%。其余占比前 10 城市集中于华南、华东、西南地区，而这些地区集中分布着杭州、成都等新一线城市，大有占据出境包车游用户半壁江山的趋势。

皇包车成功突围的秘诀就在于精准的市场定位，以及对司导群体的高效管控。皇包车定位于 C 端用户的细分垂直市场，主要靠 OTA（在线旅行社）模式实现营收。其一端链接出境游国人，另一端链接在海外生活多年的当地华人，专注为出境游国人提供专业的中文司机 + 导游服务。为了保证服务质量，皇包车整合了丰富的华人司导（司机 + 导游）资源，极大程度上满足了游客“懒 + 个性化”的需求。同时，皇包车旅行“一价全包”的销售方式，有效杜绝了用户与当地人之间产生额外的消费行为，避免了“临时加价”的情况，也让价格更透明。

2.9 小结

总的来说，2019 年是旅游电商平台迅猛发展的一年，各电商平台用户和交易额稳步增长，总体呈现出以下特点：以美团点评和穷游网为代表，多数企业实现盈利，扭亏转盈，同程艺龙表现抢眼；各企业纷纷稳固已有战地，不断深耕，如美团点评不断优化完善其自身的超级平台优势，马蜂窝和穷游网持续深耕内容，小猪和途家民宿不断扩张房源等；以马蜂窝和穷游网为代表的 UGC 平台专注“内容＋”建设，形成清晰的商业模式，促进流量变现；各企业更注重平台间战略合作，搭载流量平台，如同程艺龙与微信支付达成战略合作、小猪短租与小红书达成合作、小猪短租与马蜂窝达成战略合作伙伴关系等；不断开发新业态、新模式，如同程艺龙小程序上线“高铁游”频道；以皇包车为代表的新兴企业则专注于挖掘细分市场，谋求精准的市场定位。

3. 在线旅游电商发展趋势

3.1 在线旅游市场将进一步规范化

近年来，蓬勃发展的在线旅游平台以其高效、便捷的服务深受消费者青睐。然而，在给人们生活带来便利的同时，在线平台发展也逐渐暴露出虚假宣传、欺诈消费者等问题。默认搭售、大数据“杀熟”、虚假宣传、低价陷阱等现象是在线旅游平台最常见的几大陷阱。马蜂窝因内容违规被约谈并非个案，在线旅游企业被投诉、被约谈的消息时常见诸媒体，平台乱象亟待整治。

2019 年涉及投诉较多的 OTA 平台既有途牛、同程旅游、艺龙、飞猪、去哪儿、马蜂窝、美团点评等一、二线平台，也包括走着瞧旅行、联联周边游、世界邦旅行、侠侣亲子游、骑驴游、小猪短租、旅划算、微旅、铂涛旅行、驴妈妈旅游、爱彼迎等三、四线平台[①]。

为保障旅游者合法权益，规范在线旅游市场秩序，促进在线旅游产业可持续发展，文化和旅游部就《在线旅游经营服务管理暂行规定（征求意见稿）》向社会公开征求意见，对在线旅游经营行为做出进一步规范，拟禁止在线旅游经营者利用大数据进行“价格歧视”、进行虚假预订等，其发布无疑是中国在线旅游行业发展的新起点，为行业健康发展保驾护航，将为美丽中国、法治中国和全域旅游贡献力量。于 2019 年 1 月 1 日起正式施行的《中华人民共和国电子商务法》也对不合理低价游（低价陷阱）、搭售以及价格歧视（大数据杀熟）等社会热点问题进行了回应，有助于保障游客的合法权益，规范在线旅游的市场秩序，促进在线旅游行业的规范发展，行业走向规范化。

3.2 直播带货成为旅游电商营销重要手段

艾媒咨询数据显示，2019 年中国在线直播行业用户规模达 5.04 亿人，增长率为 10.6%；2020 年用户规模预计达 5.26 亿人[②]。2019 年在线直播平台陆续推出“直播 +”节目。随着直播行业的迅猛发展，各大旅行服务平台早已开始筹备利用网络直播的方式向公众推广景点，提升平台影响力。利用直播持续与用户进行交互，尽管直播带货的效果可能不及快消品和美妆产品，但高频次直播作为一种全新的主动营销新模式，能够触及更多用户，在带动一定订单量增长的同时，也让相对低频的旅游用户成为品牌的忠实粉丝，大大提升用户的黏性和活跃度。凭借着明星网红的流量效应、更为丰富深入的用户体验等优势，直播带货成为旅游电商营销的重要手段。

3.3 云旅游下新体验、新业态、新模式将成为创新热点

网络化、数字化、智能化发展背景下，在 5G、AR、VR、AI、无人机

---

① 2020年中国在线旅游行业市场现状及竞争格局分析 携程和去哪儿旅行稳居第一梯队 https://bg.qianzhan.com/trends/detail/506/200827-5b61c3d4.html

② 《艾媒报告|2019—2020年中国在线直播行业研究报告》https://www.iimedia.cn/c1020/70473.html

等技术支持下，“云旅游”以图文、全景、短视频等多种形式利用新媒体呈现，是智慧旅游的重要形式。随着经济社会的不断发展，人们的消费水平虽然有所提高，但工作越来越忙碌，空闲时间越来越碎片化。而“云旅游”则可以合理利用人们的这些时间打造线上旅行，“云开阔”人们的视野，通过线上传播引流客户到线下旅游景点参观。“云旅游”的出现是技术、消费需求和应对疫情共同推动的结果。从科技、文化、内容、模式四方面不断创新，提升游客的体验，拓展“云旅游”的发展空间，有助于推动旅游业态创新和产业结构优化，形成产业发展的新动能。

3.4 消费升级、优质高端游成为新趋势

随着消费升级的进一步深化，人们对旅游品质的要求越来越高，优质高端游成为在线旅游市场的新趋势。私家团、定制游、半自助、自助游等中高端旅游产品越来越受到游客的欢迎，据相关数据显示，2019 年上半年，马蜂窝定制游的服务人次相对于去年同期增长 217%，而通过携程平台预订出境私家团比去年同期增长翻一倍，尤其是新一线城市涨幅最为明显，如郑州报名私家团的人数同比增长高达 658%。至 2019 年国庆期间，携程平台报名定制游的游客数量增长达 154%，预订私家团的人数增长更是超过 90%①。随着互联网红利逐渐消失，在线旅游行业竞争越发激烈，唯有个性化方能突出重围，提供优质高端游，推行供给侧改革，与消费者优质旅游需求形成闭环是大势所趋，未来个性化的高品质旅游产品将成为在线旅游市场的重要趋势。

① 中国旅游研究院：2019 年中国出境旅游年度报告 http://www.199it.com/archives/917075.html

第四板块——会议与展览业篇

2019 年北京会议业发展报告①

刘林艳，靳杨楠，张　茵

会议业是一个对政策环境、经济周期等较为敏感的行业。2019 年是新中国成立 70 周年，面对国内外风险挑战明显上升的复杂局面，国民经济运行总体平稳，发展质量稳步提升，重点改革和攻坚任务扎实推进，经济转型升级态势持续，供给侧结构性改革成效显著，经济结构继续优化。服务业发展较快，现代服务业增势良好。随着国家“一带一路”建设的深入实施，开放型经济发展的不断推进，产业结构的不断优化调整，中国会议业总体运行平稳、稳中有进、缓中向好。

北京市“十三五”规划中，北京立足全国政治中心、文化中心、国际交往中心、科技创新中心的城市战略定位。将强化国际交往功能，培育重大国际会议和国际影响力强的文化、科技、体育等活动品牌，积极吸引国内外会展落户。

会议业作为构建现代市场体系和开放性经济体系的重要平台，其运行状态和发展趋势不但与经济转型密切相关，更对经济的创新驱动转型有着重要意义。应加快持续健康发展，努力推动北京市成为国际上具有竞争力和影响力的会议城市，更好地发挥自身在国民经济中的作用。

北京作为国内公认的最活跃的会议城市、每年举办会议最多的城市，对北京会议业的历史和现状进行研究具有代表性，且富有理论意义和实践意义。

---

① [**作者简介**] 刘林艳，女，管理学博士，北京第二外国语学院旅游科学学院，北京旅游发展研究基地，副教授，liulinyan_99@126.com；靳杨楠，女，北京第二外国语学院旅游科学学院，北京旅游发展研究基地，2019 级会展管理专业研究生；张茵，女，北京第二外国语学院旅游科学学院，北京旅游发展研究基地，2019 级会展管理专业研究生。

[**基金项目**] 北京市青年拔尖人才培育项目（CIT&TCD201904064）资助；北京第二外国语学院 2020 年研究生科研项目《线上展会模式创新与线下展会融合发展研究》（11122018002）。

1. 北京会议总体特征

本部分研究 2012—2019 年北京市承办会议的总体情况。分别从会议数量情况、会议收入情况、会议接待设施情况、会展从业人员情况、接待国际会议情况、会议时间分布等几个方面对北京市会议总体特征进行分析。数据主要来源于北京市统计局和国家统计局北京调查总队共同编制的 2012—2019 年的北京统计年鉴[①]。

1.1 会议数量和参会人数情况

根据北京统计年鉴，2012—2019 年北京市接待会议数量及增长率情况如图 1–1 所示。2013 年，北京市接待会议数量猛然减少，一年间从 2012 年的 31.3 万个会议降至 2013 年的 23.7 万个，增长率跌至 –24.2%；但随后 2014—2019 年，北京市接待会议数量逐步回升，2015 年改变了数量负增长的情况，并在 2017 年出现了接待会议量的峰值，此后增长率虽然有所下降，但接待会议个数在平稳增加，2017—2019 年，每年总量维持在 23.0 万 ~24.0 万个。

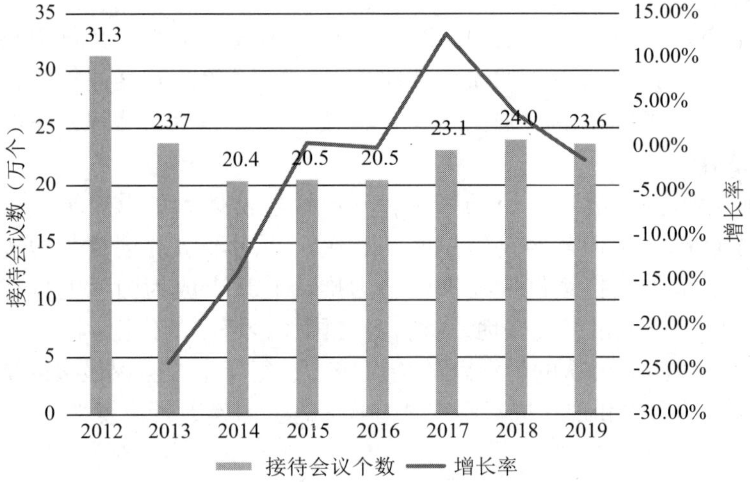

图 1–1　2012—2019 年北京市接待会议数量及其年增长率

① 注：统计范围包括会展场馆、星际饭店、会展举办单位以及规模以上会议及展览服务业法人单位和旅行社等。由于统计范围内单位名录每年均有变化，本文均采用北京市统计局根据当年实际情况调整后的数据。在统计年鉴的第二十二部分第三产业中的《会展业活动情况》，而本文撰写时 2016 年北京统计年鉴还未出版，2015 年的数据均使用历史平均法计算得出。

2012—2019 年，北京市接待会议人数总量变化情况与会议数量基本保持一致。2012—2014 年，北京市接待会议数量逐年递减，接待会议人数也随之减少并呈负增长。2015 年以后，会议接待人数恢复增长趋势，2015—2018 年，会议接待人数持续增长，从 2015 年的 1480.9 万人次增至 2018 年的 2112.9 万人次，增长率均为正值并在 2017 年达到最高值 19.21%。2019 年，接待会议人数稍有减少，但总量仍然维持在 2000.0 万人次左右，如图 1–2 所示。

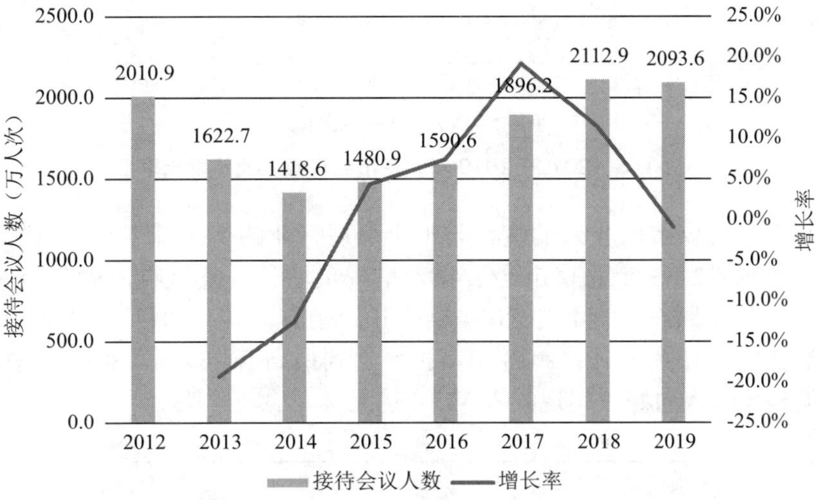

图 1–2　2012—2019 年北京市接待会议人数及年增长率

1.2 会议收入情况

2019 年，北京市会议产业实现收入 165.7 亿元，较 2018 年增长 1.0%。2012—2014 年，由于北京市接待会议数量下降，会议市场有所萎缩，会议收入处于下降趋势，2013 年与 2014 年均为负增长，2014 年降至 2012 年至今的最低水平。2015 年以后北京会议业市场开始逐步回温，2016—2019 年会议收入迅速增加，并在 2018 年首次超过 160 亿元。2016—2018 年会议收入年增长率均保持在 10.0% 以上，分别达到 11.7%、16.3%、25.3%，2019 年收入增幅低于前 3 年，但总体上仍表现稳步增长态势，如图 1–3 所示。

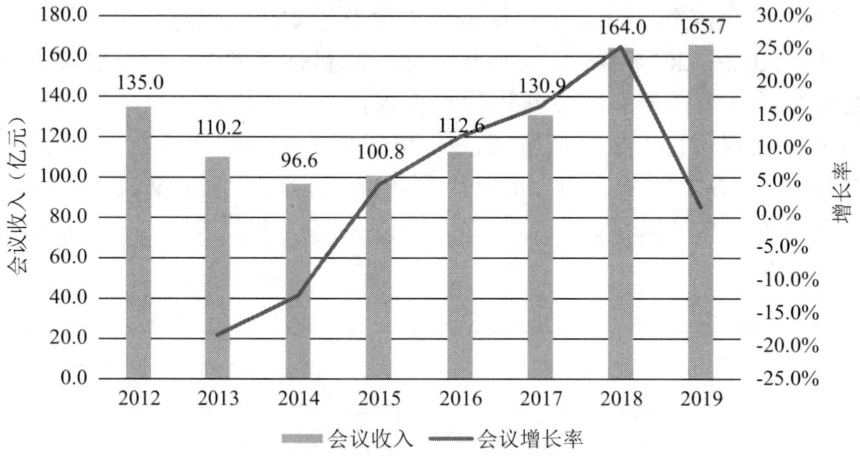

图 1-3　2012—2019 年北京市会议收入及年增长率

北京市会议市场收入的变化与整个会展行业的变化基本是一致的，如图 1-4 所示。2013 年北京市会展收入呈现负增长，整体收入骤降至 206.0 亿元，增长率跌至 -18.4%。2014 年后开始稍有回转，2014—2019 年北京市会展业收入持续上升，2018 年增长率达到最高值 26.4%，2019 年增幅减小，但整体收入向好，实现收入 345.4 亿元。

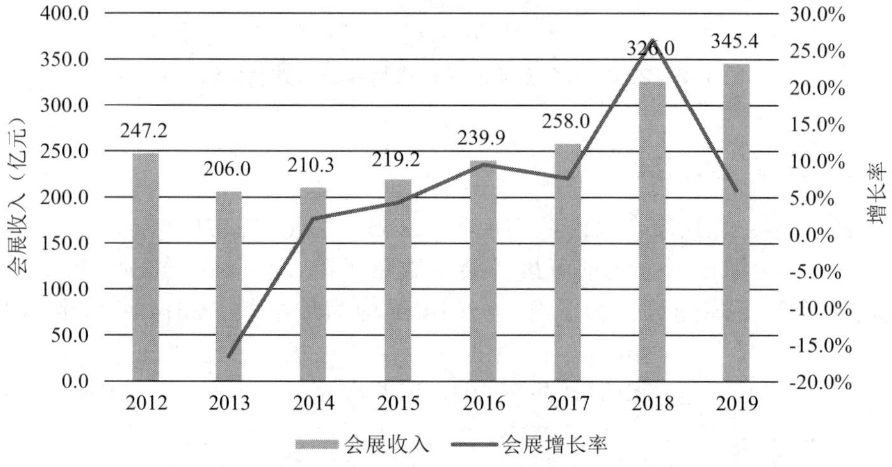

图 1-4　2012—2019 年北京市会展收入及年增长率

如图 1–5 所示，2012—2019 年，会议占比最高的是 2012 年，占会展总收入的 54.6%；会议占比最低的是 2014 年，占会展总收入的 45.9%。其中 2012 年、2013 年、2017 年、2018 年比例稍高，占比均超过 50.0%；2019 年北京市会议收入占会展收入的 48.0%，较前两年略有下降。整体来看，会议和展览的繁荣和萎缩基本同步，会议占会展的收入比例保持在 45%~55% 的一个相对稳定的范围内，平均占比为 49.5% 左右，会议收入在整个会展收入占比中较为可观。

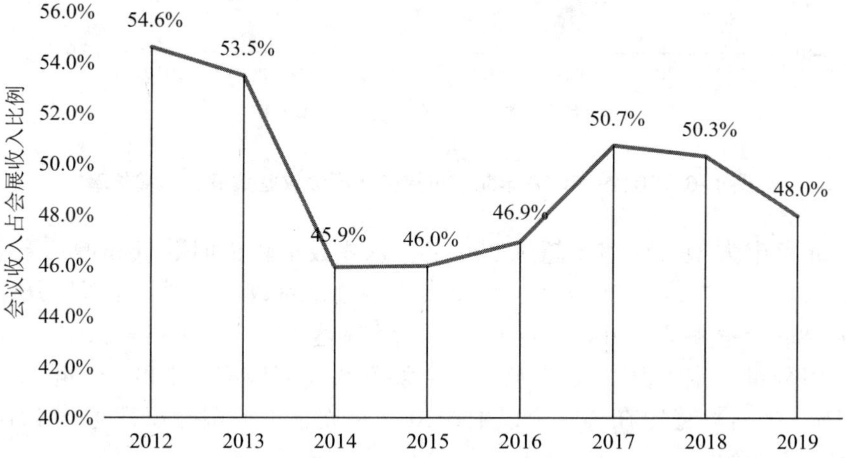

图 1–5　2012—2019 年北京市会议收入占会展收入比例

1.3 会议接待设施情况

会议设施是城市会议业发展的基础。根据北京市统计年鉴数据，2012—2013 年，北京市接待场所会议室个数达到 5500 个以上；2014 年由于会议业出现收缩情况，接待场所会议室数量大幅度缩减至 4908 个，增长率为 –12.4%，此后 2014—2016 年会议室数量维持在 4800~4900 个；2017 年开始接待场所会议室数量持续增加并超过 5000 个，2019 年会议室数量达到 5265 个，如图 1–6 所示。

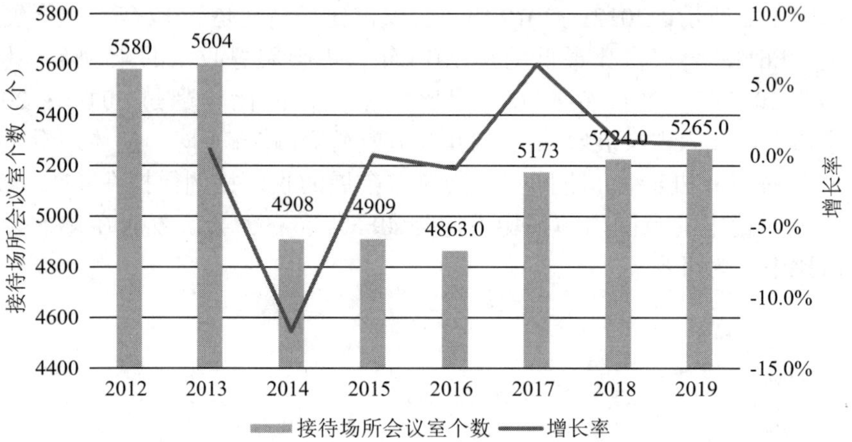

图 1-6　2012—2019 年北京市接待场所会议室数量及年增长率

北京市大型会议室（超过 500 座）总体数量较少但数量和增长率变化具有波动性。2012—2014 年，北京市大型会议室数量呈现负增长，从 2012 年的 209 个缩减至 2014 年的 174 个，降幅达 16.7%；2015—2019 年大型会议室数量稳定上升，2017 年大型会议室数量突破增至 200 个，增长率为 10.5%，随后均稳定在 200 个以上，2019 年北京市大型会议室达到 231 个，如图 1-7 所示。

图 1-7　2012—2019 年北京市接待场所座位超过 500 座会议室数量及年增长率

2012—2019年，大型会议室占会议室总量的比例较稳定，保持在3%~4.5%，2013年占比最低，为3.4%，2018年开始占比增加至4.0%以上，2019年北京市大型会议室占会议室总量的比例达到4.4%，如图1–8所示。

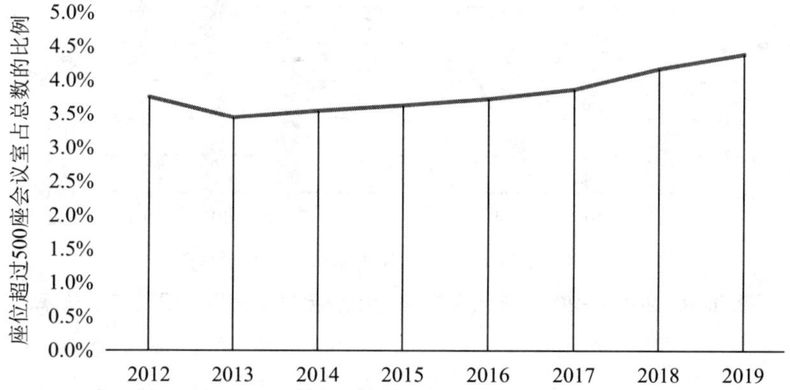

图1–8　2012—2019年北京市接待场所座位超过500座会议室占总会议室数比例

北京市接待场所会议室的使用面积维持在71万~83万平方米。2012年，北京市会议室总面积80.7万平方米，2013年增长至82.2万平方米。2014年，接待场所会议室使用面积出现断崖式下降，使用面积降至72.4万平方米，跌幅达11.9%，此后的2015年、2016年使用面积持续下降，呈现负增长情况。2017年接待场所会议室的使用面积开始增长，增长率为9.5%，使用面积增至78.0万平方米。2018年接待场所会议室的使用面积继续增加，并出现自2012年以来首次突破80万平方米。截至2019年，北京市接待场所会议室的使用面积达到82.2万平方米，如图1–9所示。

北京市接待场所会议室可容纳人数在2012—2013年波动幅度较小，会议室可容纳人数总量维持在48万人左右。在2014年伴随着会议产业的巨大调整，会议室可容纳人数增长急剧减少至43.9万人，降幅达9.3%。随后，2015—2019年，会议室可容纳人数呈波浪式增长，2017年会议室可容纳人数以8.7%的较高增长率快速增至48.2万人；2018年后增长放缓，但保持稳步增加的趋势，并且会议室可容纳人数在2018年首次突破50万人（自2012年以来），截至2019年，北京市接待场所会议室可容纳人数为52万人，如图1–10所示。

图 1-9　2012—2019 年北京市接待场所会议室使用面积及年增长率

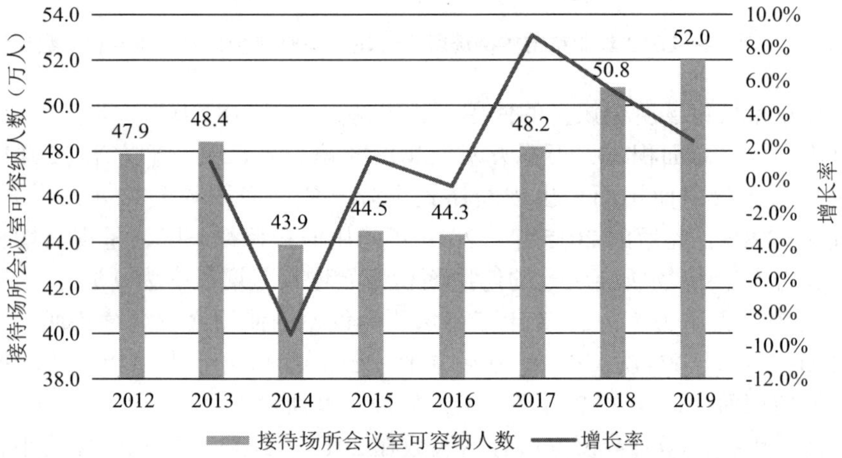

图 1-10　2012—2019 年北京市接待场所会议室可容纳人数及年增长率

1.4 会展从业人员情况

如图 1-11 所示，2012 至 2019 年会展业从业人员数量呈波动式变化，整体上有下降趋势，由 22.5 万人减少至 14.7 万人。2012 至 2014 年的会展从业人数变动幅度较小，2015 年出现较大幅度的变化，之后年份的变动幅度则趋于平稳。除 2012 年和 2014 年外，其他年份从业人数增长率为负，并在 2015 年达到历史最低水平 –26.7%。2019 年会展行业就业人数较 2018 年有所提高，达到 14.7 万人，就业人数增长率为 8.1%，是自 2015 年以来出现的首次增长。

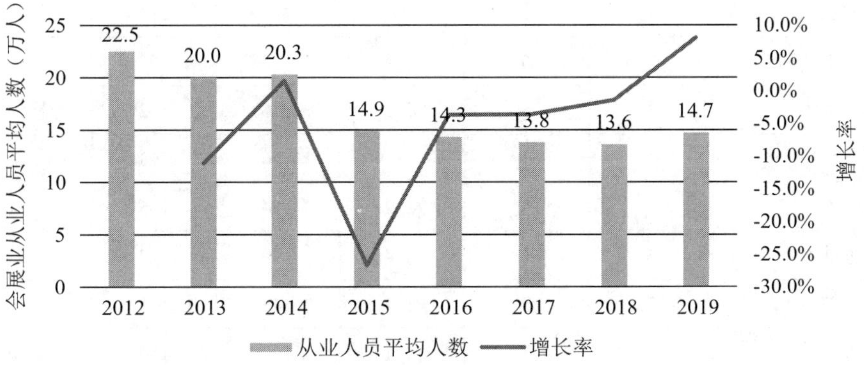

图 1–11　2012—2019 年北京市会展从业人员数量及年增长率

1.5 接待国际会议情况

根据国际会议协会（International Congress and Convention Association，ICCA）公布的《2019 年度国际会议协会数据报告 [①]》，中国 2019 年共举办 539 场国际会议（ICCA 所统计的国际会议，是指至少有 3 个国家轮流举行，且与会人数至少在 50 人的固定大型会议），其中，北京举办了 91 场大型国际会议；居全球所有城市中的第 22 位（见表 1–1）；在亚洲城市中排名第 7 位；在国内城市中排名居首位，占国内大型会议的 16.9%。相较于 2018 年北京举办 93 场大型国际会议，占国内的 20.7%，2019 年北京举办大型国际会议的数量和占比有所下降。总的来看，北京举办国际会议数量较为稳定，但相较于亚太地区的其他城市仍有较大差距。此外，从国内城市举办国际会议的情况来看，北京在中国城市中排名稳居第一，但上海、杭州、成都、西安等城市也在不断崛起，北京面临的国内外市场上的竞争日趋激烈，如图 1–12 所示。

① ICCA. ICCA Statistics Report_2019［EB/OL］. http://www.iccaworld.com/，2020–06–30.

表 1-1　2018—2019 年举办国际会议 TOP30 城市

城市	排名			会议数量		
	2019	2018	变化	2019	2018	变化
巴黎	1	1	—	237	212	↑ 25
里斯本	2	6	↑ 4	190	152	↑ 38
柏林	3	5	↑ 2	176	162	↑ 14
巴塞罗那	4	4	—	156	163	↓ 7
马德里	5	3	↓ 2	154	165	↓ 11
维也纳	6	2	↓ 4	149	172	↓ 23
新加坡	7	8	↑ 1	148	145	↑ 3
伦敦	8	7	↓ 1	143	150	↓ 7
布拉格	9	9	—	138	136	↑ 2
东京	10	13	↑ 3	131	123	↑ 8
布宜诺斯艾利斯	11	11	—	127	133	↓ 6
哥本哈根	12	16	↑ 4	125	120	↑ 5
曼谷	13	10	↓ 3	124	135	↓ 11
阿姆斯特丹	14	13	↓ 1	120	123	↓ 3
首尔	15	15	—	114	122	↓ 8
都柏林	16	18	↑ 2	109	104	↑ 5
雅典	17	24	↑ 7	107	90	↑ 17
罗马	18	22	↑ 4	102	93	↑ 9
台北	19	20	↑ 1	101	100	↑ 1
悉尼	20	25	↑ 5	93	87	↑ 6
蒙特利尔	21	25	↑ 4	92	87	↑ 5
北京	22	22	—	91	93	↓ 2
香港	22	12	↓ 10	91	129	↓ 38
吉隆坡	22	34	↑ 12	91	68	↑ 23
斯德哥尔摩	22	19	↓ 3	91	103	↓ 12

续表

城市	排名			会议数量		
	2019	2018	变化	2019	2018	变化
布达佩斯	26	20	↓ 6	90	100	↓ 10
上海	27	28	↑ 1	87	82	↑ 5
布鲁塞尔	28	17	↓ 11	86	112	↓ 26
赫尔辛基	29	32	↑ 3	80	71	↑ 9
利马	30	35	↑ 5	78	67	↑ 11

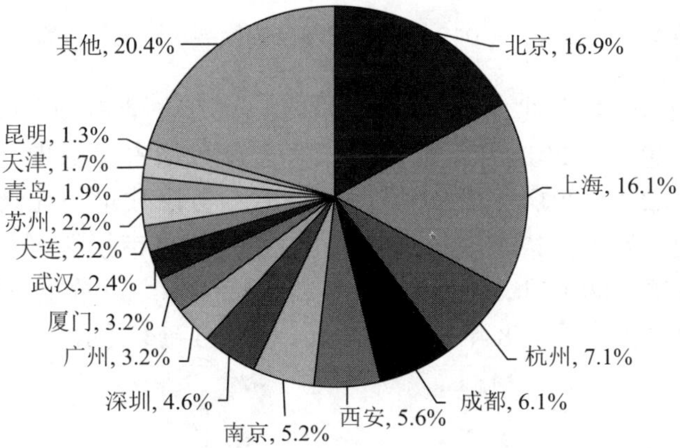

图 1–12　2019 年国内举办国际会议的城市分布情况

（1）接待国际会议数量情况

根据北京市 2012—2019 统计年鉴，北京市接待国际会议数量呈现出较为明显的波动变化，整体上有下降的趋势。2012—2019 年，仅有 2014 年、2018 年两年为正增长，其他年份均为负增长。2012—2014 年，接待国际会议数量在 0.6 万 ~0.7 万区间波动，波动幅度较大，从 0.7 万个左右下降至 0.6 万个左右。2015 年增长率小于 –20%，接待国际会议数为 0.5 万个，而 2016—2019 年，国际会议接待量均在 0.5 万个以下，2019 年增长率为 –21.5%，接待量仅有 0.34 万个，如图 1–13 所示。

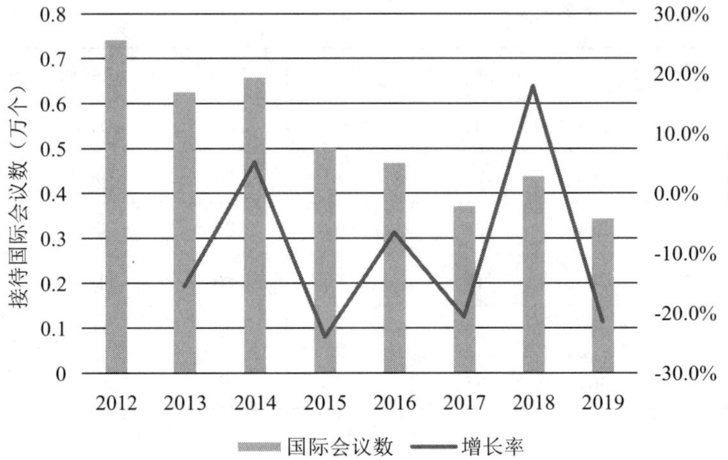

图 1-13　2012—2019 年北京市接待国际会议数量及年增长率

2012—2019 年，北京市接待的国际会议数量占总会议的比例为 1.5%~3.2%。2012—2014 年，北京市国际会议数量占比稳步上升，在 2014 年达到峰值 3.2%；2014—2017 年，接待国际会议数量占比持续降低，从 2014 年的峰值降至 2017 年的 1.6%；2018 年，北京市接待国际会议数量占比仅有 0.2% 幅度的上升，随后 2019 年，接待国际会议数量占比再次下降，仅有 1.5% 的占比，是近 8 年来的最低点，如图 1-14 所示。

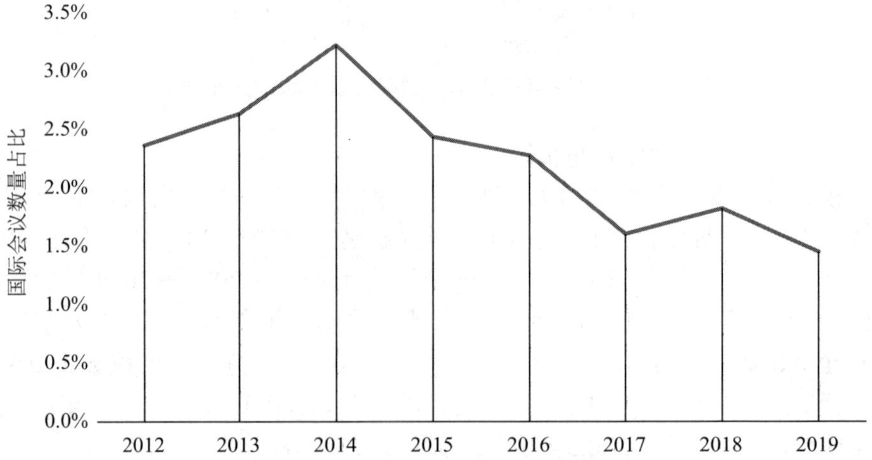

图 1-14　2012—2019 年北京市接待国际会议占总会议数量比例

（2）接待国际会议人数情况

2012—2019 年北京市接待国际会议人数呈波动式变化，主要在 56.1 万 ~77.0 万人次之间，增长率变化幅度较大。2013 年，北京市接待国际会议人数突然由 2012 年的 77.0 万人次降至 62.1 万人次，增长率为 –19.4%，是负增长最严重的一年。此后，2014—2019 年，接待国际会议人数均低于 70 万人次。2014 年，接待国际会议人数仅增加了 0.1 万人次；2015 年接待国际会议人数再次呈现负增长，减少幅度为 –4.2%，接待国际会议人数降至 59.6 万人次；2016 年是近 8 年间数量增长最迅速的一年，接待国际会议人数以 9.8% 的增长率增至 65.5 万人次；2017 年北京市接待国际会议人数为 63.0 万人次，增长率为 –3.8%；2018 年较前一年仅增长 0.8 万人次，人数增加幅度较小，增长率为 1.3%；2019 年，北京市接待国际会议人数呈现 –12.2% 的负增长，人数跌至自 2012 年以来最低值，仅有 56.1 万人次，如图 1–15 所示。

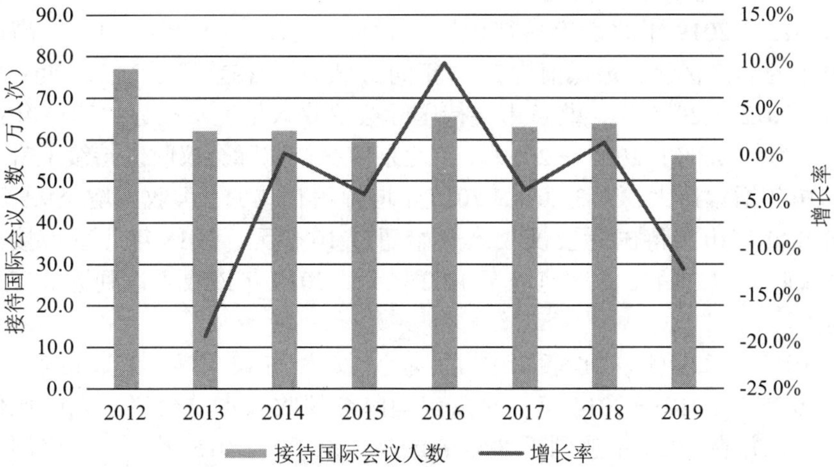

图 1–15　2012—2019 年北京市接待国际会议人数及年增长率

2012—2019 年，北京市接待国际会议人数占总会议人数的比例为 2.7%~4.4%，如图 1–16 所示。2012 年和 2013 年，北京市接待国际会议人数占总会议人数的比例均为 3.8%，比例基本持平；2014 年，这一比例上升到自 2012 年以来历史最高比例 4.4%；2015 年和 2016 年，北京市接待国际会议人数占总会议人数的比例均在 4.0% 以上，分别为 4.0% 和 4.1%；2017—2019 年，这一比例持续下降，并在 2019 年下降至最低点，仅有 2.7%。

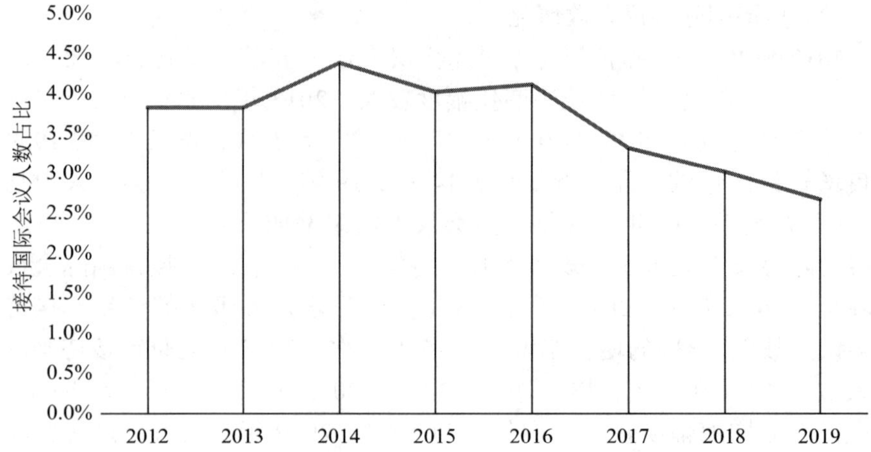

图 1-16　2012—2019 年北京市接待国际会议人数占总会议人数比例

（3）国际会议收入情况

2012—2019 年北京市接待国际会议收入总体呈 V 形结构，最高值为 2019 年的 14.2 亿元，最低值为 2015 年的 5.7 亿元，相差将近 3 倍，如图 1-17 所示。2012—2015 年，北京市接待国际会议收入呈递减趋势，2015 年降幅最大，为 -36.2%；2016—2019 年，北京市接待国际会议收入持续上升，其中 2016 年增幅最大，为 31.0%，2017 年增幅稍有减少，但收入增至 9.5 亿元；2018 年北京市接待国际会议收入开始超过 10 亿元，2018 年北京市接待国际会议收入以 28.1% 的增速增至 12.2 亿元，2019 年该收入达到近 8 年来的最高点。

2012—2019 年，北京市国际会议收入占总会议收入的比例为 5.6%~9.2%。2012—2014 年，北京市国际会议收入占总会议收入的比例持续上升，并在 2014 年达到近 8 年的最高值 9.2%；2015 年，这一比例大幅下降，降至 5.6%；2015—2019 年，北京市国际会议收入占总会议收入的比例恢复稳步上升趋势，2016 年这一比例为 6.6%；2017 年和 2018 年占比相近，分别为 7.3% 和 7.4%；2019 年较前一年多增加了 1.2%，达到 2015 年以后的最高值 8.6%，如图 1-18 所示。

图 1-17　2012—2019 年北京市接待国际会议收入及年增长率

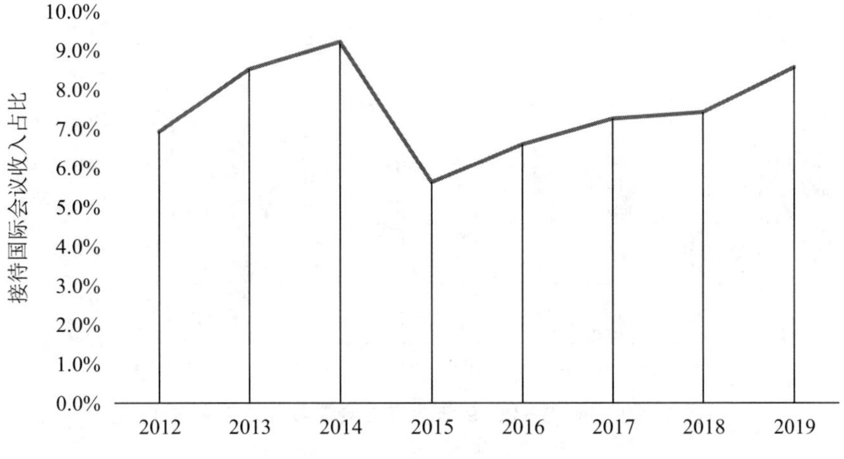

图 1-18　2012—2019 年北京市接待国际会议收入占会议总收入比例

1.6 会议时间分布

（1）2018—2019 年北京市会议收入情况（按季度）

2018 年起，文化及相关产业统计制度采用国家统计局印发的《文化及相关产业分类（2018）》中所提及的分类标准，其中“文化辅助生产和中介服务”大类中包括“会议展览服务”在内的 7 个中类。

根据 2018—2019 年北京市统计局和国家统计局北京调查总队定期发布于北京市统计网（http:///tjj.beijing.gov.cn/）的《规模以上文化创意产业情况》（按季度），结合 2018—2019 年北京市统计年鉴中“文化辅助和中介服务”的比例，计算出北京市按季度的会议收入情况。2018 年，文化辅助和中介服务收入为 654.8 亿元，会议收入占比 25.1%；2019 年，文化辅助和中介服务收入为 865.3 亿元，会议收入占比 19.4%。

北京市会议收入呈现出明显的季节性特征。一般情况下，每年的第一季度为淡季，第四季度为旺季，旺季季度收入大致是淡季的 1.5~2 倍。2018—2019 年，每年北京市会议收入均较去年同期有所增长，如图 1–19 所示。2019 年第一季度与第二季度较去年同期增长较快，同比增长率分别为 51.7% 和 73.0%；第三季度与第四季度增长较缓，同比增长率分别为 5.1% 和 7.7%。

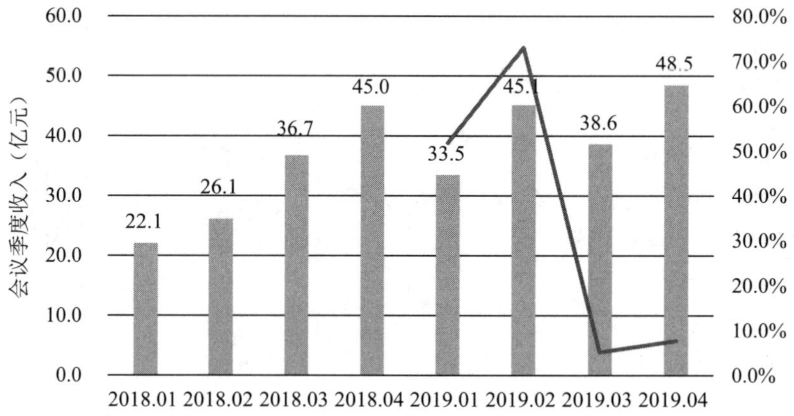

图 1–19　2018—2019 年北京市会议收入（按季度）

（2）2018—2019 年北京市会展从业人员情况（按季度）

根据 2018—2019 年北京市统计局和国家统计局北京调查总队定期发布于北京市统计网（http:///tjj.beijing.gov.cn/）的《规模以上文化创意产业情况》（按季度），结合 2018—2019 年北京市统计年鉴中“文化辅助和中介服务”的比例，计算出北京市按季度的会议收入情况。2018 年，文化辅助和中介服务年末从业人员为 94.9 万人，会展业从业人员占比 14.3%；2019 年，文化辅助和中介年末从业人员为 110.4 万人，会展业从业人员占比 13.9%。如图 1–20 所示，2018 年各季度会展从业人员数量基本持平，2019 年各季度会展从业人数均高于去年同期，增长率为 20.0%~25.0%。

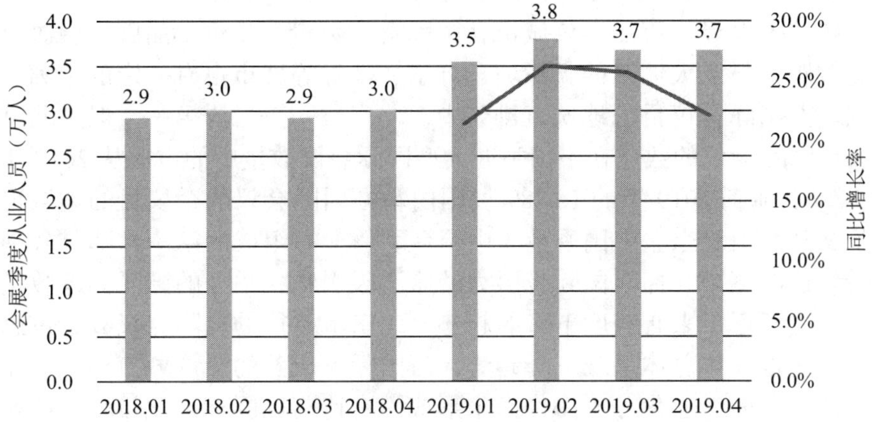

图 1–20　2018—2019 年北京市会展从业人员（按季度）

2. 北京会议市场的主要问题

2.1 会议业发展增速放缓

从近 5 年数据来看，2017 年以后北京市总体接待会议数量、接待人数、会议收入等均呈现出增速放缓的问题，以往的粗放型发展方式不具有可持续性。会议业是一个对政策环境、经济周期等较为敏感的行业，近年来全球经济增速放缓、经济复苏中很多的不确定不稳定因素、我国经济发展进入新常态等外部经济环境对会议业的发展产生了较大影响，但是会议业作为构建现代市场体系和开放性经济体系的重要平台，其运行状态和发展趋势不但与经济转型密切相关，更对经济的创新驱动转型有着重要意义。目前北京会议业发展增速放缓反映出以往的粗放型发展方式已经无法促进会议业更进一步发展，无法为会议产业发展创造新动能，也无法推动北京市成为国际上具有竞争力和影响力的会议城市。会议产业发展目前面临着需要更加深刻的结构调整，转变发展方式，实现从要素驱动转向创新驱动，创造会议产业发展新动能等发展问题。

2.2 国际化水平仍需提高

近年来北京市会议业的国际化水平并未呈现较大提升，根据 ICCA 的统计报告，北京在国际会议城市排名中由 2011 年的第 10 名下降到 2019 年的第 22 名，2016 年以后一直徘徊在 22 名左右。北京与巴黎、柏林、伦敦、纽约等世界一流的会议城市在国际会议数量、规模、品牌、层次上有明显差距，与亚太地区的新加坡、首尔、曼谷等城市也有一定的距离。在中国举办国际会议目的地城市排名中，北京虽一直稳居第一，但是北京举办大型国际会议的数量在中国举办大型国际会议数量中的占比从 2017 年的 21.54% 下降到 2019 年的 16.88%。国内举办国际会议的会议目的地城市间竞争激烈，由北京、中国香港、中国台北、上海组成的第一梯队是我国经济最发达的城市，拥有国际吸引力的旅游吸引物，举办的国际会议数量相对稳定，但近年来有轻度下降的趋势。北京市接待的国际会议数量占总会议的比例近 5 年总体呈现下降趋势，与国际上成熟的会议城市相比，北京市会议行业内专业化分工协作尚未形成，有待与国际标准化接轨，产业化程度较低，服务化水平相对落后，从业人员素质有待提高，产业集聚发展不足，综合配套与服务不够完善，业态较单一。总的来说，北京市会议市场满足大型国际会议的市场要求的能力还有所欠缺，会议市场国际化水平还有待提高。

2.3 专业化人才缺口较大

从前文数据来看，2019 年会展行业就业人数较 2018 年有所提高，达到 14.7 万人，就业人数增长率为 8.1%，是自 2015 年以来出现的首次增长。目前北京市会议业不仅面临着高端人才匮乏，还面临着专业人才流失严重的问题。在《北京市“十三五”旅游业及会展业发展规划》中，明确了北京的总体定位是构建“国际会展中心城市、中国会展业的引领者、京津冀会展业的主导者”。随着北京会议市场规模不断扩大，需要大量的专业人才。会议市场不仅需要大量熟悉会议申办流程及精通项目管理的人才，也需要精通外语、了解外国文化，具有国际视野和创新意识的人才，这一部分的人才缺口极大。此外，随着会议市场的不断发展，不仅国内外会议城市逐步关注会议人员问题，会展企业对于人才流失问题也越发重视。不少地方政府纷纷出台优惠政策以吸引会议企业和会议人才落户当地，很多企业也采取多种方式和途径引进、培训会展人才。如今，面对北京市会议人才严重流失这一现状，如何吸引和留住会议人才已经成为北京会议业亟待解决的问题。

2.4 会议目的地营销推广体系尚未成熟

一直以来，会议市场被视为现代服务业的组成部分，起到传递交流信息，促进经济贸易发展，增进科技文化交流等的平台，而并未视为一个独立的行业来进行管理。北京市商务局在 2015 年成立了会展处，会展处的主要职责为："统筹本市会展业发展工作；会同有关部门拟订会展业发展规划、政策和措施，并组织实施；研究提出会展设施布局的建议；指导、协调企业参加境内外相关展会；负责会展业交流合作；负责在京举办对外经济技术展览会的相关管理工作"。但是会展处并非专业的会议目的地营销机构，主要职责不是为会议主办方与策划方提供一站式服务的机构。除此之外，2012 年由北京市旅游发展委员会成立的北京高端会奖旅游服务（BCVB）近年来在实践中发挥的实际作用有限。北京市目前尚未形成统筹协调会议业的专门的管理机构，也缺少明确的会议管理的牵头部门，尚未建成成熟的会议目的地营销推广体系。实际工作中，对会议实行分类管理和分级管理相结合的办法，相关审批工作涉及商务、科技、文化、教育等多部门，同时受工商、公安、旅游、消防、城管等多个部门从各自职能角度的监管。各部门间缺乏必要的沟通和协调机制，政出多门，批、管脱节。北京市及各区将会议业纳入各级政府的"十二五"规划和"十三五"规划中，在一定程度上解决了会议业发展目标、重点和政策措施缺乏有效的宏观指导和协调的问题，但多头管理、职能交叉、监管缺失的现象并未解决。仍然存在部分会议室淡季利用率较低、各会议场所之间低价竞争、缺乏会议信息发布系统等问题。

3. 北京会议市场的发展趋势

北京市接待的会议数量有所降低，但是会议接待人数和会议业整体收入增加。其中，国际会议收入有显著增长；与此同时，接待场所会议室数量整体降低，但是会议室占地面积及可接纳人数均有一定幅度的增长，大中型会议室的数量上升，比重增高；会议业从业人数减少。这都反映了北京会议业正处于一个去粗存精的阶段，通过行业重组来提高会议业的高质量发展。

3.1 会议业逐渐成为区域经济发展生力军

在过去的几年里，市场形态的转变及频遭气候环境影响等多重因素，使得全球经济市场环境遭遇到近半个世纪以来前所未有的巨大挑战。人类文明究竟该何去何从，已经成为摆在各国政府、机构与企业面前一道最难的选择题。

会议业作为促进合作、开展对话、化解矛盾的有效平台，已经成为各国应对危机的首要选择。在 2019 年中，这一年，各种类型的发布会、新闻会、交流会、对话会，频现全球各大主流传媒平台。而以开会为主要方式的消费类型，也逐渐成为区域经济发展的生力军。面对大环境的不确定性，会议经济的构成模式，正在被主流经济行为所认可。步入 2020 年，随着现代人类社会行为方式的改变，会议业也将面临新的机遇与挑战。未来，随着技术的升级、思想的转变，人类的交流方式变得多种多样，这也增强了会议业市场发展的选择性。虽然会议市场化发展的途径增多，但是会议业如何做大做强，依然是一道颇具人文主义的“选择题”。

3.2 “文旅 + 会议”融合发展

目前我国文创产业对经济增长的拉动作用不断增强，旅游业地位日趋重要，会议业逐渐成为区域经济发展中的生力军，三者融合发展能够迸发更多发展动能：旅游业质量发展需要文化的助力；文化产业能够根据群体需求，提供具有针对性、高效性会议内容，以其连续性、多元性、引领性与参与性的特性，为会议业转型升级与高品质发展提供必要保障，同时会议市场可以为文化发展谋求新空间、搭建新平台。2019 年文化消费市场活力不断释放，未来“文旅 + 会议”融合发展将是三个行业共谋发展的必然趋势，也将会推动会议产业向更高质量水平发展。

3.3 会议业发展趋向智能化

会议业逐渐成为区域经济发展的生力军，那么市场对会议企业的要求将会进一步提高，市场压力必将上升；同时，来自会议业自身的竞争也会更加激烈残酷。但这些竞争与压力会促使会议业的蜕变，而蜕变的结果就是智能化。如今，大数据技术已然成为会议业的必要技术。一方面，会议企业可以通过大数据对参会者进行更加细致的分析，从而了解每一个参会者的需求点，针对不同的群体采取不同的服务策略，实现精准营销，进而提高会议服务的整体质量。另一方面，会议企业还可以以强大的数据库为基础，打造信息化的会议评价体系，更高效地改进自身服务。除此之外，互动媒体服务器技术、移动端信息技术，以及VR、AR等技术也在运用至会议业中，它们促使线上线下会议相结合，从线上采购物流到线下会议场景打造，推动会议服务更加智能化，也使得会议业在未来的发展具备更多的可能性。

3.4 会议业客群性、体验性增强

会议作为信息交流平台，汇集大量的人流、物流和信息流，不同会议主题会吸引不同参会者参加会议活动。物以类聚，人以群分，不同活动的参会者因相同或相近的参会目的形成特定的客群，从一定意义上看，会议经济就是客群经济。未来会议行业发展进程中，这种客群效应会更加明显，因此，未来发展会议业，要把握会议的客群性，基于会议内容和参会者进行市场细分，这将对会议产业化发展起到重要保障作用。此外，越来越多的与会者强调参会过程中的体验性，会议流程、接待服务、演讲嘉宾和目的地感受是参会者最为重视的会议体验。因此，未来会议组织者需要最大化利用资源，为参会者提供更加周到、贴心的服务，加强参会者的感官体验，为其留下精彩思想盛宴的美好记忆。

4. 针对北京会议市场的发展建议

4.1 加快会议市场化改革和转型

针对北京市会议业发展增幅放缓的问题，北京市会展业有必要进一步加快会议市场化改革，进行更加深刻的结构调整和转型，转变发展方式。现提出以下建议：

首先，应进一步加强北京市市场环境建设，促进会议资源按市场规律优化配置和有效使用。政府对会议的直接管理将放宽，下放审批权限，简化管理程序，强化市场监管，推动会议业管理的简政效能和行业发展的市场化和专业化进程。

其次，应充分发挥行业协会作用。出台相关配套服务体系建设指导意见，制定相关服务制度标准，加强规范管理。建立会议宣传推广、信息交流、行业培训等公共平台，承担起行业统计、信息发布、沟通协调、行业自律、咨询服务等职能，推动和引导会议经济健康有序地发展。

再次，会议产业转型的方向之一就是由 B2B 向 O2O 转型，互联网与会议产业的融合发展是未来会议产业的发展方向，利用互联网系统能够实现智能会议产业，从会议组织者的角度来说，充分利用互联网及大数据，能够有效地进行客户关系管理，为企业留住老客户，开发新客户，还可以进一步了解市场需求。采用线上和线下相结合的方式，转变会议企业的盈利模式，提高会议产业的附加值。从参会者的角度来说，参会者可以从智能系统中了解参会住宿、餐饮、休闲娱乐等安排，熟悉会议流程、会议内容及会场安排。O2O 转型的实现对于会议的细节把控较好，增强了参会者的参会体验感。

最后，在全球可持续发展的背景下，会议产业的发展需要进一步重视在可持续发展、绿色发展方面的实践，并且绿色会议将是未来会议产业需要持续探讨的重要发展趋势。

4.2 重视专业人才培养和引进

北京市需要加大对会议产业的各种会议组织、策划、接待、服务人才的培养力度，培育和壮大一支熟悉会议组织管理，善于开拓会议市场，强于策划和营销会议的专业队伍，不断提高北京会议业的服务质量和管理水平。

（1）发展会议专业高等教育

重视会议人才培养机制与体系。积极发展会议高等教育，鼓励和支持北京更多的高等院校设立本科及硕士研究生教育层次会展经济与管理专业；增加会议管理相关的课程。对现有会议从业人员和会议管理人员分期分批进行在职培训；以行业协会为主导，与相关国际会议组织或机构合作开展会议高级人才培训或研修项目，形成会议高等教育、职业教育、职业短训相结合的人才培养基地。

（2）重视会议专业务实操作

充分认识会议专业实务操作性和流程性极强的特性，重视会议高等教育与职业教育的结合，推行理论与实践交叉学习的教育模式。鼓励会议教育定制化，与会议企业合作培养专业人才，实现课程设置模块化、实习活动主题化、理论和实践循环互动的良好机制。注重国际会议培训体系的整体引进，同时结合实际逐步实施本土化内容。

（3）加强会议人才引进和交流

对符合引进条件的高级会议专业人才，在入户、住房和子女入学等方面提供便利和支持；定期选派会议业相关管理部门公务员到中国香港、新加坡、欧美等会议业发达国家或地区进修学习。

（4）对会议人才进行资格认证

开展会议人才职业资格认证工作，形成各个级别和层次的会议管理和会议技术人才评估机制和专业人员聘用体系。

4.3 全面提升国际竞争力

北京市会议产业将走向国际化，应全面提升北京会议产业的国际竞争力，推动北京建设国际知名的会议目的地。北京市会议业国际化提升可以从以下三个方面采取措施：

一是加强国际合作，通过积极与联合国及附属机构、国际大会及会议协会（ICCA）、国际展览联盟（UFI）等全球与区域性国际组织及国际展览集团的交流与协作，融入国际会议市场体系。坚持“引进来”和“走出去”相结合的政策，在“引进来”方面，提升北京作为会议目的地的综合服务功能和会展发展环境，使国际会展行业组织和国际知名会议企业纷纷落户北京，并且积极申办国际会议，争取让更多的国际品牌会议落户北京。在“走出去”方面，培育专业会议企业公司，鼓励创建品牌会议。同时借助“一带一路”倡议，开拓国际会议市场，提升品牌会议的影响力。

二是与国际会议标准和理念接轨，借鉴国际产业的先进运营管理模式，让会议产业更加绿色、高效、数字化，提升办会的国际影响力。

三是从会议目的地发展要素来看，北京要想建设国际会议城市应该提高北京的安全水平；提高交通基础设施水平和可达性；提高居民的英文水平，尤其要提高直接从事会议接待服务的工作人员英文水平。并且北京在对国外观众进行会议营销时，应尽可能地告知北京在“安全”“可达性”“通用语言”三个方面的表现和优势。

4.4 健全会议目的地营销推广体系

进一步构建会议目的地营销推广体系，为会议主办方和策划方提供包括会议目的地推广、推动更多会议落户目的地、协助会议场馆选择与相关配套选择等。建立和完善目的地营销机构和会议观光局，发挥北京市文旅局以及北京市高端会奖旅游服务机构（BCVB）等作用，利用好 BCVB 专业的团队、丰富的资源和渠道，为国际会议的申办和举行提供咨询、支持和推广，宣传和扩大北京市作为优秀的国际会议目的地的国际影响力。

2019 年北京展览业发展报告 ①

张　晓，白晓焘，许忠伟

1. 北京展览业发展概况

2019 年，从展览数量来看，北京市办展数量 324 场，占全国展览数量的 2.94%，排名仅次于上海市（1043 场）、广州市（690 场）、重庆市（513 场），排名第四位，比 2018 年上升了一个位次。从展览面积来看，2019 年，北京市办展面积 589.80 万平方米，占全国展览面积的 3.96%，仅次于上海市（1941.67 万平方米）、广州市（1024.02 万平方米）、重庆市（992 万平方米）。从展览质量来看，北京展览业发展定位呈现出明显转型，响应疏散北京非首都核心功能和推动京津冀一体化发展等号召，北京部分展会出现外迁。北京市展览业开始从数量竞争向质量竞争转变，重点培育高精尖国际影响力的品牌展会。

1.1 规模以上展览

2019 年，北京市展览数量为 324 场，占全国展览数量的 2.94%；展览面积共 589.80 万平方米，占全国展览面积的 3.96%。相对于 2018 年 641.19 万平方米的展览面积，减少了 51.39 万平方米。

整体来看，因展览迁址南下，北京展览数量和展览总面积有所减少，北京市办展数量呈下降趋势，北京展会数量稳中有落的态势仍在持续，如图 1–1 和图 1–2 所示。

---

① ［**作者简介**］张晓，女，山东淄博人，博士，北京第二外国语学院旅游科学学院讲师，北京旅游发展研究基地研究员，主要研究方向：会展消费者行为，节事活动管理。白晓焘，女，山西太原人，北京第二外国语学院旅游科学学院会展管理专业研究生，北京旅游发展研究基地学生助理，主要研究方向：会展企业管理。许忠伟，男，湖北武汉人，博士，硕士研究生导师，北京第二外国语学院旅游科学学院教授，北京旅游发展研究基地研究员，主要研究方向：旅游企业管理，节事活动管理。

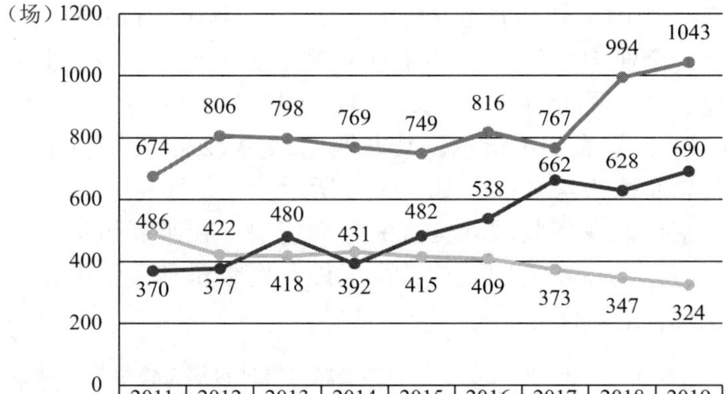

	2011	2012	2013	2014	2015	2016	2017	2018	2019
北京市办展数量	486	422	418	431	415	409	373	347	324
上海市办展数量	674	806	798	769	749	816	767	994	1043
广州市办展数量	370	377	480	392	482	538	662	628	690

图 1–1　2011—2019 年北京、上海、广州境内办展总数情况

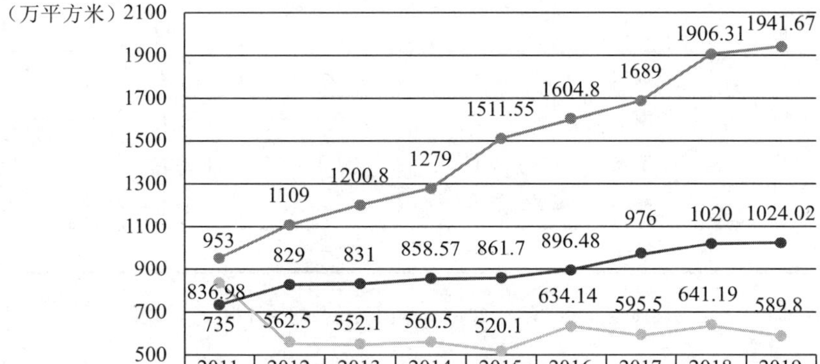

	2011	2012	2013	2014	2015	2016	2017	2018	2019
北京市办展面积	836.98	562.5	552.1	560.5	520.1	634.14	595.5	641.19	589.8
上海市办展面积	953	1109	1200.8	1279	1511.55	1604.8	1689	1906.31	1941.67
广州市办展面积	735	829	831	858.57	861.7	896.48	976	1020	1024.02

图 1–2　2011—2019 年北京、上海、广州境内办展总面积情况

资料来源：中国会展经济研究会，《2019 年中国展览数据统计报告》

1.2 出境办展

伴随“一带一路”等国际交往政策的提出，境外办展越来越受到重视。

2019 年，中国境外办展主办机构共 24 家。其中，行政机构 7 家；商会、协会 7 家；企业 10 家，其中国有企业数量为 6 家，民营企业 4 家。其中，办公地位于北京的企业为 12 家，其办展数量为 39 场，占境外自主办展总数的 49.37%，如表 1–1 所示；其办展面积为 22.93 万平方米，占境外自主办展展览总面积的 43.43%，如表 1–2 所示。

北京仍然发挥其国际交流的巨大优势，在组展机构、办展数量和办展面积等方面均位于全国之首，在境外办展数量和质量上，相对于其他城市来说，具有绝对优势。

表 1–1　2016—2019 年中国各城市境外办展主体境外办展数量情况

（单位：场）

序号	城市	2016 年	2017 年	2018 年	2019 年
1	北京	87	78	57	39
2	上海	3	2	12	4
3	广州	5	4	9	6
4	杭州	21	28	40	26
5	福州	—	—	2	—
6	南宁	2	4	1	—
7	宁波	1	1	1	—
8	西安	—	—	1	1
9	长沙	—	—	1	—

资料来源：中国会展经济研究会，《2019 年中国展览数据统计报告》

表 1–2　2016—2019 年中国各城市境外办展主体境外办展面积情况

（单位：万平方米）

序号	办展城市	2016 年	2017 年	2018 年	2019 年
1	北京	52.80	53.72	32.06	22.93
2	杭州	15.38	20.36	23.31	21.89
3	广州	3.32	3.28	4.90	4.19
4	上海	1.00	1.36	3.88	1.81
5	南宁	0.93	2.80	1.08	—

续表

序号	办展城市	2016 年	2017 年	2018 年	2019 年
6	宁波	0.55	0.12	0.44	—
7	西安	—	—	0.33	0.66
8	长沙	—	—	0.13	—
9	福州	—	—	0.06	—

资料来源：中国会展经济研究会，《2019 年中国展览数据统计报告》

1.3 场馆情况

迄今为止，中国有 148 个城市拥有展馆，其中单个城市在用展馆数量排名前三的城市分别为上海、北京、杭州及临沂（并列第三）。北京场馆数量为 8 座，与排名第一的上海仅相差 1 座。如表 1–3 所示，从单个展馆规模来看，在 2019 年全国室内可供展览面积 10 万平方米以上专业展览场馆中，位于北京的中国国际展览中心新馆展览面积为 10 万平方米，与排名第一的深圳国际会展中心 50 万平方米的室内展览面积有较大差距。以此来看，新建场馆"大规模化"趋势明显，但北京仍然只有中国国际展览中心新馆一个 10 万平方米以上展馆。2019 年，北京世园会展馆（中国馆、国际馆）的完工，为北京市贡献了 4.50 万平方米的场馆面积，改写了北京多年来没有新增会展场馆面积的局面，有助于北京办展实力的增强。

表 1–3　2019 年全国室内可供展览面积 10 万平方米以上展览场馆情况

（单位：万平方米）

序号	展览场馆名称	省（区、市）	城市	室内展览面积（万平方米）
1	深圳国际会展中心	广东省	深圳市	50.00
2	上海国家会展中心	上海市	上海市	40.00
3	中国进出口商品交易会展馆	广东省	广州市	33.80
4	昆明滇池国际会展中心	云南省	昆明市	30.00
5	重庆国际博览中心	重庆市	重庆市	23.00
6	上海新国际博览中心	上海市	上海市	20.00
7	中国西部国际博览城国际展览中心	四川省	成都市	20.00

续表

序号	展览场馆名称	省（区、市）	城市	室内展览面积（万平方米）
8	温州国际会议展览中心	浙江省	温州市	19.40
9	上海世贸商城展览馆	上海市	上海市	19.00
10	武汉国际博览中心	湖北省	武汉市	15.00
11	南昌绿地国际博览中心	江西省	南昌市	14.00
12	义乌国际博览中心	浙江省	义乌市	12.64
13	淄博国际会展中心	山东省	淄博市	12.30
14	广东（潭洲）国际会展中心	广东省	佛山市	12.00
15	青岛新南国际博览中心	山东省	青岛市	12.00
16	青岛世界博览城	山东省	青岛市	12.00
17	南京国际博览中心	江苏省	南京市	11.00
18	成都世纪城新国际会展中心	四川省	成都市	11.00
19	沈阳国际展览中心	辽宁省	沈阳市	10.56
20	深圳会展中心	广东省	深圳市	10.50
21	中国国际展览中心新馆	北京市	北京市	10.00
22	厦门国际会议展览中心	福建省	厦门市	10.00
23	中国厨都国际会展中心	山东省	滨州市	10.00
24	博兴澳博会展中心	山东省	滨州市	10.00
25	新疆国际会展中心	新疆维吾尔自治区	乌鲁木齐市	10.00

资料来源：中国会展经济研究会，《2019 年中国展览数据统计报告》

1.4 民间社团与研究机构情况

据不完全统计，至 2019 年，全国 29 个省（直辖市、自治区）设立主管展览业（会展业）协会商会或学会有 87 个，同比 2018 年增加 1 个。位于北京的有中国会展经济研究会、中国展览馆协会、北京市国际会展行业协会 3 个展览业民间社团，其中，中国会展经济研究会、中国展览馆协会属于全国性社团，也是中国展览业仅有的两个全国性社团。从研究机构来看，全国有 10 个省（直辖市、自治区）成立了 23 个展览业（会展业）研究机构，其中，14 个在高等院校，与 2018 年统计获得数据持平。位于北京的有北京联合大学会展研究所、中国传媒大学新媒体研究院会展大数据研究中心、北京二外会展研究中心，新增北辰会展集团研究所，如表 1–4 所示。

表 1–4　2019 年全国各地展览业政府主管机构、民间社团、研究机构一览

省（市）	政府机构名称	民间社团名称	研究机构名称
上海	上海市会展促进中心 上海市浦东新区会展办公室	上海市会展行业协会	上海对外经贸大学中德会展研究所 复旦大学会展与服务经济研究中心 上海大学会展研究院 上海第二工业大学国际会展产业研究院
广东	珠海市会议展览局 深圳市经济贸易和信息化委员会（会展办）	珠海市会议展览业协会 珠海市会展策划协会 珠海市会展旅游业协会 中山市会议展览行业协会 深圳市会议展览业协会 广东省会展组展企业协会 广州市会展业行业协会 佛山市会议展览业协会 东莞市会议展览业协会	广州会展经济发展研究中心
北京		中国会展经济研究会 中国展览馆协会 北京市国际会展行业协会	北京联合大学会展研究所 中国传媒大学新媒体研究院会展大数据研究中心 北京二外会展研究中心 北辰会展集团会展研究所

资料来源：中国会展经济研究会，《2019 年中国展览数据统计报告》

这些民间社团和研究机构一方面体现了北京展览业的发展实力，另一方面，也为北京展览业发展提供最新的行业资讯，提出最恰当的建议，同时，也能为北京展览业带来更多的渠道和资源。

1.5 展览国际化

1.5.1 IAEE 与 UFI 认证

至 2019 年底，IAEE 在中国的企业会员达 56 个，同比上一年增加 18 个，增幅为 47.37%。北京、上海、三亚三地的企业会员的数量占中国总数的 48.21%，如图 1–3 所示；IAEE 在中国的个人会员累计 311 个，同比上一

年增加 77 个，增幅 32.9%。其中，北京、上海、深圳 3 个城市个人会员数量占总数的 65.27%，如图 1–4 所示。

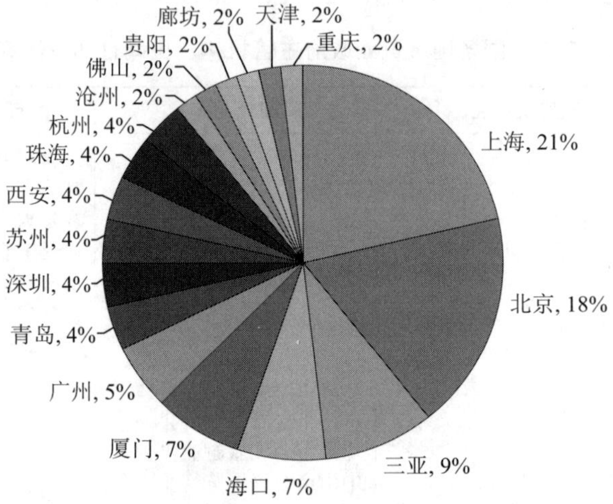

图 1–3　2019 年 IAEE 中国企业会员分布

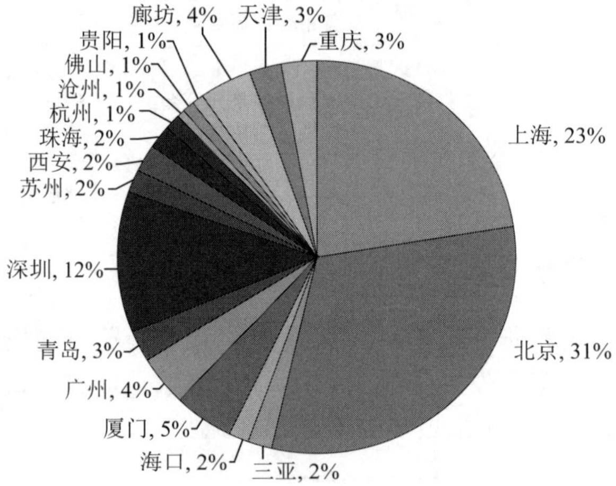

图 1–4　2019 年 IAEE 个人会员分布

如表 1–5 所示，至 2019 年底，UFI 中国会员达到了 159 个，较 2018 年增加 19 个，增幅 13.58%。从城市的分布上来看，北京 30 个，上海 27 个，广州 15 个，深圳 13 个，北京、上海、广州和深圳的会员数量占中国会员总数的 53.46%。总体来看，北京企业和个人会员数量较其他城市而言数量较多，有着极强的会展国际化程度。

表 1–5 2019 年中国 UFI 会员的城市分布

城市	会员数量（个）	占比（%）	城市	会员数量（个）	占比（%）
北京	30	18.87	苏州	2	1.26
上海	27	16.98	西安	2	1.26
广州	15	9.43	重庆	2	1.26
深圳	13	8.18	东莞	1	0.63
成都	9	5.66	东营	1	0.63
济南	7	4.40	佛山	1	0.63
南京	6	3.77	广饶	1	0.63
杭州	5	3.14	金华	1	0.63
青岛	4	2.52	三亚	1	0.63
武汉	4	2.52	厦门	1	0.63
长沙	3	1.89	寿光	1	0.63
郑州	3	1.89	唐山	1	0.63
贵阳	2	1.26	潍坊	1	0.63
哈尔滨	2	1.26	温州	1	0.63
合肥	2	1.26	乌鲁木齐	1	0.63
临沂	2	1.26	杨陵	1	0.63
宁波	2	1.26	中山	1	0.63
沈阳	2	1.26	珠海	1	0.63

资料来源：中国会展经济研究会，《2019 年中国展览数据统计报告》

1.5.2 境外办展

2019 年，中国境内和境外自主所办的展览中共有 140 个展览项目通过 UFI 认证，同比 2018 年增加 22 个，增幅为 18.6%。其中，境内通过 UFI 认证的展览项目121个，比2018年增加17个，增幅为16.3%；境外通过UFI认证的展览项目19个，比2018年增加1个，增幅为5.56%。在境内通过UFI认证的展览项目中，上海、北京、深圳三个城市举办数量居前三位。上海、深圳等城市近几年UFI认证企业和机构数及UFI认证展会项目数与北京相差逐渐减小，这意味着其他城市的展览国际化程度逐渐提高，北京市的展览业国际化优势可能会受到冲击。表1-6所示为2019年UFI北京认证展览名录。

表1-6　2019年UFI北京认证展览名录

省（区、市）	城市	展览名称
北京	北京	中国（北京）国际工程机械、建材机械及矿山机械展览与技术交流会
北京	北京	中国国际服装服饰博览会
北京	北京	中国国际科学仪器及实验室装备展览会
北京	北京	中国国际医疗仪器设备展览会
北京	北京	北京国际印刷技术展览会
北京	北京	中国汽车用品暨改装汽车展览会
北京	北京	中国国际机床工具展览会
北京	北京	中国石油石化装备展
北京	北京	中国国际安全生产及职业健康展览会
北京	北京	中国国际信息通信展览会

资料来源：中国会展经济研究会，《2019年中国展览数据统计报告》

2. 北京会展2019大事记

2.1 2019年中国北京世界园艺博览会成功举办

2019年4月28日，中国北京世界园艺博览会在北京延庆开幕，习近平主席出席开幕式并发表题为《共谋绿色生活，共建美丽家园》的重要讲话。北京世园会的主题为“绿色生活 美丽家园”。这是继1999年昆明世园会、2010年上海世博会和2018年首届进博会之后，我国举办的级别最高、规模最大的国际性博览会。本届世园会共有 110 个国家和国际组织参展，包括 86 个国家、24 个国际组织，俄罗斯、英国、法国、德国、日本、印度等主要经济体和比利时、新加坡、荷兰等园艺发达国家均有精彩呈现。

2.2 2019 年中国国际服务贸易交易会在京举行

2019 年 5 月 28 日至 6 月 1 日，2019 年中国国际服务贸易交易会（简称“2019 京交会”）在北京国家会议中心成功举办。2019 年京交会是在中华人民共和国成立 70 周年之际举办的一场重要国际经贸活动，也是中央批准更名后的首次亮相。本届京交会围绕“开放、创新、智慧、融合”主题，举办了“一主十辅”共 16.5 万平方米展览展示、240 余场论坛会议和洽谈交易活动，吸引 137 个境外国家和地区、21 家国际组织、全国各省区市、180 余家境内外商协会、8000 家境内外企业及机构参展参会。

2.3 中华人民共和国成立 70 周年大型成就展在京举办

“伟大历程 辉煌成就——庆祝中华人民共和国成立 70 周年大型成就展”（简称“成就展”）于 2019 年 9 月 23 日在北京展览馆开幕。中共中央政治局常委、国务院总理李克强出席开幕式并讲话，中共中央政治局常委、中央书记处书记王沪宁主持开幕式并宣布成就展开幕。成就展按照中华人民共和国成立 70 年来的时间顺序，逐年展示取得的伟大成就。展览由序厅、屹立东方（1949—1978 年）、改革开放（1978—2012 年）、走向复兴（2012—2019 年）、人间正道组成，凸显“时光隧道”的观展体验，全方位展现了新中国走过的光辉历程，展陈面积共计逾 1.5 万平方米。

2.4 国家标准化管理委员会印发《2019 年全国标准化工作要点》

2019 年，国家标准化管理委员会印发了《2019 年全国标准化工作要点》，明确提出要加快健全现代服务业标准体系，要求推动物流、多式联运、会展等跨行业、融合性强领域的标准制修订，带动相关产业转型升级，探索将服务业标准更好地融入市场综合监管体系，推动更多中国服务品牌享誉世界。目前，会展业按照通用标准分级，分为国家标准、行业标准、地方标准、团体标准和企业标准五级，在每一层级标准制定方面，都取得了长足进步，在我国会展业标准体系建设有序发展的同时，标准化建设也助力会展业向着更加健康的方向发展。

2.5 北京国际展览中心转入北辰集团

2019 年 12 月 26 日，北京国际展览中心转企改制交接仪式暨北京市贸促会与北辰集团战略合作签约仪式在国家会议中心举行。北辰集团党委书记、董事长贺江川与北京市贸促会党组书记、主任张永明出席仪式并分别致辞，共同为北京国际展览中心有限公司揭牌。北京国际展览中心自 1985 年成立以来，至今已成功举办了中国制冷展、中国交通展等近 300 余个（届）国际来华展览会，吸引了 40 多个国家和地区的 75000 多家（次）公司和厂商，以及有关专业领域的大中型骨干企业及全球知名品牌参展。此次北京国际展览中心转入北辰集团，是北京市着眼“四个中心”建设、推动会展产业持续健康发展的重大举措，对推进北京市会展业品牌化、专业化、国际化，提升北京服务贸易国际影响力，将起到引领和带动作用。

3. 北京展览业发展机会与优势

3.1 配套不断完善，助力展览业硬实力提升

2019 年 9 月 25 日，北京大兴国际机场正式投运。大兴国际机场建设四条跑道及一条军民两用跑道（即空军南苑新机场），70 万平方米航站楼，客机近机位 92 个，在客流达到 4500 万人次时，建设第一卫星厅，使航站楼面积达到 82 万平方米，客机近机位 137 个，使其满足 7200 万人次的设计能力。大兴国际机场与北京首都国际机场形成协调发展、适度竞争、具有国际一流竞争力的“双枢纽”机场格局，推动京津冀机场群建设成为世界级机场群。2019 年位于怀柔区雁栖湖畔的“一带一路”国际合作高峰论坛展示中心正式向社会公众开放，这标志着雁栖湖国际会都 21 平方千米范围内的旅游服务设施更加完善，扩容提升工作取得有效进展。它与雁栖岛、2014APEC 展示中心一起，形成一条特色参观线路，满足广大市民体验会议盛况的需求。该展馆展示中心总建筑面积 1500 平方米，以“国际会都，辉煌印记——2017BRF 在怀柔”为主题，内设国际会都、古丝绸之路、“一带一路”中国倡议、“一带一路”高峰论坛、“一带一路”丰硕成果和“一带一路”重大事件 6 个展区。2019 年，北京市规划自然资源委和顺义区政府发布全球征集令，对新国展二、三期项目设计方案进行国际化征集。新国展二期规划预留用地（展览用地）78 公顷，展览面积约 30 万平方米，主要承担展会举办等功能。三期规划预留用地（商业配套用地）90 公顷，建筑

面积约 122 万平方米。顺义新国展建成后将成为科博会、文博会等全国知名展会永久馆址，打造首都国际商务会展活动聚集区。

3.2 北京展览业的政策支持，促进展会高质量发展

为促进本市商业会展业高质量发展，着力提高会展业服务首都“四个中心”的能力，提升会展业品质，提高会展经济效益，推动本市商业会展业专业化、品牌化、国际化、信息化发展。2019 年 5 月，北京市商务局、北京市财政局、北京海关联合印发了《关于促进我市商业会展业高质量发展的若干措施（暂行）》（京商贸发字〔2019〕12 号）。文件从 8 个方面进一步阐释提高北京市会展业发展：①鼓励展览与会议融合；②支持关联展会整合；③加强品牌展会国际宣传；④鼓励展会提升国际化水平；⑤鼓励展会做大做强；⑥鼓励创办引领产业发展的优质展会；⑦引进境内外国际大型专业展会；⑧提升便利化服务水平。以此文件为指导，北京市商务局于 2019 年 9 月底启动了 2019 年促进北京市商业会展业高质量发展奖励项目申报工作。

3.3 “一带一路”不断推进，探索展会发展新模式

2019 年 5 月 30 日，京交会中国会展业出展交流会在北京举办。在本次交流会中，“一带一路”沿线多个国家会展业负责人共同探讨了中国出展业当前面临的新形势，以及未来中国出展业发展的新模式。2019 年 11 月 22 日，2019“一带一路”国际商协会大会在北京国际饭店会议中心举行，本届大会以“链接一带一路民间资源，助推商协会共同发展”为主题，来自全球的各国商会、行业协会等代表齐聚北京，共商如何在深度推进“一带一路”高质量建设中，积极发挥商协会资源优势，助力全球商协会合作共赢。2019 年，位于怀柔区雁栖湖畔的“一带一路”国际合作高峰论坛展示中心正式向社会公众开放，通过“一带一路”实物展、多媒体展，以及参观者交流互动等形式，全面展示高峰论坛的盛况盛果，彰显“一带一路”文化内涵的魅力。

4. 北京展览业发展的困难与挑战

4.1 国际贸易持续低迷，冲击展览业发展

2019 年世界经济持续下行，贸易紧张局势加剧，下行压力和消极因素交织，全球贸易陷入疲软态势。在单边主义和保护主义抬头、贸易摩擦升级、英国脱欧不确定性凸显、非关税措施激增、大宗商品依赖度加重、数字经济发展不均衡、地缘政治局势紧张、气候危机迫近和世界贸易组织陷入改革纷争等复杂多变的形势下，国际贸易负重前行。以贸易为主导的展会在国内占比较大，受国际贸易局势的影响，2019 年全国展览市场的大形势更加严峻，北京展览业引进来走出去等都面临更大的挑战。

4.2 其他城市大规模展馆建设，加剧城市间展览业竞争

2019 年，全国展览馆数量达到 173 个，比上年增长 5.5%；室内可租用总面积约 1076 万平方米，比上年增长 9.3%。多个城市已投入或即将投入大规模展馆，例如，2019 年建成使用的深圳国家会展中心一期（室内展览面积 40 万平方米）、即将于 2021 年建成使用的天津国家会展中心一期（室内展览面积约 40 万平方米）。相对而言，北京在大规模展馆存量和建设上表现较为不足，限制了大规模展会的举办，其他区域大体量展馆的建成与使用，对吸引国际性知名展会具有强大竞争力，这将对北京展览业造成一定的冲击。

4.3 北京国际影响力展会发展不足

目前，北京定期举办的国际影响力的品牌展会数量较少，仅有全球服务贸易领域规模最大的综合性展会——中国（北京）国际服务贸易交易会和 A 级车展之一北京国际车展。相较于全球其他知名的会展城市，如纽约、巴黎、伦敦等地，北京现有展会在覆盖面、规模、层次、国际化程度等方面都存在较大的差距。在一些专业展会的影响力上也难以达到汉诺威工业展、巴黎时装周等全球知名品牌展会的水平。

4.4 区域展览业发展与产业协调发展不足

相较于珠三角与长三角，京津冀区域展览业发展与产业协调发展不足。长三角以上海为中心，南京、杭州、苏州、义乌等城市现已形成会展经济综合发展格局。珠三角以广州为中心，深圳、东莞、佛山及港澳等城市也已形成以强带弱，围绕区域产业特征发展的会展经济发展模式。但近几年，京津冀区域会展经济一体化推进缓慢，北京周边的产业经济发展不能与北京展览业形成相互支持。北京、天津、河北三个区域还未形成互补协调的

聚集型会展经济群，规模经济效应难以凸显。例如，国家会展中心（天津）新选址与京津冀产业发展协调存在一定的不合理性。

5. 北京展览业发展的建议

5.1 加大北京展览业研究与教育的支持力度

会展经济作为首都建设“四个中心”的重要推动力，如何发挥北京市会展经济的推动作用，如何找准北京市展览业的定位与发展方向，如何测评展览业在建设“四个中心”中的作用力度等都是北京市会展经济发展亟待解决的问题，都需要一系列学术研究的支持。另外，随着高质量品牌展览会项目的增加，高层次专业化展览会人才的需求增加。目前，北京市会展人才的培养尚处于起步阶段，培养体系有待完善。鉴于此，一方面，北京市应加大对会展业相关科研项目的投入力度，为相关课题的开展提供强大的支持与条件。另一方面，北京市应进一步健全会展经济与管理专业人才培养体系，建立产学研一体化会展专业研究机构和人才培训认证体系，形成多层次的人才培养梯队。

5.2 加快推进展览业转型升级和创新发展

随着信息技术的发展，在展览会关键环节植入信息技术成为提高展览业运作效率的重要手段，这进一步催生双线展的高速发展。未来，一方面北京市应进一步促进线上线下办展融合发展。大力推动传统展会项目数字化转型，整合现有展会资源，打造网络展会集群。另一方面，北京市应加强培育线上展会龙头企业和品牌展会。通过政策与补贴双引擎支持会展信息化企业创建与发展，着力培育一批具有先进办展理念、运营规范、模式创新成效显著的龙头在线展览企业，支持打造市场竞争力强、带动作用大的线上品牌展会，有效发挥示范、带动和辐射作用。

5.3 内外联动，培育国际化影响力品牌展会

一方面，北京市对内应进一步优化现有展览业基础设施配置，加大展览业专业人才培养投入力度，全面提高品牌展会的服务质量监督与管控，提升现有品牌展会的软硬实力，形成以京交会为中心，以科博会、文博会及其他专业展会为支撑的高质量品牌展会发展格局。另一方面，北京市对外应创新展会国际营销模式。整合政府、办展机构、行业组织、驻外经商

机构及跨境电商平台等多方资源，推动展会信息互通，统筹线上线下渠道，强化展会国际营销和对外宣传推广，提升重点品牌展会国际影响力和知名度。推动优势展会资源整合，建立合作共享展会协同发展机制，形成开拓国际市场合力。

第三篇

热点与趋势专题

常态化抗疫背景下的虚拟旅游与数字文旅内容建设研究①

李创新，蒋　蕾

疫情防控进入常态化倒逼文化旅游领域必须探索新的增长点。文化旅游发展的内在动力，一是来自体制机制改革，二是来自科学技术进步。伴随数字科技的加速发展，由数字化带来的生产力革命必将对文化与旅游、文化与科技的有机融合带来深刻影响。当前既要做好迎接传统旅游市场复苏的各项前期准备，又要做足数字科技引领下的文旅市场与新型业态升级换代的前瞻性筹划，重点是要做好虚拟旅游的内容建设与数字文旅的战略谋划。

犹如一个人不能两次踏入同一条河流，数字科技与虚拟旅游有望引领文化旅游发展进入新时代与新纪元。

1. 虚拟现实技术的国内外研究与应用概况

1.1 四十年前国外首先提出“虚拟现实”概念，并将其应用于生产生活中

20 世纪 80 年代初，美国 VPL Research 公司创始人 Jaron Lanier 首度提出了 Virtual Reality（虚拟现实）的概念。虚拟现实技术最初主要应用于飞行模拟训练、娱乐、数据和模型可视化、虚拟战场环境仿真等领域。当前 VR 技术的应用已经扩展到人们生产生活中的许多方面。随着虚拟现实技术在理论上的突破，以及硬件设备性价比的逐渐提高，越来越多的机构和人员能够接触到虚拟现实，使得虚拟现实技术得到了前所未有的发展，逐渐

①［作者简介］李创新，男，北京第二外国语学院旅游科学学院副教授、北京旅游发展研究基地研究员；蒋蕾，女，北京第二外国语学院旅游科学学院硕士研究生。

走向大众化、广泛化，而虚拟旅游就是虚拟现实技术在旅游领域的应用。

1.2 我国高度重视虚拟现实技术的研发应用，文旅领域已有相应尝试

虚拟现实技术作为一种多学科交叉的研究领域，是一项投资大、具有高难度的科技领域。同一些发达国家相比，我国虽在该方面的技术水准尚有一定差距，但根据我国的国情，从三维空间虚拟技术应用于工程建设的需要出发，我国已制订开展技术探索的研究计划。国家 863 计划、国家自然科学基金委员会等都把虚拟技术的研发与应用列入为重点资助领域。我国已研发出一系列虚拟旅游软件，如“书羊导游通”、造景师、漫游大师和造型师等软件，以及一些专业的虚拟旅游网站、三维全景摄影网站等。故宫博物院同日本凸版印刷株式会社共同开发的《紫禁城·天子的宫殿》是世界上规模最大的一部高精细虚拟现实作品，成功再现了明清时期紫禁城的雄姿，并于其中陈列经过故宫博物院专家考证的诗词绘画，以及经过三维图形处理的众多文物古迹。我国 IT 企业同加拿大不列颠哥伦比亚大学联合开发的“虚拟圆明园”项目，使用虚拟现实技术成功模拟再现了圆明园损毁之前的园林风貌，使用户对其有了更加直观亲近的认识。

1.3 新冠疫情期间虚拟旅游技术与数字文旅产业异军突起

新冠疫情期间以虚拟旅游技术为核心的数字文旅产业，呈现出两大鲜明特点，一是异军突起，二是逆势上扬。以线上文化和旅游内容供给为人民群众提供更好、更丰富的在线服务。网络动漫、网络音乐、网络直播、短视频等业态的流量大增，用户规模、日均用户的时长也节节攀升，相关指标也创了历史新高。云娱乐、云直播、云看展等新业态的用户高涨，各大在线旅游平台也纷纷推出了云旅游项目，各地博物馆推出了 2000 余项网上展览，春节期间总浏览量超过 50 亿人次；众多 5A 级景区也开辟了线上游览功能，一批 VR 文化旅游产品在网上传播，让人们足不出户就可以领略到祖国的大好河山和丰富多彩的文化。

旅游景区的线上虚拟（VR）游览、线上直播，文博机构的云展览等线上业态快速增长。全国上千家景区、博物馆开发了线上“云”游活动，故宫直播引发 4.3 亿网络浏览量和 1.9 亿次播放量。线上旅游业态的便利性、体验感、聚客效应和超越时空的特征，使其成为疫情时期旅游发展的一大亮点。随着疫情防控形势持续向好，以及我国进入抗击疫情常态化阶段，数字文旅产业也被各地作为推动文化旅游产业高质量发展的重要抓手。表

1-1 所示为游客（用户）对虚拟旅游与数字文旅的整体评价状况。

表 1-1　游客（用户）对虚拟旅游与数字文旅的整体评价状况（多选）

选项	比例
费用低	46.46%
省时省力	55.56%
无时空地域限制	71.72%
环保	41.41%
安全舒适	32.32%
其他	6.36%

1.4 抗击疫情进入常态化阶段，虚拟旅游与数字文旅有望助推文旅产业加速升级换代

疫后文旅行业不是“复苏”而是进入新时代与新纪元。旅游行业在经历此次危机后，并不是进入简单的恢复阶段，而是助推行业升级换代的加速。任何恢复绝对不是简单的回到过去，重大危机发生之后对旅游本身的冲击是巨大的，行业内重新洗牌的现象也是正常的。旅游危机和灾难使原有的理念、制度、机制受到冲击和检验，所以，作为服务的提供者也必须根据市场的需求而变化或者以新的产品来引导。在旅游业的“抗战”和“变革”双重历史任务中，旅游学也必须进行相应的发展、创新与改革、变革。旅游消费需求推动旅游业取得今天的成就，在人口红利、开放红利相继释放之后，欲再度释放出旅游市场的数倍潜力，必须研究旅游生产力的动力机制。

虚拟旅游技术通过构建一个虚拟现实技术支持下的互联网平台与数字终端，使得参与虚拟旅游的用户能够按照固定线路或自选线路从不同角度观赏文化旅游景点（场馆、设施），在虚拟场景中实现任意视点的浏览和在不同景点（场馆、设施）之间的漫游，从而收获身临其境般的体验。潜在旅游者在虚拟现实技术支持下的网络平台进行虚拟旅游，能够获得虚拟“镜像体验”，实现对旅游产品的“试用”。这也为时下抗击疫情常态化背景下，最大限度克服市场群体与文旅产品“客货不可见面”的弊端寻求了新式矛盾化解思路。

2. 虚拟旅游与数字文旅在国内外的典型案例

2.1 汉莎航空 VR 虚拟旅游体验

德国汉莎航空曾推出一款全新的 VR 体验，旨在给乘客带来趣味十足的虚拟游览，可让乘客在乘坐飞机时虚拟游览目的地。该体验旨在让乘客可以随时游览风景，而不怕错过美景，进而让乘客在 VR 中探索各种国家。首批航班是 LH630，从法兰克福飞往迪拜，乘客可以戴上 VR 头显，扫描 3D 地图，并选择各种感兴趣的地方。当他们飞越维也纳时，乘客甚至可以参加一个虚拟的古典音乐会或乘坐普拉特摩天轮。得益于 VR 身临其境的沉浸感，旅客的飞行体验质量有了大幅度的提升。

该项目是汉莎航空公司与 3spin 公司合作推出的，旨在提供改进和增强的客户体验。通过这个 VR 体验，旅客能够收获一个精彩的旅途，在 VR 中漫游世界。

2.2 “沉浸式旅游”全息场景体验

“沉浸式”最早发源于戏剧领域，其后慢慢演化成一种重体验、重参与性的营销方式，受到了演艺圈、家居圈、科技场馆、景区的广泛追捧。它主要通过高科技的手段，从听觉、视觉、嗅觉、触觉等方面使人沉浸在精心营造的幻妙氛围中，形成全新的场景体验。通过全景式的视、触、听、嗅觉交互体验，使游客有一种“身临其境”的感觉。互联网技术的崛起，高科技技术手法的应用，将使人类进入“时空的穿梭”和“虚拟世界”时代，文旅产业也借此迎来体验化的新时代。

“沉浸式旅游”全息场景体验强调的是游客的切身体验，只有将自身与旅游紧密联系在一起才能将旅游升华为“旅行”。正是因为将自身融入进了行程中，游客才不会感觉对旅游产品产生疲惫感，所以，沉浸式旅游体验是非常自然化的旅游。游客在旅行的过程中会在沉浸式的作用下全身心地投入环境中，将自己时时刻刻处于第一人称的角色中，在旅游过程中突出强调游客的参与性，这也是非常有效的一种产品设计。

2.3 “FIRST AIRLINES”虚拟旅行

“FIRST AIRLINES”是东京池袋的一个虚拟旅行设施，用户可以通过 VR 装置、配套餐饮服务享受从机场出发到返回日本的整套海外旅行。由于便利度与 VR 的实体感，让预约连日爆满，头等舱的费用为 5980 日元（约合人民币 400 元），经济舱的费用为 4980 日元（约合人民币 330 元），客户群体以女性消费者、老年消费者等为主。

2.4 “超越时空的紫禁城”

“超越时空的紫禁城”是中国第一个在互联网上展现重要历史文化景点的虚拟世界，此项目在 3D 虚拟世界初步再现了中国这座满载文化宝藏的博物馆，使任何人都能够通过互联网登录虚拟的紫禁城，体验到中国古代宫阙建筑的辉煌，享受游览博物馆的乐趣。在游览期间，游客在“虚拟紫禁城”中将呈现为一个化身形象。游客的化身可以是身着清代服饰的多个人物之一。

在虚拟紫禁城中，对许多极为重要的文物或建筑，如太和殿，都有文字注释甚至是图片，使访客能够深入了解建筑物及其用途。访客只需用鼠标点击就可以获得这些信息，还可以具体查看所选文物的细部特征。游客还可以用自己的虚拟形象积极参与当时代的文化活动，如参加射箭、斗蟋蟀及古代娱乐项目——围棋，也可以参观“皇帝御膳”“宫廷绘画”的场景。

2.5 “云游敦煌”

采用“线上旅游 + 游戏 / 互动”的模式将“云游”体验进一步升级。2020 年新冠疫情期间，敦煌莫高窟景区与腾讯合作的“云游敦煌”，有效地将用户互动融入其中，大大提升了游客的体验感。

游客可以定制敦煌色彩、敦煌石窟主题、今日画语等个人专属内容；可以通过“为壁画填色”等小游戏，自主创意壁画，并可线上定制“敦煌诗巾”；可以参与敦煌动画剧的角色配音等，通过上述方式，增强游客与莫高窟景区的深度互动，让体验更有品质。“云游”与游戏的结合，既包括在游戏中融入景区或目的地的内容，也包括在云游平台上设计互动游戏，让用户在游戏中加深对旅游景区和目的地的了解。

新华网评论“云游敦煌”项目是“用户通过手机和朋友圈让敦煌文物‘活’起来，也在传播过程中推动了文物数字保护与传承，在‘云端’点亮了传统文化的魅力”。人民日报评论“云游敦煌”项目是“科技与文博的结合，能有效地利用各种新技术，为智慧化这个极富前瞻性和创造力的进程提供助力。各类最新、多元科技元素的注入，有望让传统文化在数字化时代实现新的绽放”。中国日报网评论“云游敦煌”项目是“文博机构在数字文保领域，探索深度数字化的一次创新，而其打通线上线下服务，以文促旅，以旅彰文，也是探索‘智慧文旅’的一次有益尝试”。

2.6 VR 旅游之石林世界地质公园

云南石林世界地质公园曾推出云南石林世界地质公园 VR 全景图，全方位展现了景区优美的自然环境，让游客足不出户便可畅游景区，提前感受云南石林世界地质公园独特的地质面貌，身临其境地欣赏云南石林世界地质公园奇观。

云南石林世界地质公园是首批中国国家重点风景名胜区、中国国家地质公园、世界地质公园，与北京故宫、西安兵马俑、桂林山水齐名，是国家 5A 级旅游景区，素有“天下第一奇观”“石林博物馆”的美誉。

大自然的鬼斧神工造就了云南石林世界地质公园独特景象，通过浏览云南石林世界地质公园全景图，浏览者仿佛置身在景区之中，近距离感受到了云南石林世界地质公园的魅力，怪石峥嵘仿佛近在眼前，震撼无比。

2.7 新冠疫情期间，在中国出现的各类“云游”平台

新冠疫情期间，VR、AR、3D、5G 等高新科技大放异彩，文旅产业结合这些新技术，有效满足了因受到疫情防控影响而不能出游的消费者的需求。通过“云旅游”“云观展”等多种模式，旅游景区充分运用 360° VR 全景导览系统等，为“御宅一族”提供了前所未有的美景欣赏与体验。

多方合作打造的“云游”合作平台，可以实现客户共享和优势互补，优化线上宣传效果。如腾讯微视与新华社联合发起的“我的五一云游照”，通过人脸融合及图像分析技术，让游客足不出户即可形成景区云游照片。快手短视频平台和《生活晨报》推出的“五一假期云游山西”，通过在线直播形式推介山西的旅游景区。

云游“独立”平台，是媒体、企业、目的地政府等利用自有平台或开放性平台，自主打造的线上云游平台。这类平台更需要提供方有一定规模的流量，能够依靠自有平台实现良好的传播效果。如百度公司依托 10 亿用户和旗下众多企业，整合百度 APP 和百度直播打造了五一期间的“光荣时刻”，通过 500 多场直播，将旅游、体育、美食、文化等内容呈现给受众，从上午 8 点半到晚上 11 点，全面覆盖假日时光。腾讯微视推出“五一云游

季”主题活动，游客既可以通过趣味模板形成云游穿越视频，也可以观看精彩的旅游目的地视频。

除大型平台企业外，很多景区、博物馆也通过自有微信、微博、官网等平台开展直播或云游活动。如西汉南越王博物馆在自有官微平台进行直播，20 分钟收获 5.7 万人次关注。

2.8 “短视频 + 旅游”的新模式——虚拟旅游空间

“短视频 + 旅游”的组合可能孕育出新产品与新模式，专业化的虚拟旅游空间将出现。一是虚拟旅游体验工厂。模拟城市、乡村、景区的专业化旅游空间将成为旅游行业的新业态，可以是主题公园，或城市中心的娱乐工厂，或旅游景区的辅助设施。二是家庭化的虚拟旅游体验设施。在疫情期间短视频用户的活跃度迅速增长，宅家获取体验成为未来行业趋势，将成为重要的旅游产品，如家庭模拟太空体验舱、海洋体验舱等。三是虚拟会展。互联网 3D 商务时代将颠覆传统 B2B 模式，突破原先地域等诸多条件限制，因自主性、专业性、体验性、一站性、社区性与虚拟性，使会展减少对地域和资金的依赖，真正实现永不落幕的会展平台。四是“旅游直播间”。目前直播市场的繁荣催生了“旅游 + 直播”的营销和观看模式，通过“网红”网络直播，满足大量的旅游体验需求。

3. 开展虚拟旅游与数字文旅内容建设的理论与现实意义

3.1 依托虚拟旅游与虚拟仿真，将常态化抗疫背景下的文旅融合落到实处

虚拟旅游采用虚拟现实技术、信号数据传输技术、移动存储技术等构建在（移动）互联网平台上的信息资源群；虚拟仿真用一个系统模仿另一个真实系统，能够有效实现一种可创建与可体验的虚拟世界，这种虚拟世界由计算机生成，可以是现实世界的再现，也可以是构想中的世界，用户可借助视觉、听觉及触觉等多种传感通道与虚拟世界进行自然的交互。虚拟旅游与虚拟仿真技术的运用，能够有效突破部分景点由于空间有限而对游客做出的限制，也可有效突破出于对精美文学艺术品的保护而对参观者做出的限制，在疫情防控常态化背景下，文旅融合有望借助虚拟旅游与虚拟仿真技术落到实处。

3.2 依托大数据、5G、人工智能等高新科技，实现文化旅游品质提升

在全球经济增长乏力的当下，技术作为经济增长的重要驱动力被各国政府视为国家核心资产，技术也日益成为促进文化旅游发展的关键生产要素。大数据、5G、人工智能、AR、3D 打印、区块链、先进分析技术、数字设计、新型材料、先进机器人、高性能计算、人机交互、物联网等技术正在引发新的生产革命。不仅如此，服务领域的技术竞争也日趋白炽化，旅游的空间位移性特征决定了旅游科技发展的基本方向，即空间可进入性、信息可达性、体验舒适性、行程安全性。大交通、计算机及互联网技术发展以来，全球旅游业进入大发展时代。正在到来的智能旅游时代，互联网和物联网、5G、AR 和人工智能等高新科技将成为促进文化旅游品质升级的关键动能。

3.3 低成本宽领域拓展用户（参观者、游客）的国际视野，打造全新沉浸式虚拟旅游体验

借助虚拟旅游技术，使用者无论身在何处，都能轻松畅游世界五大洋七大洲，虚拟旅游介入提供的 VR 体验可以实现虚拟游览任何旅游目的地，实现随时游览环球风景。而“模拟 + 游戏”的新颖模式，在体验上能够带给使用者更加生动的体验，将原本有形或无形的文化旅游吸引物代入游戏中，起到寓教于乐的作用。与此同时，虚拟场景里的真实内容，为“虚拟旅游”提供了背景故事与现实基础，在提高“虚拟体验”质量的同时，“虚拟体验”的人文价值也得到了提升，并且给用户（参观者、游客）更加真实的沉浸式虚拟体验，能够切身体会到文化旅游吸引物的人文价值，轻松实现在 VR 中深度漫游世界。

3.4 从根本上变革文化旅游资源传播方式手段，全面有效提升用户（参观者、游客）的综合文化素养

中国拥有全球数量排名第一的世界文化遗产、世界自然遗产、世界文化与自然双遗产，文化旅游资源赋存在全球首屈一指。以文物馆藏资源为例，国内多数文化场馆一方面馆藏资源十分丰富，另一方面大部分文物的陈列展览方式都过于常态化，同用户（参观者、游客）的文旅诉求之间龃龉不合。借助数字科技、虚拟旅游等高新技术，能有效把握时代发展的潮流，改进文化场馆设施的陈展方式，打造独具特色的文化旅游产品，有效适应不同年龄段、不同品位的观众需求，更可全面有效提升用户（参观者、游客）的综合文化素养。

3.5 综合考虑常态化抗疫的现实环境，引领建构新式文化旅游认识观念

现代旅游理论的本质是长期研究的旅游理论的延伸，本就是一个与时俱进的概念。伴随当前抗疫进入常态化阶段，文化旅游的发展预计将进入新时代与新纪元，由数字化带来的生产力革命将对文化旅游的发展产生愈加深刻的影响。一方面，常态化抗疫的现实环境下，国家将更加重视文化旅游产业在疫后振兴与发展的突出拉动作用；另一方面文化旅游产业的发展将出现颠覆性变革，文化旅游仍然是人类了解世界、更接近真实的不二选择，但文化旅游在产品形态与服务方式上将出现多元式创新。常态化抗疫的现实环境下，文化旅游基础理论将不再是一味的调查分析，超经验、理性的文化旅游理论的重要性进一步上升。历史性的疫情危机有望催生文化旅游疫后振兴的新理论，科研教育部门更需未雨绸缪，引领建构新式文化旅游认识观念。

4. 虚拟旅游的内容建设重点

4.1 想象性虚拟旅游体验的内容建设

开拓旅游体验新境界，启发文化旅游市场主体创新性思维。想象性虚拟旅游体验是以想象为主要方式、以旅游为主要对象创造出来的类旅游体验。按体验的形式划分，想象性虚拟旅游体验主要有幻游与梦游两种类型。幻游是以现实为基础幻想出来的旅游，主旨是批判现实、反思文化，幻游包括以神话传说为表征的仙幻之游、以奇异怪诞为表征的奇幻之游、以科学技术为表征的科幻之游。旅游文化学范畴的梦游，指的是一种文化现象，即依托梦境所做的精神之游。梦游体验自古有之，中西盛行，梦游体验又有真梦游体验、仿梦游体验之别。

4.2 感知性虚拟旅游体验的内容建设

活化中外优秀文艺作品，创造全新沉浸式虚拟旅游体验。感知性虚拟旅游体验是虚拟旅游者以感知为主要方式创造出来的类旅游体验。按体验的介质不同，感知性虚拟旅游体验可分为纸游和网游两小类。纸游体验，

即纸上旅游体验，因该体验的介质以纸质为主，且与“纸上谈兵”相似，故有此名，纸游体验可分为书刊游体验、图画游体验和影视游体验等若干类。网游体验是指利用网络系统畅游获得的一种虚拟旅游体验。网游体验的过程是畅快、奇妙的，因为这个过程更自主，更灵活，更激发人的创造和想象力，在体验上可以带给使用者更加生动的体验，其本质是把玩游戏的过程转换成“旅游—体验—反馈”的全景全要素互动过程。

4.3 概念性虚拟旅游介入的内容建设

弘扬中华民族先进文化，推动数字科技革命。较之现实旅游介入，虚拟旅游介入具备更加纯粹的文化属性。概念性虚拟旅游介入是处于心理层面的虚拟旅游介入，介入的对象是想象性虚拟旅游，对应的虚拟旅游体验是想象性虚拟旅游体验。从介入对象的角度看，概念性虚拟旅游介入可分为幻游介入和梦游介入两个系列。幻游介入主要有仙幻式旅游介入、奇幻式旅游介入、科幻式旅游介入三小类。梦游介入系列则可有真梦游介入、仿梦游介入之别。真梦游介入主要也是虚拟旅游服务，食、宿、行、游、购、娱等服务一应俱全，而且贴近现实；仿梦游介入主要集中于虚拟旅游服务中的交通服务、饮食服务、导游服务和娱乐服务四个环节上，而且多超越现实。

4.4 操作性虚拟旅游介入的内容建设

拓宽文旅市场主体就业创业领域，介入全新虚拟现实技术。操作性虚拟旅游介入是处于行为层面的虚拟旅游介入，介入的对象是感知性虚拟旅游，对应的虚拟旅游体验是感知性虚拟旅游体验。从介入对象的角度看，操作性虚拟旅游介入主要有纸游介入和网游介入两个系统（列）。纸游介入系列包括为虚拟旅游者提供与旅游有关的书刊、图画、影视等。网游介入系统是指为满足虚拟旅游者网上旅游需要而开发的集食、住、行、游、购、娱于一体的模拟或超现实的虚拟体系。网游介入系统是随着网游的兴起而兴起的，目前已经陆续开发出一些网游介入系统，如桌面虚拟现实系统、沉浸式虚拟现实系统等。

4.5 虚拟旅游行为规范的内容建设

虚拟旅游行为规范是以虚拟旅游法律法规、虚拟旅游道德、虚拟旅游习俗为主要形式来指导和约束虚拟旅游活动的规定、标准等的总和，其目的在于保障虚拟旅游活动的文明健康发展。其中，虚拟旅游法规由国家立法与文化旅游行政事务管理部门制定、修正、废止；虚拟旅游道德专指人们在虚拟的旅游实践基础上形成的有一定的善恶标准、情感意识、境界理想和行为准则所构成的虚拟旅游规范体系（见表 4-1~4-3）；虚拟旅游习俗是在虚拟旅游活动中形成的专门规范用户及其虚拟旅游活动的各种习惯与约定。

表 4-1　旅游行为规范之旅游道德——文明旅游宣传“10 句话”

1	增强文明意识 保护游览环境
2	文明旅游——请从不大声喧哗做起，请从遵守秩序做起
3	文明礼让，传承美好风尚
4	摒弃个人行为陋习 维护旅游良好秩序
5	除了脚印什么都不要留下 除了照片什么都不要带走
6	美丽中国！需要你我共同营造
7	珍爱历史遗产 共创旅游文明
8	告别不文明行为 做文明有礼的旅游者
9	播种文明 收获快乐
10	一草一木一风景 一言一行一文明

表 4-2　旅游行为规范之旅游道德——十大文明旅游提醒语

1	文明是最美的风景
2	旅途漫漫 文明相伴
3	旅游美时美刻 文明随时随地
4	文明游天下 快乐你我他
5	一花一木皆是景 一言一行要文明
6	游遍天下山川 只留脚印一串
7	出游讲礼仪 入乡要随俗
8	垃圾不乱扔 举止显文明
9	多看美景不刻美名
10	平安是福 文明是金

表 4–3　旅游行为规范之旅游道德——文明旅游十大宣传语

1	没有安全，就没有诗和远方
2	文明，是适可而止的举止
3	公序良俗，让你拥抱差异多彩的世界
4	想赢得尊重，先尊重别人
5	爱惜万物，听一听历史和自然的声音
6	别让一段旅行，丢了人生品行
7	捍卫良知是一种勇气，释放善意是一种能力
8	谦让，使你和环境更加和谐
9	你若轻声细语，世界便云淡风轻
10	走出家门，人人都是名片

5. 数字文旅的战略方向

5.1 三类现实旅游体验文化（旅游审美体验、旅游求知体验、旅游交往体验）的虚拟技术介入

现实版与虚拟版旅游体验皆是旅游者对旅游参与和体会的过程。追求真善美是人类的不懈努力之一，旅游求知体验、旅游交往体验、旅游审美体验，对应着旅游活动追求真、善、美的内在诉求。借助先进的 VR（虚拟现实）技术，能够增强观众对旅游吸引物文化总体概况的认识，使人们身临其境地感受旅游吸引物的历史和文化魅力。通过 VR 虚拟现实技术浏览旅游吸引物，则可让人们跨越时间与地域的限制，去感受其中的文化内涵，能够有效弥补游客即使在现实中往往也很难近距离观看的旅游吸引物细节遗憾。

5.2 五类现实旅游介入文化（旅游服务文化、景观开发文化、旅游宣传文化、旅游思想观念、旅游神话传说）的数字化提升与虚拟仿真

现实的旅游介入文化按照介入内容的不同，可划分为旅游服务文化、景观开发文化、旅游宣传文化、旅游思想观念、旅游神话传说等若干亚类。现实旅游介入的数字化提升与虚拟仿真需要关注的核心问题在于使用 VR 虚拟技术时，应通过构建什么样的虚拟场景可以吸引参观者，使参观者能

从感兴趣的角度了解文化藏品或旅游吸引物。与此同时，虚拟仿真技术的互动性和逼真性有望带来文化旅游场馆设施在娱乐层面的革命性升级，尤其是在体验式游戏领域，有望带给人们一种前所未有的感官刺激与身临其境的存在感，通过酣畅淋漓的互动体验释放身与心的压力，而且将从旅游、休闲、娱乐领域扩展至商业、生活、场景等各类日常领域，最终有望卷起一场场技术与艺术的双重创新。

5.3 多样化多渠道多手段弘扬中华民族先进文化

十九大报告中指出中华民族先进文化包括优秀传统文化、革命文化、现代文化等多种文化的结合。对中华民族先进文化传承与发扬的最佳路径是创新性转化与创新性发展。例如，通过 VR 虚拟现实技术“云”游博物馆，摆脱空间、时间的限制，在鲜活的历史场景中行走，更加真实地触摸和体验中华民族的优秀传统文化、革命文化、现代文化；利用全息技术和 AI 技术开发的全息沉浸式游园及 VR 体验园等，通过数字科技与互动性结合，形成独特的文旅业态；基于 VR 技术的线上全景游，专注于线上游览，叠加场景打造、互动体验、文创产品等多重形式与内容，有望成为线上文旅创新发展的一个方向。未来甚至有望借“数字科技 + 虚拟现实”等互联网高新科技创造出一种新式“虚拟旅游”需求。

5.4 以“新基建”助推数字文旅发展

自从 2018 年中央经济工作会议提出“加快 5G 商用步伐，加强人工智能、工业互联网、物联网等新型基础设施建设”，到 2020 年政府工作报告和中央会议上多次提及，新基建正成为国民经济高质量发展的新动能。文旅行业宜以此为契机，加快推动新基建与旅游行业的融合，创新发展数字旅游新业态，为产业发展赋能。持续完善景区、酒店、旅行社等旅游企业的新型基础设施建设，实现 WiFi 全覆盖和 5G 基站覆盖。鼓励旅游企业加快科技创新，利用人工智能（AI）、虚拟现实（VR）、全息技术等开发沉浸式游乐园、VR 体验乐园、线上全景游、智能酒店等旅游新业态，创新商业模式。普及旅游企业日常运营中的数字技术应用，如旅行服务、酒店、景区的线上预约、预订，酒店的机器人服务和自助服务，景区内的 AI 导游、AR 导航、AI 专属游记开发等，不断提升旅游企业数字化水平。探索自然和人文景区资源的数字化保存和数字化开发，文物资源和历史场景的虚拟复原等数字技术的全新应用。通过数字技术与旅游行业的深度融合，培育形成新业态、新产品、新服务，提升旅游业行业的数字化、网络化、智能化水平，增强旅游产业的吸引力和竞争力。

5.5 系统性谋划支持数字文旅的政策框架

结合虚拟旅游与文旅融合两个层面的发展目标与需求，系统性谋划支持虚拟旅游与数字文旅发展的政策框架：一是落实财政、税收、金融、土地、人才培养等政策帮扶企业，提出虚拟旅游与数字文旅的市场主体（旅游、文艺、科技、传媒、体育、影视、民间主体等）引导培育措施，努力降低疫情影响，增强数字文旅相关企业的发展信心和后劲。二是把握产业发展的新趋势、新要求，坚持正确导向，抓住5G超高清等新技术的发展机遇，加快推进供给侧的结构性改革，大力培育新业态，鼓励创业创新。三是扩大优质数字文旅产品的供给，加快释放新兴消费潜力，发展沉浸式、体验型文旅消费，引导和培育网络消费、体验消费、智能消费等消费新热点、新模式。四是抓住数字经济发展机遇，加强新型基础设施建设，推动文化旅游与数字经济深度融合，促进文旅产业数字化、网络化、智能化发展，不断融入数字经济发展的大格局。五是尽快推动虚拟旅游行为规范（法律法规、道德、习俗等）的制定、修订与引导性安排工作。

疫后康养旅游市场发展与驱动机制研究

武守强，李朋波[①]

1. 引言

2016 年 10 月，《"健康中国 2030" 规划纲要》指出要"积极促进健康与养老、旅游、互联网、健身休闲、食品融合，催生健康新产业、新业态、新模式"，要"制定健康医疗旅游行业标准、规范，打造具有国际竞争力的健康医疗旅游目的地"，这一指示进一步明确了旅游活动与健康养生元素的融合形式和标准，也催生了各种形式的旅游与健康养生活动的深度融合，全国范围内基于自身资源优势和特点开发出各具特色的健康旅游及康养旅游活动形式。尽管我国健康服务行业发展迅速，但仍处在初级阶段，中国传统文化和自然资源中蕴含着丰富的健康养生元素，为健康服务与旅游活动的深度融合提供了多种可能性，基于中医理疗的养生和治疗服务形式、基于高山温泉等自然资源的养生度假服务形式、基于中国历史宗教文化的禅宗养生服务形式等，既能够满足人们对健康的多样化诉求，也构成健康服务产业的多样形式，这些都是康养旅游活动的重要产业模式。

康养旅游是康养产业的重要组成部分，也是旅游产业的重要特色形式之一，康养产业与旅游产业的融合既符合产业发展与变革的旅游供给侧改革趋势，也顺应了大众对健康的追求及旅游观念的转变。文旅融合新时代下，越来越多的文化元素也被融入康养旅游产业中来，中医文化、禅宗文化中所蕴含的健体养生元素逐渐在康养旅游产业形式中焕发出新的活力。2016 年（原）国家旅游局颁发的《国家康养旅游示范基地》等一系列文件指出"康养旅游（Health and Wellness Tourism）是指通过养颜健体、营养膳食、修身养性、关爱环境等各种手段，使人在身体、心智和精神上都达到

① ［**作者简介**］武守强，男，北京第二外国语学院旅游科学学院讲师、北京旅游发展研究基地研究员；李朋波，男，北京第二外国语学院旅游科学学院副教授、北京旅游发展研究基地研究员。

自然和谐的优良状态的各种旅游活动的总和”，这一内涵界定了人们实现康养目的的多种途径，也指出了康养旅游活动的终极目的，对我国康养旅游业态发展和模式路径有重要的指导作用。在此基础上，全国范围内多种形式康养旅游活动及一批康养旅游产业基地逐步发展起来，成为我国康养旅游产业的重要组成部分。

然而，2020 年全球范围内暴发的新冠肺炎疫情给人们的生活生产带来巨大冲击，也给旅游行业带来了前所未有的损害，国内旅游及其相关产业也受到严重伤害，旅游景区、旅行社等各种旅游相关企业和组织发展停滞甚至无法继续营业。当然，也正是因为疫情，越来越多人开始关注到健康才是真正刚需，健康的生活理念、健康的生活方式应当成为人们日常的一个重要组成部分。康养旅游关注旅游者的健康与养生诉求，能够满足多种形式的健康需要，尽管在疫情期间受到较大冲击，但我们相信在后疫情时代会迎来新的复苏和进一步发展。

本报告聚焦疫情后康养旅游市场的发展与驱动模式与研究，整体架构分为四个部分，具体来看：第一部分为引言，概括性提出本报告的写作背景及基本内容；第二部分简要介绍了康养旅游的内涵及其在国内的发展脉络和基本现状；第三部分介绍新冠肺炎疫情对康养旅游产业的影响；第四部分通过对疫后康养旅游市场复苏与发展的机制和路径的讨论，提出可能的模式路径与相关建议，试图对疫后康养旅游市场的进一步发展有所作用；第四部分通过结语对本报告进行总结和展望。在疫情已经对各行各业产生严重损害的背景下，本报告聚焦康养旅游市场的复苏与发展，希望对康养旅游产业及相关企业有所借鉴。

2. 康养旅游内涵及其发展现状

2.1 康养旅游活动的内涵界定及其发展

我国传统文化中便蕴含着丰富的养生文化理念，中医更是强调医养结合对身体机能的恢复，近年来，随着经济水平增长和人民生活水平提升，日益增长的健康与养生需求促进了大范围的大健康服务产业的发展，而作为健康与旅游活动深度融合的康养旅游产业，也逐渐呈现出规模化和规范化发展的趋势。

随着《健康中国》战略的推进及《国家康养旅游示范基地》标准的实行，康养旅游产业在全国范围内取得快速发展，各个省市地区结合自身自然人文资源深入挖掘康养文化元素、自然康养资源、医疗技术手段等，逐步发展出具有多元化产业业态的康养旅游产业形式，并构建出如河北以岭健康城、江苏泰州中国医药城等在内的一批中国康养旅游示范基地。事实上，我国健康与旅游活动的融合起步更早，在《关于促进健康旅游发展的指导意见》(2017)中就指出了与健康养生相关的多种形式旅游活动，如基于高端医疗和特色专科的医疗旅游项目、基于中医药观光和特色医疗等的中医药健康旅游活动、基于健康疗养和老年病疗养等的康复疗养活动及基于多种形式养生特色的休闲养生项目等。从资源开发的角度来看，在幅员辽阔的祖国大地上基于不同资源特色优势发展起来的旅游资源与健康养生相结合的健康旅游活动，也多种多样、各具特色，如温泉旅游、森林旅游、高原旅游等。

经过梳理我们发现，在大健康服务与旅游活动深度融合过程中，出现了多样化的概念，与传统意义上的健康养老及疗养等概念相比，康养是“一个更具有包容性的概念，康养既可以是一种持续性、系统性的行为活动，又可以是诸如休息、疗养、康复等具有短暂性、针对性、单一性的健康和医疗行为”。也正是因为概念多元化、类型多样化、内容丰富化、地域广泛化，康养旅游产业活动引起了社会各界的广泛关注。康养旅游内涵的发展也从最初的关注温泉康养、森林康养等自发的自然康养旅游目的，逐步发展成为涉及医疗保健、精神健康等在内的多种形式的康养旅游活动。虽然与健康旅游和康养旅游[①]活动相关的产业活动在国内起步较晚，但得到了快速发展，且在旅游活动中融入了更多具有中国特色的康养元素，如中医药文化、中国禅宗文化、中国养生文化等，这些元素的加入，既在内涵上丰富了康养旅游的概念界定，也拓展了康养旅游的产业活动表现形式、创新了康养旅游活动多元业态模式，并进一步满足了大众对康养旅游活动的多元诉求。

2016年，原国家旅游局颁布实施《国家康养旅游示范基地标准》，明确将康养旅游定义为“通过养颜健体、营养膳食、修心养性、关爱环境等各种手段，使人在身体、心智和精神上都达到自然和谐的优良状态的各种旅游活动的总和”，将康养旅游示范基地发展概括为包含“康养旅游核心区

---

① 健康旅游和康养旅游在学术概念界定上存在一定不同，在讨论健康旅游所包含内容时，学者们往往将医疗旅游（Medical Tourism）和康养旅游（Wellness Tourism）作为健康旅游（Health Tourism）两个重要的组成部分。当然，本报告并不是为了区分两者，因此这里合并一起进行表述。

和康养旅游依托区两个区域”，该定义从宏观政策上对康养旅游的基本内涵和发展模式进行了界定，对后续产业发展起到了重要的指导作用。本报告对康养旅游活动内涵和概念的理解基本遵循这一界定。

2.2 康养旅游产业活动的表现形式与基本业态

康养旅游概念伴随康养旅游产业实践不断丰富和延伸，有研究表明[①]，国际上康养旅游概念是由早期的医疗旅游发起并不断向产业链两端延伸，逐步形成更加关注产业链前端的疾病预防和后端的康体疗养服务，逐步由资源导向的健康保健旅游演化为需求驱动的复合型康养生活目的地。在这个丰富和演化的过程中，康养旅游产业的实践活动也日渐丰富，随着国内居民消费水平提升和消费理念转变，加之政策对于康养旅游产业发展的利好趋势，近年来国内也涌现出丰富的康养旅游产业活动实践，共同构成了多姿态的康养旅游产业业态发展。从量上来看，尽管康养旅游市场在整体旅游市场中所占比重较小，但依旧保持着年复合增长 20% 的速度逐步发展。尽管疫情极大地影响了整体旅游产业及康养旅游产业的发展，但疫情对大健康概念的带动及对人们健康生活理念的影响，或在后疫情时代能够助力康养旅游市场的复苏和发展。图 2–1 所示为 2015—2020 年中国康养旅游市场规模发展及预测。

图 2–1　2015—2020 年中国康养旅游市场规模发展及预测

数据来源：根据公开资料整理[②]

---

① 黄琴诗，朱喜钢，曹钟茗，等. 国外康养旅游研究的转型与趋势——基于英文文献的计量分析［J］. 林业经济，2020（2）.

② 2020 年预期数据暂未考虑疫情影响。

国内康养旅游实践内容丰富、产业多元，这从《国家康养旅游示范基地》中评选的5个中国康养旅游示范基地就可以看出，如江苏泰州中国医药城关注中医药旅游、河北以岭健康城关注“医药健养”四位一体综合式一站康养服务、黑龙江五大连池和湖南灰汤温泉关注温泉康养，而贵州赤水则将自身定位于休闲度假避暑养生。从全国总体布局来看，也已经基本形成了基于长白山康养区域（依托独特自然资源与健康旅游文化理念，打造特色休闲养生度假旅游）、山东康养区域（发挥自身先进康养配套设施优势，突出本区域医疗技术特色）、长三角康养区域（基于本区域成熟的康养产业体系，突出发展康养软服务体系）、云贵川康养区域（发挥丰富自然资源，突出本区域民族风情文化，打造度假疗养胜地）的四大康养主体区域。根据不同的划分标准可以将康养旅游产业实践划分为不同类型，如表 2–1 所示。

表 2–1　在不同标准下国内康养旅游实践类型与内容

划分标准	类型名称	主要内容
基于客群	老年康养	针对中老年群体的养老康养实践，如慢病管理、健康监测、老年文化、营养膳食等相关产业活动
	青少年康养	聚焦青少年群体的康养实践，如运动健身、康复医疗、心理诊疗等
	妇孕婴幼康养	针对妇孕婴幼群体的特殊康养实践，如产前监测、产后恢复、早教、婴幼膳食等
	亚健康群体康养	针对亚健康群体的康养实践，如职业病管理、压力调节、情绪恢复等
基于康养目的	基于养身的康养	关注对身体的物理养护，促进身体不断趋于最佳状态
	基于养心的康养	关注对心理健康的养护，促进心情愉悦积极向上的状态
	基于养神的康养	关注对人信仰思想的养护，促进个人精神世界健康安逸
基于实践特色①	森林康养	突出森林资源特性，开展森林游憩户外养生等实践活动
	温泉康养	突出温泉的保健和疗养功能，开展温泉度假养生活动
	海洋康养	突出海洋资源，形成沙滩理疗、海上运动等活动
	中医药康养	突出传统中医、中草药及中医疗法，形成中医养生、体验旅游等实践活动
	……	……

资料来源：根据公开资料整理

① 篇幅有限，无法将全部类型进行列举，除所列类型之外，还包括高原康养、山地康养、气候康阳、丘陵康养等类型。

此外，各个省市地区也充分挖掘地方资源优势，自主开发具有地方特色的康养旅游实践产品活动，如云南省依托自身丰富的自然气候资源和多彩的民族文化资源，已经建设了一批具有代表性的典型特色康养旅游产品，依托多样地形地貌及多元生态环境优势，形成了以高原康养为特色的养生产品、休闲度假的康养养老旅游产品、森林湖滨生态，以及乡村田园风光的生态康养产品、基于温泉资源和水疗 SPA 项目的温泉养生产品等。丰富的康养旅游产业实践为旅游者提供了丰富多彩的康养旅游活动，也满足了差异化、定制化的康养旅游诉求。

2.3 康养旅游相关政策发展脉络

随着中国布局大健康战略，国内康养旅游与健康旅游产业呈现出新业态、新模式发展，伴随康养旅游产业实践的成长，政策制定、制度建设与文件指导也在逐步建立健全。国家高度重视康养旅游产业实践的发展，也在政策制度层面推行多方面保障。从最初对康养旅游各种产业形态的关注到康养旅游产业基地标准颁布，国家对康养旅游产业政策的关注越来越高，如表 2–2 所示。

表 2–2　国家中央层面[①] 颁发的与康养旅游相关政策脉络（截至 2019 年）

颁发时间	颁发单位	文件名称
2013.9	国务院	《关于加快发展养老服务业的若干意见》
2014.8	国务院	《关于促进旅游业改革发展的若干意见》
2014.9	国家发改委、民政部等 9 个部门	《关于加快推进健康与养老服务工程建设的通知》
2015.2	民政部等 10 个部门	《关于鼓励民间资本参与养老服务业发展的实施意见》
2015.11	国家卫生计生委、民政部等 9 个部门	《关于推进医疗卫生与养老服务相结合指导意见》
2015.11	国家旅游局与国家中医药管理局	《关于促进中医药健康旅游发展的指导意见》
2016.1	国家旅游局	《国家康养旅游示范基地标准》

① 由于时间精力有限，报告撰写内容无法全部囊括与康养旅游活动相关的政策文件。此外，本报告在该部分只呈现国家层面的政策文件，事实上在全国各省市地区已经发展出丰富的康养旅游实践活动，且基于国家层面的指示政策文件已经基本构建出体系化、系统化的地方政策文件，由于内容较多且与本报告主题偏离，因此本报告在该部分不予展开讨论。

续表

颁发时间	颁发单位	文件名称
2016.2	国家林业局	《关于启动全国森林体验基地和全国森林养生基地建设试点的通知》
2016.6	国务院办公厅	《国务院办公厅关于促进和规范健康医疗大数据应用发展的指导意见》
2016.10	中共中央、国务院	《“健康中国 2030”规划纲要》
2016.12	国务院办公厅	《国务院办公厅关于全面放开养老服务市场提升养老服务质量的若干意见》
2017.2	工业和信息化部、民政部、国家卫生计生委	《智慧健康养老产业发展行动计划（2017—2020 年）》
2017.3	国家卫生计生委等 13 部门	《“十三五”健康老龄化规划》
2017.5	国家卫生计生委、国家发展改革委、财政部、国家旅游局、国家中医药局 5 部门	《关于促进健康旅游发展的指导意见》
2017.5	国务院办公厅	《国务院办公厅关于支持社会力量提供多层次多样化医疗服务的意见》
2017.8	民政部、国家标准委	《养老服务标准体系建设指南》
2018.1	国家卫生计生委和国家中医药管理局	关于印发进一步改善医疗服务行动计划（2018—2020 年）的通知》
2018.7	国家卫生健康委员会、国家发展和改革委员会、教育部等 11 个部门	《关于促进护理服务业改革与发展的指导意见》
2018.8	工业和信息化部、民政部、国家卫生健康委员会	《智慧健康养老产品及服务推广目录（2018 年版）》
2019.1	国家发展改革委联合多个部门	《2019 文旅康养提升工程实施方案》
2019.2	国家市场监督管理总局、国家标准化管理委员会	《养老机构等级划分与评定》
2019.3	国家林业和草原局、民政部、国家卫生健康委员会、国家中医药管理局联合发布	《关于促进森林康养产业的意见》

资料来源：根据公开资料整理

通过对以上国家中央层面在康养旅游领域的政策文件梳理可以发现，政策的颁布与制定内容涵盖面极其广泛，涉及总纲性政策文件、养老政策文件及多种形式康养旅游活动业态的指导性文件。具体来看，首先总纲性政策文件从整体和宏观上对归家康养旅游产业发展提供了指导性意见和要求，如《“健康中国 2030”规划纲要》《国家康养旅游示范基地标准》等文件，这些文件从整体上明确了康养旅游活动的重要性，从最根本的概念层面对康养旅游活动做出重要指示，对康养旅游产业发展有重要的提纲挈领作用。其次，基于养老产业发展相关的政策文件也占有重要地位，伴随我国老龄化速度加快、老龄化人口不断增多，养老养生成为康养旅游活动中的重要组成部分，该类政策从国内养老产业实践出发，对未来养老产业发展提出了相关政策要求和指导性意见，对于完善国内养老产业发展有重要意义。最后，基于多元康养旅游资源产业实践的政策指导文件是国家康养旅游政策文件体系的重要组成部分，如中医养生康养旅游相关的政策文件、森林温泉康养旅游相关的政策文件等，这些政策多是基于特定康养旅游产业业态及实践制定的，该类政策对于具体指导特定康养旅游产业活动有重要意义。

尽管我国康养旅游产业发展处在初期阶段，政策法规、制度体系、监管机制、行业标准等还需要进一步完善，但从国家中央层面已经在营造出一个利于康养旅游产业发展的政策环境，加之丰富的康养理念和资源，我国康养旅游产业发展未来可期。

3. 新冠肺炎疫情对康养旅游市场的影响

庚子鼠年，突如其来的新型冠状肺炎病毒疫情给人们的健康和生命安全及社会生活秩序带来了严重的损害，也给旅游产业带来了巨大的损失，在 2020 年 9 月 5 日举行的“世界旅游合作与发展大会”中文化和旅游部部长胡和平指出“当前新冠肺炎疫情仍在全球扩散、蔓延，世界旅游发展面临着严峻的挑战”“据经合组织估计，2020 年国际旅游收入将下降 60%~80%；据世界旅游组织估计，2020 年全球旅游产值将下跌 70%”[①]。

尽管新冠肺炎疫情给国内和世界旅游产业带来了巨大的损失，但从整体上看，国内旅游及世界旅游市场的基本动能、市场需求及服务体系依然存在，且对于疫情后的产业复苏有一定的保障。而对康养旅游产业来说，疫情在带来直接的产业冲击之外，更多潜在影响也将长时间存在。

① 引自世界旅游合作与发展大会中胡和平部长的讲话。

一方面，从市场端来看，疫情极大地改变了人们对健康的理念和态度，这种转变很可能会带来部分旅游产品市场需求的提振，旅游消费升级的大趋势不会被疫情所改变。疫情带来的冲击促使人们更多关注大健康领域的生活理念、产品消费及生活方式，在这种背景下，关注健康生活、旅游体验、医疗养生的康养旅游产业将会得到一定的复苏和快速发展。

另一方面，从供应端来看，疫情也促使社会各界更多聚焦和关注康养旅游产业的发展，能够促进康养旅游产品形式的多元化创新，充分与当代人们的健康诉求相融合，充分利用互联网技术，实现康养旅游产品模式创新。疫情期间人们更多居家生活，外出旅游活动骤减，居家康养诉求急需得到满足，在这种背景下，利用互联网技术、虚拟现实技术等的远程康养计划、VR 康养旅游活动等也得到了相应的发展。

图 3–1 所示为疫情后康养旅游市场发展的影响因素。

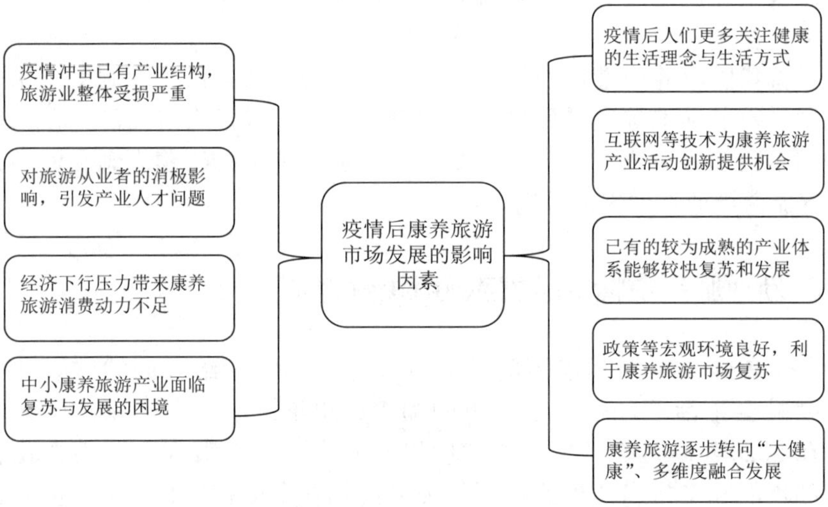

图 3–1　疫情后康养旅游市场发展的影响因素

资料来源：作者整理

整体来看，报告认为，尽管疫情给旅游产业整体带来了前所未有的冲击，使得旅行社及中小旅游企业面临严峻的生存问题、给旅游从业者带来的消极影响也将影响康养旅游行业的进一步复苏和发展，且伴随疫情期间经济下行压力康养旅游的潜在消费动力和潜力有待进一步挖掘，但从长期来看，疫情后康养旅游市场仍将有大趋势实现复苏甚至快速发展。

第一，疫情给人们的生活健康带来严峻挑战，疫情期间和国内后疫情时代背景下，国民开始更加关注健康生活理念及健康生活方式，运动健身、中医疗养、休闲度假等多种形式的康养旅游实践活动逐步成为人们的休闲旅游活动之一。从消费者追求康养旅游的动机层面看，包括主动动机和被动动机，主动动机方面消费者在后疫情时代更加关注健康理念和健康生活，通过康养实践活动实现满足自身健康诉求；被动动机方面疫情带来的巨大精神和心理压力也可以通过休闲、娱乐、保健、康养等活动得以释放和缓解。

第二，互联网等技术手段的发展为康养旅游产业活动和运行模式创新提供了可能性，利于康养旅游产品的创新实践。远程医疗技术已经有了一定发展，康养旅游产业活动也可以与互联网技术、现实虚拟技术等实现深度融合，进而实现康养旅游产品创新，如 VR 康养旅游实践、远程中医养生咨询、智慧健康模式等实践。

第三，近年康养旅游产业得到了快速发展，虽然我国康养旅游产业发展仍处在初期阶段，但借助于丰富的康养旅游资源及中医药文化等康养理念，我国康养旅游产业已经具备较为成熟的产业支撑体系，这为疫情后康养旅游产业的快速复苏和发展奠定了基础。特别是各个省市地区依托自身康养旅游资源，不断开发具有特色的康养旅游实践活动，打造品牌化、体系化康养旅游项目，为了保障项目有效运行，配套支撑体系也逐步构建起来，这都对后疫情时代康养旅游产业复苏和发展起到推动作用。

第四，政府高度重视提升人民群众幸福感，大力推动大健康产业发展，我国康养旅游产业外部政策环境利好，这有利于康养旅游产业的复苏与发展。在《健康中国》大战略背景下，康养旅游产业能够得到政府的政策支撑，从前文对康养旅游相关政策文件的分析也可以看出，中央持续不断推出指导性政策，对疫情后康养旅游市场的复苏与发展保驾护航。

第五，康养旅游正在逐步向“大健康”“大康养”方向融合，以治疗为目的的“医疗 + 旅游”和以维持或强化个人健康元素的“养生 + 旅游”多维度融合，为疫情后康养旅游产业的复苏和发展提供了新的发展思路。疫情后，大健康①相关产业受到更多关注，康养旅游可以在纵向上实现与大健康、大养生的融合，横向上通过智慧健康、医疗护理、康复理疗等实现实

① 依据《中国大健康产业发展蓝皮书（2017）》，大健康产业被定义为“以优美生态环境为基础，以健康产品制造业为支撑，以健康服务业为核心，通过产业融合发展满足社会健康需求的全产业链活动，涵盖药材种植、医药以及装备制造，医疗卫生、健康管理乃至金融服务的国民经济三大产业”。

践延伸，从而可以接纳更多客群，引领客群的康养消费诉求，为疫情后康养旅游产业复苏和发展提供新的发展思路和机遇。

4. 疫后康养旅游市场的发展机制建议

疫情给康养旅游产业发展带来了一定的挑战，通过分析我们发现，尽管当下及未来一段时间国内康养旅游产业仍旧会面临一定的困难，但伴随疫情消逝及人民生活秩序恢复，康养旅游产业活动也将逐渐复苏，特别是国民健康生活理念提升、互联网等技术不断发展、现有康养旅游产业体系支撑、政府政策及外部宏观环境的利好趋势、康养旅游产业实践与大健康产业的深度融合等，均能够为康养旅游产业在疫情后的复苏与发展助力。经过以上分析，本报告针对康养旅游在疫情后的发展模式与驱动机制提出相关建议，希望对康养旅游行业及政策制定部门有所价值。

4.1 以“健康中国”为战略发展契机，不断促进康养旅游产业发展

《“健康中国 2030”规划纲要》是依据党的十八届五中全会战略部署制定、旨在推动健康中国建设和提高人民健康水平而制定和颁发的纲领性文件，是推进健康中国建设的宏伟蓝图和行动纲领。文件对于健康服务产业提出了相关要求，对康养旅游产业发展有深远影响。要求指出积极推动健康与养老、互联网、旅游、康体等多业态融合，催生健康新产业、新形式、新模式；积极培养健康文化及体育医疗康复等产业；明确健康医疗旅游行业的标准和执行规范，打造具有国际竞争力的国际医疗旅游目的地；努力促进中医药健康旅游产业成长；打造一批知名品牌和良性循环的健康服务产业集群，帮扶一批中小公司配套发展；积极发展冰雪、山地、水上等具有消费引领特征的时尚休闲运动项目，打造具有区域特色的健身休闲示范区和健身休闲产业带。康养旅游产业的复苏与发展是契合健康中国战略要求的重要体现，因此，借助健康中国发展契机，将康养旅游产业与健康中国深度融合，根据健康中国战略指示，不断丰富康养旅游产业实践内容和表现形式，在疫情后不断促进康养旅游产业成长。

4.2 伴随我国康养旅游产业阶段性发展及转型升级步伐加快，逐步建立健全政策法规及标准体系

近年来，为推进康养旅游相关产业活动的开展，从中央到地方颁发了

一系列指导性政策文件，随着疫情逐步消逝，未来在政策制定方面可以着重考虑：在产业布局上关注通过差别化的整促措施，支持重点地区的康养旅游发展；在政策制定策略上，注重依托重大战略和重大举措进一步推动疫情后康养旅游产业实践的复苏；在政策体系建设上，推动相关领域加快形成促进疫情后康养旅游产业复苏发展的政策体系等。

4.3 关注疫情后客群人群的康养旅游诉求变化，满足并适当引领国民对康养旅游项目的多样化诉求

疫情期间国民对健康的诉求发生了明显变化，更多人开始关注健康养生，更多客群的潜在康养诉求被激活，消费潜力和驱动力增强。健康是一个综合的概念，不仅指身体的无病症和不虚弱，也包含了身体、心理、精神、社会生活各方面的平衡与协调，调研显示，每个年龄阶段的人群对健康有着特殊的理解和诉求，特别是在疫情后更会因为客群差异而有独特的健康诉求，因此疫情后康养旅游产业发展的一个重要市场基础就是要充分了解并关注疫情后国民的健康养生诉求，如提升并保持免疫力平衡的养生理念、定期进行身心监测疾病防控的生活理念、关注精神层面自由释怀以及关注压力释缓的身心调整等，都需要通过调研展开探索，在对疫情后客群康养旅游诉求充分了解的基础上，对接既有康养旅游项目，或通过产品创新引领满足大众对康养旅游活动的健康诉求。

4.4 依托文旅融合大趋势，充分挖掘我国在自然、人文方面的丰富资源，适当引入国际康养旅游资源，突出康养旅游产品特色，推动康养旅游产品多元化与现代化

文旅融合为旅游产业发展提供了新的发展思路，对于进一步发挥旅游产业优势、弘扬我国历史文化资源有重要价值。而文旅融合也为康养旅游产业发展提供了新的发展思路和契机，多个省市地区已经开始依托当地文旅资源开发相关的康养旅游产品，如打造康养文旅小镇、探索文旅融合打造生态康养的全域旅游模式，已经产生出诸多付诸运行的文旅康养模式。我国拥有丰富的自然人文资源，在文旅融合的大趋势下，充分挖掘这些资源，不断创新康养旅游产品的多元化和现代化，能够更多吸引差异化诉求的人群。此外，国外康养旅游发展起步较早、体系较为成熟，在突出地区特色的基础上，可以适当引入国际康养旅游资源，为疫情后康养旅游企业的发展助力。

4.5 充分利用当下互联网技术、现实虚拟技术等，融合智慧医疗、智慧旅游等技术打造科技感十足的康养旅游产品，实现产品创新

互联网技术加速了信息处理速度以及资源配置效率，疫情后康养旅游产业的复苏与发展也离不开互联网技术的助力，发展康养旅游产业过程中应尽量实现“政企互通、企业互联”，充分利用大数据与云技术，深入了解大众对康养旅游产品的基本诉求，并应用于康养旅游项目的开发创新与设计；充分利用互联网渠道进行恰当的品牌宣传和渠道营销，提升网络美誉度和知名度；深入融合智慧医疗、智慧旅游等领域，力图打造科技感十足的康养旅游产品，实现产品创新。

4.6 借力资本，主推金融支撑，进一步保障疫情后康养旅游产业活动的复苏与发展

资本力量是产业发展的重要基础之一，疫情后康养旅游产业的复苏与发展离不开资本和金融力量的支撑，旅游行业普遍存在投资大、资金回收期长、融资困难等问题，保障疫情后康养旅游产业的稳定复苏与发展离不开资本与金融力量的支持。当然，目前金融与康养项目相融合的康养小镇等模式也处在尝试阶段，更多融资渠道和社会资本引入都是可以考虑的方式，PPP 和 BOT 模式也可以成为康养旅游项目投资的重要形式。

4.7 关注人才培育，培养跨领域、复合型专业人才，创新人才培育模式，为疫情后康养旅游产业复苏与发展提供人才保障

疫情对旅游行业人才结构产生了重大影响，旅游行业离职率提升、幸福感和满意度不足、激励力量薄弱等都是面临的重要挑战。而在康养旅游领域，专业化人才的缺失、复合型人才严重短缺等都是较为突出的人才培养问题，因此疫情后康养旅游产业复苏和发展离不开专业化、复合型的人才队伍。因此建议适当调整当下旅游人才的培养模式，增设具有综合性和复合型的康养旅游专业方向和研究方向，强化康养旅游领域的理论与实践相融合，鼓励订单式或定制式的人才培养模式，构建多层次康养旅游人才的培养体系，逐步完善康养旅游领域的职业资格体系，并在相关高校中推广，为康养旅游产业提供高素质、复合型、专业化的人才队伍，助力疫情后康养旅游产业的复苏与发展。

4.8 关注康养旅游产业发展过程中的多产业融合与协调，创新康养旅游项目运作模式，构建平台、共享式发展模式助力疫情后康养旅游产业的复苏与发展

复合性是康养旅游产业的一个重要特点，这种特点体现在康养旅游产业是多类型产业的深度融合，在发展过程中对产业整合有较高的要求，因此康养旅游项目的正常运作往往涉及多个产业的配套协同运作，以期形成合力，对于这种综合性的新型产业形态，需要多个部门相关产业统一规划、统筹资源、协调管理，实现共同发展。在产业融合过程中需要建立权责明确的产业融合管理机制，建设康养旅游产业共享经济平台，借助于互联网信息技术，依托平台力图实现共享式发展，助力康养旅游产业在疫情后的复苏与发展。

5. 结语

时至今日，新冠肺炎疫情仍在全球肆虐，尽管中国疫情已经得到了有效控制，但疫情对人们生活方式的影响仍旧存在，很多省市地区依旧在实行较为严格的管控措施，严防境外病例输入是当下疫情管控的重要举措，行走在路上每个人都习惯戴上口罩，公共交通里依旧有志愿者提醒，这表明疫情对我们日常生活的影响还未消逝，当然，疫情对产业发展特别是旅游行业的影响依旧是深远和沉重的。

康养旅游产业在疫情期间及后疫情时代会出现怎样的发展，目前还值得去观测和探索，当然本报告对该问题的阐述仍然处在较为初级的阶段，因时间、精力、个人能力及疫情的变化性和产业发展的复杂性等原因，不能对“疫情后康养旅游市场发展与驱动机制研究”做出更加详尽的汇报。但我们相信，伴随人们健康生活理念的深入及康养旅游供给端的创新与改革，康养旅游市场终将成为旅游产业发展的重要风口之一。

流年笑掷，未来可期。